Contemporary Spanish American Poets

Contemporary Spanish American Poets

A Bibliography of Primary
and Secondary Sources

Compiled by
JACOBO SEFAMÍ

Bibliographies and Indexes in World Literature,
Number 33

GREENWOOD PRESS
New York • Westport, Connecticut • London

Library of Congress Cataloging-in-Publication Data

Sefami, Jacobo.
    Contemporary Spanish American poets : a bibliography of primary
and secondary sources / compiled by Jacobo Sefami.
        p.   cm.—(Bibliographies and indexes in world literature,
ISSN 0742-6852 ; no. 33)
    Includes bibliographical references and index.
    ISBN 0-313-27880-6 (alk. paper)
    1. Spanish American poetry—20th century—Bibliography.
2. Spanish American poetry—20th century—History and criticism—
Bibliography. I. Title. II. Series.
Z1609.P6S4 1992
[PQ7084]
016.861—dc20   91-40413

British Library Cataloguing in Publication Data is available.

Library of Congress Catalog Card Number: 91-40413
ISBN: 0-313-27880-6
ISSN: 0742-6852

First published in 1992

Greenwood Press, 88 Post Road West, Westport, CT 06881
An imprint of Greenwood Publishing Group, Inc.

Printed in the United States of America

The paper used in this book complies with the
Permanent Paper Standard issued by the National
Information Standards Organization (Z39.48-1984).

10 9 8 7 6 5 4 3 2 1

Para localizar el libro A, consultar previamente un libro B que indique el sitio de A; para localizar el libro B, consultar previamente un libro C, y así hasta lo infinito . . . En aventura de ésas, he prodigado y consumido mis años.

J.L.B.

CONTENTS

ACKNOWLEDGMENTS

A few years ago, Merlin H. Forster asked me to help him to update his book *Historia de la poesía hispanoamericana* (Clear Creek, Indiana: The American Hispanist, 1981), which has a large bibliographical section in its final part. As I compiled information, I realised that there was no single resource that comprehended data on contemporary Spanish American poets. I suggested an appendix that would consider more writers (Forster's book includes 7 of the 86 that covers this compilation). But soon it became a project in itself. This guide is the result of that initial invitation and opportunity, granted by Merlin H. Forster.

As this project went on, I consulted extensively with Enrique Fierro. His help was formidable. I appreciate his generosity and his expertise. I am also grateful to José Kozer, who advised me in several areas and has been a great supporter and friend. Roberto Echavarren has also encouraged me and made important recommendations. Several people oriented me in particular geographical regions. Grínor Rojo gave me assistance in relation to Chilean poets; Roberto Appratto sent me valuable information from Uruguay; José Moreno de Alba was very kind in his prompt answer from Mexico; Oscar Rivera-Rodas contributed with specific data on Bolivian authors. I also express my appreciation to the poets that responded to my inquiries about their work: Alberto Blanco, Arturo Carrera, Elsa Cross, Marosa di Giorgio, David Huerta, Tamara Kamenszain, Eugenio Montejo, Olga Orozco, Néstor Perlongher, Guillermo Sucre, and Ida Vitale.

I would like to thank the staff of the libraries where I worked, for their assistance and help: the Benson Latin American Collection of the University of Texas at Austin (my main source of information), the New York Public Library, and Bobst Library of New York University. The computer consultants of NYU provided technical aid, as well as Sandi Paddock and Dr. Sidney Stokes, both of whom helped to solve difficult matters in regard to my computing needs.

Finally, this bibliography is dedicated to Sally, my love, who worked with me in the initial part, and whose patience, understanding, and support, brought this book to completion.

PREFACE

As Latin American literature becomes more recognized and a continuing interest is reflected in the creation and enlargement of departments of Spanish in U.S. universities and abroad, basic sources of information are needed. Compilations of data on Latin American literature have grown in the last years. There are useful books that go from the general perspective, such as Carlos Solé's edition of *Latin American Writers* (New York: Scribner, 1989) or Walter Rela's *A Bibliographical Guide to Spanish American Literature* (Westport, Connecticut: Greenwood Press, 1988), to the more specific: David William Foster's national bibliographies (Argentina, Chile, Cuba, Mexico, Peru, and Puerto Rico), the thorough *Diccionario de escritores mexicanos* (2nd. ed., 1st. vol., Universidad Nacional Autónoma de México, 1989; following volumes are in press) by Aurora Ocampo, or the *Diccionario de literatura uruguaya*, published by Editorial Arca in 1987. There are also bibliographies on major writers (i.e. the one by Hugo Verani on Octavio Paz), or on particular subjects: Merlin H. Forster and K. David Jackson's *Vanguardism in Latin American Literature* (Greenwood Press, 1990), and Diane E. Marting's edition on *Spanish American Women Writers* (Greenwood Press, 1990). In terms of genre, there is work done on theater (Frank Dauster), narrative (Foster and others), and a forthcoming volume on the *Latin American Short Story* (Greenwood Press) by Daniel Balderston.

To my knowledge, the present book represents the first attempt of a general bibliography on contemporary Spanish American poets. Like any first venture, there are many things that are subject to change. This is indeed a work in progress. This guide focuses on poets born between 1910 and 1952; that is, it begins after the major figures of the Avant-Garde (Vicente Huidobro, Oliverio Girondo, Jorge Luis Borges, César Vallejo, Pablo Neruda). Three generations are represented here. The first, which includes poets born between 1910 and 1925, such as Octavio Paz, José Lezama Lima, Nicanor Parra, Gonzalo Rojas, and Alvaro Mutis, continues with the aesthetics of the Avant-Garde (Surrealism was a major influence), yet these poets concentrate more on language; they explore their literary past as a way of consolidating or culminating earlier experiences. The second generation could be marked by poets born between 1925 and 1939. With many exceptions, the general concern is politics and history. The Cuban revolution had strong consequences in Latin American poetry. Writers such as Ernesto Cardenal, Roque Dalton, Roberto Fernández Retamar, Juan Gelman, Heberto Padilla and José Emilio Pacheco have concentrated more on the nature of political reality. Influenced by the American Beat generation, these poets use a more narrative and direct discourse that favored their preoccupation. The third moment could be delineated by the dates of birth that go from 1940 to 1952. These poets began publishing during the 70's, but have matured in the 80's. José Kozer, Roberto Echavarren, Néstor Perlongher, Arturo Carrera, David Huerta, Raúl Zurita, Coral Bracho and Alberto Blanco are a few names among many others. In a certain way, they return to the Avant-Garde, since their work is more experimental and deals mainly with language. Nevertheless, their liaisons with linguistics, philosophy, psychology, history, film, art, and other areas of thought have made them conceptually aware of the many implications of the poetic sign. A fourth generation of poets, now in their 20's or 30's, is in effervescence today; yet rather than a bibliography, a selection of their poetry is necessary.

This compilation is designed to help students, professors, editors, and general readers of Spanish American poetry. It is a point of departure to find basic information on primary and secondary sources. It is not an exhaustive guide. Its length varies in terms of the poet. The bibliography on Paz, for example, includes larger or in-depth critical studies and avoids, for the most part, newspaper reviews. Yet, in the case of a younger writer, it was necessary to compile short presentations of his/her poetry. While this is not an anthology, there is a selection of poets. This selection was based on the recognition of these writers through anthologies, references, critical studies, and the originality of their work. In the case of authors born after 1940, there is only a minimal representation, since the quantity of poets writing today exceeds the possible reach of the compiler. Eventually, this bibliography will be expanded and more poets will be added.

Each entry comprehends primary and secondary sources. As for original writing, I have included: a) poetic works, b) compilations and anthologies, and c) other works (fiction, essay, etc.). A complete list of volumes of poetry included in each compilation appears in parentheses, since an edition of the complete works is usually more accessible to the reader. Translations of the poets' work into other languages are not included; nor are essays, reviews, translations, editions, anthologies, or compilations, done by the authors. The secondary sources consist of bibliographies and critical studies. In the latter, I have selected items that deal mainly with the poetry of the corresponding writer. The part on "books and dissertations" helps to determine if there are monographical studies about the poet's work.

The section "general works", at the end, complements the main body of this bibliography. It does not include anthologies, and refers mostly to Spanish American poetry of the last 50 years. It is a preliminary list of bibliographies and studies that could aid the scholar in situating the poet in terms of group, nation, and literary movement.

Several sources of information were used for this guide; i.e., the *Modern Language Association Bibliography*, the *Hispanic American Periodical Index*, and the afore mentioned national bibliographies. Various items were found in books or articles about the writer. In several cases, it was necessary to consult directly with the poet.

A compilation of this nature demonstrates the multiplicity of contemporary Spanish American poetry. It reveals the strength, weaknesses, and gaps in critical writing pertaining to each author. The versatility of the poets, the originality of their language, and the ways in which this poetry relates to time, history, self examination, and social development, makes this literature one of the most dynamic and enriching in progress today.

PERIODICALS

Abside. Mexico, 1937-.
Acta Literaria. Universidad de Concepción. Concepción, Chile, 1975-.
Actual. Mérida, Venezuela, 1968-.
Aisthesis. Universidad Católica de Chile. Santiago, Chile, 1966-.
Alcance. New York, 1982-.
Alpha. Lima, 1965-1969.
Amaru. Lima, 1967-1971.
América en Letras. Buenos Aires, 1983-.
América Latina. Moscow, Soviet Union, 1974-.
Amérique Latine. Paris, 1984-.
Anales de la Universidad de Chile. Universidad de Chile. Santiago, 1843-.
Anales de Literatura Hispanoamericana. Universidad Complutense de Madrid. Madrid, 1972-.
Annali Istituto Universitario Orientale, Sezione Romanza. Naples, 1959-.
Anuario de Estudios Centroamericanos. San José, Costa Rica, 1974-.
Anuario de Letras. Universidad Nacional Autónoma de México. Mexico, 1961-.
Araisa. Caracas, 1975-.
Araucaria de Chile. Madrid, 1978-.
Arbol de Fuego. Caracas, 1967-1978.
Arco. Bogotá, 1959-.
Areito. New York, 1975-.
Argentina Libre. Buenos Aires.
Artinf. Buenos Aires, 1970-1984(?)
Asir. Montevideo, 1948-1959.
Atenea. Santiago, Chile, 1924-.
Azor. Barcelona, 1961-1973.

Bilingual Review/ Revista Bilingüe. Tempe, Arizona State University, 1974-.
Bohemia. Havana, 1956-.
Boletín Cultural y Bibliográfico. Bogotá, 1958-.
Boletín de la Academia Argentina de Letras. Buenos Aires, 1933-.
Boletín de la Academia Colombiana. Bogotá, 1936-.
Boletín de la Academia de Artes y Ciencias de Puerto Rico. San Juan, 1965-.
Boletín de la Academia Hondureña de la Lengua. Tegucigalpa, Honduras, 1955-.
Boletín de la Universidad de Chile. Santiago, Chile, 1959-1971.
Boletín del Instituto de Literatura Chilena. Santiago, Chile, 1960-.
Boletín del Poeta. Santiago, Cuba, 1971-.
Books Abroad. Norman, Oklahoma, 1927-1976.
Boreal. Hearst, Ontario, 1974-1978.
Brecha. San José, Costa Rica, 1956-.
Bulletin of Hispanic Studies. Liverpool, 1923-.

Cahiers du Monde Hispanique et Luso-Brasilien/Caravelle. Univ. of Toulouse, France, 1963-.
Caimán Barbudo. Havana, 1966-.
Camp de L'Arpa. Barcelona, 1973-.
Campo Abierto. Guadalajara, Mexico, 1981-.
Caretas. Lima, 1950-.

Caribbean Review. Hato Rey, Puerto Rico, 1969-.
Casa de las Américas. Havana, 1960-.
Casa del Tiempo. Universidad Autónoma Metropolitana. Mexico, 1980-.
Ceipa. Centro de Estudios del Instituto de Profesores Artigas. Montevideo, 1957.
Chasqui. Brigham Young University. Provo, Utah, 1972-.
Ciclón. Havana, 1955-1957.
Cielo Abierto. Lima, 1979-?.
Ciudadano, El. Montevideo, 1988-.
Clarín. Newspaper. Buenos Aires.
Clima. Montevideo, 1950.
Códice. Lima, 1988-.
Comentario. Buenos Aires, 1953-1968.
Comercio, El. Newspaper. Lima.
Comunidad. Mexico, 1966-.
Confluencia; Revista Hispánica de Cultura y Literatura. University of Northern Colorado. Greeley, Colorado, 1985-.
Convicción. Buenos Aires, 1978-.
Correo de los Andes. Universidad de Los Andes. Bogotá, 1979-.
Correo de los Viernes. Montevideo, 1981-1985.
Co-Textes. Univ. Paul Valéry. Montpellier, France, 1980-.
Creación y Crítica. Lima, 1971-?
Crisis. Buenos Aires, 1972-1976.
Criterio. Huancayo, Junín, Peru, 1974-?
Crítica Hispánica. St. Thomas University. Pittsburgh, Pennsylvania, 1979-.
Crónica Cultural La. Lima, 1980-.
Cronista Comercial, El. Newspaper. Argentina.
Cuadernos Americanos. Mexico, 1946-.
Cuadernos de Poética. Santo Domingo, Dominican Republic, 1983-.
Cuadernos del Congreso por la Libertad de la Cultura. Paris, 1953-1966.
Cuadernos Hispanoamericanos. Madrid, 1948-.
Cuba Internacional. Havana, 1909-1926.
Cultura. Ministerio de Educación. San Salvador, 1955-.
Cultura en México, La. Cultural supplement of *Siempre!* Mexico, 1962-.
Cultura Peruana. Lima, 1941-1964.
Cultura Universitaria. Caracas, 1947-.
Cultura y Nación. Cultural supplement of *Clarín*. Buenos Aires.
Culturas. Cultural supplement of *Diario 16*.
Cupey. Río Piedras, Puerto Rico, 1984-.

Dactylus. University of Texas at Austin. Austin, Texas, 1984-.
Davar. Buenos Aires, 1945-1970.
Debate. Lima, 1979-.
Día, El. Newspaper. Montevideo, 1886-.
Diacritics. Syracuse, New York, 1970-.
Diálogos. El Colegio de México. Mexico, 1964-1985.
Diario 16. Madrid, 1975-.
Diario de Poesía. Buenos Aires, 1986-.
Diario Norte en Domingo. Chaco, Argentina.
Diorama de la Cultura. Cultural supplement of *Excélsior*. Mexico, 1949-1982.
Discurso Literario. Oklahoma State University. Stillwater, Oklahoma, 1983-.
Dispositio. Ann Arbor, Michigan, 1976-.
Dissertation Abstracts International. Ann Arbor, Michigan, 1969-. Published before as *Dissertation Abstracts*. Ann Arbor, Michigan, 1952-1969.
Duquesne Hispanic Review. Duquesne University. Pittsburgh, Pennsylvania, 1962-1972.

Eco. Bogotá, 1958-1985.
Encuentro. Castelar, 1966-1967.
Enlace. New York, 1984-1985.

Envíos. Hoboken, New Jersey, 1971-.
Epoca. Montevideo, 1964-.
Ercilla. Santiago, Chile, 1965-.
Escandalar. Elmhurst, New York, 1978-.
Escritura. Montevideo, 1947-1950; Caracas, 1976-.
Estaciones. Mexico, 1956-1960.
Estafeta Literaria, La. Madrid, 1944-1977. Continued as *Nueva Estafeta*. Madrid, 1978-.
Estudios Filológicos. Valdivia, Chile, 1964-.
Etudes Littéraires. Quebec, Canada, 1968-.
Excélsior. Newspaper. Mexico, 1917-.
Exilio. New York, 1965-.
Explicación de Textos Literarios. Sacramento, California, 1972-.
Expresión. Buenos Aires, 1946-1967.
Extramuros. Río Piedras, Puerto Rico, 1968-.
Extremos. Stony Brook, New York, 1986-.

Fem. Mexico, 1976-.
Ficción. Buenos Aires, 1956-1967.
Fin de Siglo. Buenos Aires, 1987-.
Foro Literario. Montevideo, 1977-1987.

Gaceta, La. Instituto Colombiano de Cultura. Bogotá, 1975-.
Gaceta, La. Tucumán, Argentina, 1912-.
Gaceta de Cuba. Havana, 1962-.
Gaceta del Fondo de Cultura Económica. Mexico, 1954-.
Galo, O. Natal, Brazil, 1988-.
Gallo Ilustrado, El. Cultural supplement of *El Día*. Mexico, 1962-.
Gradiva. Bogotá, 1987-.

Hijo Pródigo, El. Mexico, 1943-1946.
Hipótesis. Revista Boliviana de Literatura. Cochabamba, Bolivia, 1977-.
Hispamérica. Takoma Park, Maryland, 1972-.
Hispania. American Association of Teachers of Spanish and Portuguese. 1917-.
Hispanic Journal. Indiana, Pennsylvania, 1979-.
Hispanic Review. Philadelphia, Pennsylvania, 1932-.
Hispanófila. Chapel Hill, North Carolina, 1957-.
Hombre de Mundo. Miami, Florida, 1976-.
Hombres y Letras. La Paz, Bolivia, 1979-.
Homo. Arequipa, Peru, 1966-.
Hora de Poesía. Barcelona, 1978-.
Horizontes. Universidad Católica de Puerto Rico. Ponce, Puerto Rico, 1957-.
Hueso Húmero. Lima, 1979-.

Ibero-Amerikanisches Archiv. Berlin, 1922-1944; 1975-.
Iberoamericana. Frankfurt, 1977-.
Ideas de México. Mexico, 1953-1956.
Ideologies and Literature. Minneapolis, Minnesota, 1976/1977-.
Imagen. Caracas, 1967-.
Imagine: International Chicano Poetry Journal. Boston, 1984-.
Imprévue. Université Paul Valéry. Montpellier, France, 1977-.
In Forma di Parole. Reggio, Emilia, Italy, 1980-.
Indice. Madrid, 1945-.
Infame Turba. Universidad Autónoma de Puebla. Puebla, Mexico, 1986-.
Instituto de Ciencias y Artes de Chiapas. Tuxtla Gutiérrez, Chipas, Mexico, 1959-1973.
Insula. Madrid, 1946-.
Inti. Providence, Rhode Island, 1974-.
Islas. Santa Clara, California, 1958-.

Jamaica Journal. Kingston, Jamaica, 1967-.

Jaque. Montevideo, 1983-1990.
Journal of Inter-American Studies. Coral Gables, Florida, 1959-.
Journal of Spanish Studies; Twentieth Century. Kansas, 1973-.

Kañina. San José, Costa Rica, 1977-.
Kentucky Foreign Language Quarterly. Lexington, Kentucky, 1954-1967. Continued as
    Kentucky Romance Quarterly. Lexington, 1967-.
Khipu. Munich, 1978-?
Kurpil. San Sebastián, Spain, 1975-?

LAD. Latin American Digest. Tempe, Arizona, 1967-.
Lanza y Letras. Guatemala, 1958-.
Latin American Literary Review. Pittsburgh, Pennsylvania, 1972-.
Latin American Theatre Review. Lawrence, Kansas, 1967-.
Latinamerika Heute. Munich, 1970(?)-.
Letra y la Imagen, La. Literary supplement of *El Universal.* Mexico.
Letras. Asociación de Escritores Venezolanos. Caracas, 1967-.
Letras. Universidad Católica Argentina. Buenos Aires, 1929-1933; 1984-.
Letras de Deusto. Bilbao, Spain, 1971-.
Letras Femeninas. University of Nebraska at Lincoln. Lincoln, 1975-.
Letras Peruanas. Lima, 1951-.
Letras Potosinas. San Luis Potosí, Mexico, 1952-1982.
Lexis. Lima, 1977-.
Libre. Paris, 1971-?
Libro y el Pueblo, El. Mexico, 1922-.
Libros, Los. Buenos Aires, 1969-1976.
Lingua e Literatura. Universidade de São Paulo. São Paulo, Brazil, 1972-.
Literatura Chilena. Madrid, 1977-.
*Literature and Contemporary Revolutionary Culture: Journal of the Society of
    Contemporary Hispanic and Lusophone Revolutionary Literatures.* Minneapolis,
    Minnesota, 1984/1985-.
Lotería. Panama, 1941-.

Macedonio. Buenos Aires, 1968-?
Magazín Dominical. Supplement of *El Espectador.* Bogotá.
Maize; Notebooks of Xicano Art and Literature. San Diego, California, 1977-.
Maldoror. Montevideo, 1967-1985.
Mañana, La. Newspaper. Montevideo.
Marcha. Montevideo, 1939-1975.
Marche Romane. Liege, Belgium, 1951-.
Megafón. Buenos Aires, 1975-.
Mensaje, 28, 138, 189
Mensaje. Santiago, Chile, 1952-.
Mercurio, El. Newspaper. Santiago, Chile.
Mester. Los Angeles, California, 1970-.
Metáfora. Mexico, 1955-1958.
México en el Arte. Instituto Nacional de Bellas Artes. Mexico, 1948-1950; 2a. época,
    1983-.
Minas Gerais, Suplemento literário. Belo Horizonte, Brazil, 1966-.
Miradas. Santiago, Chile, 1988-.
Mito. Bogotá, 1955-195?
Modern Language Notes. Baltimore, Maryland, 1886-.
Mundo Nuevo. Paris, 1966-1971.

Nación, La. Newspaper. Buenos Aires.
Nacional, El. Newspaper. Mexico, 1916-.
Nacional, El. Newspaper. Caracas.
New York Review of Books. New York, 1963-.
Nexos. Mexico, 1978-.

Nivel. Mexico, 1959-.
Noah: Revista literaria. Jerusalem, 1987-.
Northwest Review. University of Oregon. Eugene, Oregon, 1957-.
Nueva Atenea. Concepción, Chile, 1924-.
Nueva Democracia. New York, 1920-1963.
Nueva Estafeta. Madrid, 1978-.
Nueva Gaceta. Havana, 1980-.
Nueva Revista de Filología Hispánica. El Colegio de México. Mexico, 1947-.
Nuevo Texto Crítico. Stanford University. Stanford, California, 1988-.
Número. Montevideo, 1949-1955; 2a. época, 1963-1964.

OCLAE. Organización Continental Latinoamericana de Estudiantes. Havana, 1967-.
Oiga. Lima, 1962-.
Opinión, La. Buenos Aires.
Opinión Cultural, La. Cultural supplement of *La Opinión*. Buenos Aires.
Oráculo. Lima, 1980-.
Ord Och Bild. Gothenburg, Sweden, 1892-.
Orígenes. Havana, 1944-1956.
Ornitorrinco, El. Buenos Aires, 1979(?)-.
Orquesta, La. Secretaría de Educación Pública. Mexico, 1986-1988.

Pacific Coast Philology. Los Angeles, California, 1966-.
Página. Buenos Aires, 198?-.
País, El. Newspaper. Madrid.
País, El. Newspaper. Montevideo, 1917.
Palabra y el Hombre, La. Universidad Veracruzana. Xalapa, Mexico, 1957-.
Panorama. Tucumán, Argentina, 1937-.
Papeles. Caracas, 1966-.
Papeles de Son Armadans. Madrid, 1956-1979(?)
Papirola, La. Buenos Aires, 1987-.
Parnassus. Poetry in Review. New York, 1972-.
Peña Labra. Santander, Spain, 1971-.
Periódico de Poesía. Universidad Nacional Autónoma de México. Universidad Autónoma
    Metropolitana. Mexico, 1986-.
Pez y la Serpiente, El. Managua, 1961-.
Pie de Página. Buenos Aires, 1982-.
Plaza. Harvard University. Cambridge, Massachussets, 1978-.
Pliego de Poesía. Buenos Aires, 1985-.
Plural. Literary review published by *Excélsior*. Mexico, 1971-. [2a. época starts in
    1976.]
Poesía. Universidad de Carabobo. Valencia, Venezuela, 1971-.
Poesía Hispánica. Madrid, 1952-.
Popular, El. Montevideo, 1985-.
Porteño, El. Buenos Aires, 1982-.
Prensa, La. Newspaper. Lima.
Prensa Literaria, La. Literary supplement of *La Prensa*. Managua.
Primera Plana. Buenos Aires, 1962-?.
Prismal/ Cabral. College Park, Maryland, 1977-.
Proa. Buenos Aires, 1922-1923; 1924-1926; 3a. época, 1988-.
Proceso. Mexico, 1976-.
Prólogo. Montevideo, 1968-1969.
Punto de Contacto/ Point of Contact. New York, 1975-?
Punto de Vista. Buenos Aires, 1978-.
Punto Final. Santiago, Chile, 1965-1973.

Quaderni Ibero-Americani. Torino, Italy, 1946-.
Quimera. Barcelona, 1980-.

Rassegna Iberistica. Venice, Italy, 1978-.

Razón, La. Montevideo, 1986-.
Razón y Fábula. Bogotá, 1967-.
Recent Books in Mexico. Mexico, 1954-.
El Rehilete. Mexico, 1961-.
Repertorio Americano. San José, Costa Rica, 1919-1959; 1974-.
Repertorio Latinoamericano. Buenos Aires, 1975-.
Review. Center for Inter-American Relations. New York, 1968-.
Revista Canadiense de Estudios Hispánicos. Toronto, 1976-.
Revista Chilena de Literatura. Universidad de Chile. Santiago, Chile, 1970-.
Revista Cubana. Havana, 1935-1957.
Revista de Bellas Artes. Mexico, 1965-1970; 1982-1983.
Revista de Crítica Literaria Latinoamericana. Lima, 1975-.
Revista de Estudios Hispánicos. University, Alabama, 1967-.
Revista de Filología de la Universidad de La Laguna. Tenerife, Canary Islands, Spain,
    1982-.
Revista de la Biblioteca Nacional José Martí. Havana, 1959-.
Revista de la Sociedad Argentina de Filosofía. Córdoba, Argentina, 1981-.
Revista de la Universidad de Antioquia. Medellín, Colombia, 1935-.
Revista de la Universidad de México. Also published as Universidad de México.
    Universidad Nacional Autónoma de México. Mexico, 1930-1933; 1946-1952; 1952-.
Revista de Occidente. Madrid, 1923-1936; 1963-1974; 1975-1977; 1980-.
Revista del Domingo. Supplement of *El Mercurio.* Santiago, Chile.
Revista del Pacífico. Valaparaíso, Chile, 1964-.
Revista del Pensamiento Centroamericano. Managua, 1972-. Previously published as
    Revista Conservadora del Pensamiento Centroamericano, 1960-1972.
Revista Hispánica Moderna. New York, 1934-.
Revista Histórico-Crítica de Literatura Centroamericana. San José, Costa Rica, 1974-.
Revista Iberoamericana. Pittsburgh, Pennsylvania, 1938-.
Revista Interamericana de Bibliografía. Washington, D.C., 1951-.
Revista Mexicana de Literatura. Mexico, 1955-1965.
Revista Nacional de Cultura. Caracas, 1938-.
Revista Peruana de Cultura. Lima, 1963-.
Revista/ Review Interamericana. San Germán, Puerto Rico, 1971-.
Revolución y Cultura. Havana, 1972-.
Río de la Plata. Culturas. Paris, 1985-.
Romance Notes. Chapel Hill, North Carolina, 1959-.
Rueca. Mexico, 1941-1948.

Sábado. Literary supplement of *Unomásuno.* Mexico, 1977-.
Sagrada Familia, La. Lima, 1977-.
Semana, La. Supplement of *El Día.* Montevideo, 1979-.
Semana de Bellas Artes, La. Mexico, 1977-1982.
Semanario Cultural, El. Cultural supplement of *Novedades.* Mexico, 1982-.
Semanario Cultural. Cultural supplement of *El Universal.* Mexico, 198?-.
Señales. Buenos Aires, 1949-1968(?)
Shenandoah. Lexington, Virginia, 1950-.
Siempre! Mexico, 1951-.
Siglo, El. Santiago, Chile.
Signo. La Paz, Bolivia, 1956-.
Sin Nombre. San Juan, Puerto Rico, 1970-.
Sincensura. Montevideo, 1984-.
Southern Review, The. Baton Rouge, Louisiana, 1965-.
Studi di Letteratura Ispano-Americana. Milan, Italy, 1976-.
Sulfur. Pasadena, California, 1981-.
Sur, El. Concepción, Chile.
Sur. Buenos Aires, 1931-.
Symposium. Syracuse, New York, 1946-.
Syntaxis. Santa Cruz de Tenerife, Canary Islands, Spain, 1983-.

Temas. Montevideo, 1965-1968.
Testigo. Buenos Aires, 1966-1972(?)
Texto Crítico. Xalapa, Veracruz, Mexico, 1975-1986.
Textual. Lima, 1971-.
Textual. Literary review of *El Nacional*. Mexico, 1989-.
Thesaurus. Bulletin published by the Instituto Caro y Cuervo. Bogotá, 1945-.
Thesis. Universidad Nacional Autónoma de México. Mexico, 1979-.
Third Rail: A Review of International Arts and Literature. Los Angeles, California, 1975-.
Tiempo. Mexico, 1942-.
Tiempo Argentino. Newspaper. Buenos Aires.
Tinta. University of California, Santa Barbara. Santa Barbara, 1981-.
Torre de Papel. Buenos Aires, 1980-.
Translation Review. Richardson, Texas, 1978-.
Tropos. Michigan State University. East Lansing, Michigan, 1971-.

Unión. Havana, 1962-.
Universidad de La Habana. Havana, 1934-.
Universitarios, Los. Universidad Nacional Autónoma de México. Mexico, 1973-.
Universitas Humanística. Pontificia Universidad Javeriana. Bogotá, 1971-.
University of Dayton Review. Dayton, Ohio, 1964-.
Unomásuno. Newspaper. Mexico, 1977-.

Vaca sagrada. Lima, 1978-?
Vida Literaria. Mexico, 1965-.
Visión del Perú. Lima, 1964(?)-.
Vórtice. Stanford, California, 1974-.
Vozes. Petrópolis, Brazil, 1907-.
Vuelta. Mexico, 1976-.
Vuelta Sudamericana. Buenos Aires, 1986-1988.

World Literature Today. Norman, Oklahoma, 1977-.

Yiddish. Flushing, New York, 1973-?

Zona de la Poesía Americana. Buenos Aires, 1963-1964.
Zona Franca. Caracas, 1976-.

Contemporary
Spanish American
Poets

JORGE ENRIQUE ADOUM
(Ecuador, 1923)

Poetic Works

Ecuador amargo. Quito: Casa de la Cultura Ecuatoriana, 1949.
Relato del extranjero; poesía. Quito: Ediciones del Ateneo, 1953.
Los cuadernos de la tierra. Quito: Casa de la Cultura Ecuatoriana, 1952; other ed., 1963.
Yo me fui con tu nombre por la tierra. 1964.
Informe personal sobre la situación. Madrid: Aguaribay, 1973.

Compilations and Anthologies

No son todos los que están: poemas, 1949-1979. Barcelona: Seix-Barral, 1979.
[Includes poems from: Prepoemas en postespañol (1979). Curriculum mortis (1968). Yo me fui con tu nombre por la tierra (1964). Cuadernos de la tierra (1952-1962). Relato del extranjero (1955). Ecuador amargo (1949). Textos exdispersos.]

Other Works

Entre Marx y una mujer desnuda: texto con personajes. Mexico: Siglo XXI, 1976.
[Fiction]
Teatro: La subida de los infiernos, 1976. Quito: Casa de la Cultura Ecuatoriana, 1981.
[Play]

Essay

Poesía del siglo XX. Quito: Editorial de la Casa de la Cultura Ecuatoriana, 1957.
La gran literatura ecuatoriana del 30. Quito: Editorial El Conejo, 1983.
Sin ambages: textos y contextos. Quito: Planeta, 1989.

Critical Studies

Aguilera, María Dolores. "JEA: El dintorno de la escritura, el precipicio: I." *Quimera* 5 (1981), 9-10.
————. "Entrevista: La poesía sudamericanamente malherida: II." *Quimera* 5 (1981), 10-15.
Benedetti, Mario. "JEA y su Ecuador amargo," [interview] in *Los poetas comunicantes* (Montevideo: Biblioteca de Marcha, 1972), pp. 65-96.
Calderón Chico, Carlos. *Jorge Enrique Adoum: entrevista en dos tiempos.* Quito: Editorial Universitaria, 1988.
Giordano, Eduardo. "Entrevista a JEA." *Plural* 16: 187 (1987), 8-17.
Jiménez, José Olivio. "Adoum y Becerra." *Plural* 34 (1974), 19-25.
Milán, Eduardo. "Un fracaso antológico." [*No son todos los que están: poemas, 1949-1979*] *Revista de la Universidad de México* 36: 2 (1981), 37-38.
Rodríguez, Osvaldo. "Conversación con JEA." *Araucaria de Chile* 11 (1980), 87-94.
Rosas Ribeyro, José. "Aspiro a ser un corresponsal de guerra de la sociedad." [Interview] *Plural* 67 (1977), 36-41.

1

Selva, Mauricio de la. "Tres poetas revolucionarios: Ecuador, Venezuela, Colombia."
    Cuadernos Americanos 205: 2 (1976), 246-254.
Yurkievich, Saúl. "De lo lúcido y lo lúdico," in *La confabulación de la palabra* (Madrid:
    Taurus, 1978), pp. 129-133.

ROBERTO APPRATTO
(Uruguay, 1951)

Poetic Works

Bien mirada. Montevideo, 1977.
Cambio de palabras. Montevideo: Ed. del Mirador, 1983.
Velocidad controlada. Montevideo: Ed. del Mirador, 1986.

Other Works

Jorge Luis Borges. Montevideo: Editorial Técnica, 1979.

Bibliographies

"RA," in *Diccionario de literatura uruguaya* (Montevideo: Arca, 1987), pp. 46-47.

Critical Studies

Cunha, Víctor. "Una lírica de lo cotidiano." *Sincensura* (31 May 1984).
Migdal, A. "Recuento de la poesía visible." *La Semana* (14 June 1980).
————. "La necesidad de ser comprendido." *La Semana* (24 December 1983).
Milán, Eduardo. "Velocidad controlada." *Vuelta* 130 (1987), 44-45. Reproduced in *Una cierta mirada* (Mexico: Juan Pablos, Universidad Autónoma Metropolitana, 1989), pp. 86-87.
Paternain, Alejandro. "Poesía como reflexión." *El Día* (25 February 1978).
Pereyra, M. "La serena sobriedad." *Jaque* (9 March 1984).
Pérez Pintos, D. "Poética y poesía." *Correo de los Viernes* (6 April 1984).
Reis, F. "La poesía aumenta al calor del universo." *Jaque* (29 October 1986).

BRAULIO ARENAS
(Chile, 1913-1988)

Poetic Works

El mundo y su doble. 1940. Other ed., with a testimony by Gonzalo Rojas, Santiago: Altazor, 1963
La mujer mnemotécnica. 1941.
Luz adjunta. Santiago: Tornasol, 1950.
La simple vista. 1951.
La gran vida. 1952.
El pensamiento transmitido. 1952.
Discurso del gran poder. Concepción: Ediciones Revista Atenea, 1952.
Versión definitiva. 1956.
La casa fantasma. Santiago: L. Rivano, 1962.
Ancud, Castro y Achao. Santiago: Altazor, 1963.
Pequeña meditación al atardecer en un cementerio junto al mar. Santiago: Orfeo, 1966.
Una mansión absolutamente espejo deambula insomne por una mansión absolutamente imagen. Valparaíso: Ediciones Universitarias de Valparaíso, 1978.
Memorándum chileno. Santiago: La Noria, 1987.

Compilations and Anthologies

Poemas, 1934-1959. Santiago: Ediciones Mandrágora, 1959.
En el mejor de los mundos. Antología poética, 1929-1969. Santiago: Zig-Zag, 1970.

Other Works

Fiction

El juego de ajedrez, o, Visiones del país de las maravillas. Santiago: Editorial Lord Cochrane, 1966.
La endemoniada de Santiago. Santiago: Editorial Orbe, 1969. Other eds., Buenos Aires: Editorial Andina, 1969; Santiago: Ediciones La Noria, 1985.
El laberinto de Greta: novela. Santiago: Editorial Huda, 1971.
Los esclavos de sus pasiones: novela de costumbres mágicas, chilenas y sentimentales. Santiago: Nascimento, 1975.
Los sucesos del Budi: novela de Braulio Arenas. Santiago: Ediciones Aconcagua, 1978.
El castillo de Perth: breve memoria acerca de los extraños sucesos acaecidos en dicho castillo la noche del 2 de junio del año 1134. Barcelona: Seix-Barral, 1982.

Play

Samuel: comedia en dos actos divididos en cinco cuadros. Santiago: Editorial Universitaria, 1970.

Essay

El AGC de la Mandrágora. Braulio Arenas, Enrique Gómez Correa, Jorge Cáceres.
  Santiago: Ediciones Mandrágora, 1956.
Actas surrealistas. Santiago: Nascimento, 1974.
Berenice: la idea fija. Caracas: Monte Avila, 1975.
Escritos y escritores chilenos. Santiago: Nascimento, 1982.
Recopilación de artículos suyos. Santiago: Nascimento, 1982.
Los dioses del Olimpo: leyendas mitológicas. Santiago: Andrés Bello, 1983.
Escritos mundanos. Santiago: Ediciones La Noria, 1985.

Critical Studies

Barros, Daniel. "BA o la poesía como excepción," in *Poesía sudamericana actual* (Madrid:
  Miguel Castelote Editor, 1972), pp. 101-105.
"BA: Premio Nacional de Literatura." *Atenea* 450 (1984), 71-76.
Contreras, Marta and María Eugenia Escobar. "Discurso del gran poder." *Atenea* 434
  (w/d), 71-90.
Contreras, Marta. "Surrealismo en Chile." *Atenea* 452 (1985), 29-55.
Gligo, Agata. "Surrealismo en Chile." *Atenea* 452 (1985), 29-55.
Ibáñez Langlois, José Miguel. "Antología de BA" and "BA, surrealista," in *Poesía chilena
  e hispanoamericana actual* (Santiago: Nascimento, 1975), pp. 224-233.
Lastra, Fernando de la. "BA, humanista y escritor completo." *Atenea* 457 (1988), 147-
  151.
Plaza, Galvarino. "Berenice: La idea fija." *Cuadernos Hispanoamericanos* 309 (1976),
  490-491.
Sucre, Guillermo. "En el mejor de los mundos." *Araisa* (1975), 336-341.
————. "La poesía del cuerpo," in *La máscara, la transparencia* (2nd. ed., Mexico:
  Fondo de Cultura Económica, 1985), pp. 353-358.

HOMERO ARIDJIS
(Mexico, 1940)

Poetic Works

La musa roja. Mexico, 1958.
Los ojos desdoblados. Mexico: La Palabra, 1960.
La tumba de Filidor. Mexico: La Palabra, 1961.
La difícil ceremonia. Mexico: Ediciones del Pájaro de Cascabel núm. 5, 1963.
Antes del reino. Mexico: Era, 1963.
Los espacios azules. Mexico: Joaquín Mortiz, 1968.
Ajedrez/ Navegaciones. Mexico: Siglo XXI, 1969.
El poeta niño. Mexico: Fondo de Cultura Económica, 1971.
Quemar las naves. Mexico: Joaquín Mortiz, 1975.
Vivir para ver. Mexico: Joaquín Mortiz, 1977.
Construir la muerte. Mexico: Joaquín Mortiz, 1982.
Imágenes para el fin del milenio: nueva expulsión del paraíso. Mexico: Joaquín Mortiz, 1990.

Compilations and Anthologies

Antología. Selection by Cristina Peri Rossi. Barcelona: Lumen, 1976.
Antología poética. Prologue by Guillermo Sucre. Madrid: Akal Editor, 1977.
Obra poética, 1960-1986. Mexico: Joaquín Mortiz, 1987.
   [Contents: Los ojos desdoblados (1960). Antes del reino (1963). Ajedrez/ Navegaciones (1969). Los espacios azules (1969). El poeta niño (1971). Quemar las naves (1975). Vivir para ver (1977). Construir la muerte (1982). Imágenes para el fin del milenio (1986).]

Other Works

Fiction

La tumba de Filidor. Mexico: La Palabra, 1961. [Poetic prose]
Perséfone. Mexico: Joaquín Mortiz, 1967. [Poetic prose]
Mirándola dormir. Mexico: Joaquín Mortiz, 1971. [Poetic prose]
El encantador solitario. Mexico: Fondo de Cultura Económica, 1973. [Poetic prose]
Sobre una ausencia. Barcelona: Barral Editores, 1976.
Espectáculo del año 2000. Mexico: Joaquín Mortiz, 1981.
1492. Vida y tiempos de Juan Cabezón de Castilla. Mexico: Siglo XXI, 1985.
El último Adán; seguido de *Noche de Independencia y Playa nudista*. Mexico: Joaquín Mortiz, 1986.
Memorias del Nuevo Mundo. Mexico: Editorial Diana, 1988.
Gran teatro del fin del mundo. Mexico: Joaquín Mortiz, 1989.

Bibliographies

Foster, David William. "HA," in *Mexican Literature. A Bibliography of Secondary Sources* (Metuchen, N.J.: Scarecrow Press, 1981), pp. 90-91.
Ocampo, Aurora and Ernesto Prado Velázquez. "HA," in *Diccionario de escritores mexicanos* (Mexico: Universidad Nacional Autónoma de México, 1967), p. 22. See 2nd. edition expanded (Mexico: Universidad Nacional Autónoma de México, 1989, vol. 1), pp. 81-85.

Critical Studies

Anderson, Helene. "Quests and Gods." [*Exaltation of Light*] *Review* 32 (1984), 23-26.
Blasi, Alberto. *"Construir la muerte." World Literature Today* 57: 3 (1983), 433-434.
Campbell, Federico. "HA el mundo es el paraíso," in *Conversaciones con escritores*, pp. 95-108.
Durán, Manuel. "Música en sordina, tres poetas mexicanos: Bonifaz Nuño, García Terrés, Aridjis." *Plural* 8 (1972), 29-31.
Elizondo, Salvador. "Traducciones: la poesía transformada [Aridjis and Montes de Oca]." *Plural* 4: 8 (1975), 75-76.
Fandel, John. "A Hovering Imagination." [*Blue Spaces*] *Review* 15 (1975), 64.
Fernández, Jesse. "La poesía de HA: la salvación por la palabra," in Norma Klahn and Jesse Fernández (comps.), *Lugar de encuentro. Ensayos críticos sobre poesía mexicana actual* (Mexico: Katún, 1987), pp. 179-190.
Forster, Merlin H. "Four Contemporary Mexican Poets: Marco Antonio Montes de Oca, Gabriel Zaid, José Emilio Pacheco, HA," in *Tradition and Renewal: Essays on Twentieth-Century Latin American Literature and Culture* (Urbana: University of Illinois Press, 1975), pp. 139-156.
Ghiano, Juan Carlos. "Aridjis y la aventura poética." [*Ajedrez/ Navegaciones*] *Revista de la Universidad de México* 29: 9 (1975), 40-41.
Gómez Montero, Sergio. "Poeta destacado." [*Construir la muerte*] *Sábado* 274 (5 February 1983), 11-12.
Hamburger, Michael. "HA: ¿Hombre de palabras?" *Vuelta* 12 (1977), 48-49.
Hernández, Ana María. *"Cuestionario de Gabriel Zaid y Vivir para ver de HA." Hispamérica* 21 (1978), 93-94.
Maqueo, Fernando. "HA voces sin jaula." [Interview] *Los Universitarios* 203 (1982), 25-26.
Ortega, Roberto Diego. "Aridjis: mucho después del reino y en pleno sur." [*Vivir para ver*] *Revista de la Universidad de México* 32: 7 (1978), 43-44.
Peri Rossi, Cristina. "De la poesía circular." [*Ajedrez/ Navegaciones*] *Marcha* 1502 (17 July 1970), 29.
Ramírez, Irving. "Aridjis: fantasma de sí mismo." [Interview] *La Palabra y el Hombre* 67 (1988), 163-166.
Rexroth, Kenneth. "HA: Blue Spaces of Illumination." *Review* 12 (1974), 65.
————. *"Los espacios azules." Sábado* 276 (19 February 1983), 9.
Rivero, Eliana. *"Vivir para ver." World Literature Today* 52: 4 (1978), 599-600.
Rodríguez Monegal, Emir. "HA," in *El arte de narrar...* (Caracas: Monte Avila, 1968), pp. 11-20.
Selva, Mauricio de la. "HA, *Antes del reino.*" *Cuadernos Americanos* 2 (1964), 286-287.
Sucre, Guillermo. "Poesía crítica: lenguaje y silencio." *Revista Iberoamericana* 76-77 (1971), 575-597.
————. "La nueva profundidad: superficies nítidas." [*Quemar las naves*] *Plural* 5: 2 (1975), 78-81.
————. "La metáfora del silencio," in *La máscara, la transparencia* (2nd. ed., Mexico: Fondo de Cultura Económica, 1985), pp. 213-216.
Vitale, Ida. *"Construir la muerte." Vuelta* 80 (1983), 39-40.
Xirau, Ramón. "Bañuelos, Aridjis, Pacheco." *Recent Books in Mexico* 11: 1 (1963), 1-2.
————. "Los hechos de la cultura." [*Antes del reino*] *Nivel* 15 (1964), 12.

―――――. "La poesía de HA: el peso de la carne, la alegría de la luz." *La Cultura en México* 398 (1 October 1969), xi-xii.

―――――. "HA," in *Mito y poesía* (Mexico: Universidad Nacional Autónoma de México, 1973), pp. 176-182.

―――――. "Sobre una ausencia" y "antología." *Diálogos* 72 (1976), 34-35.

Yurkievich, Saúl. "La fantasía milenaria de HA." *Eco* 266 (1983), 216-222.

JOSE CARLOS BECERRA
(Mexico, 1936-1970)

Poetic Works

Oscura palabra. Mexico: Mester, 1965.
Relación de los hechos. Mexico: Era, 1967.

Compilations and Anthologies

El otoño recorre las islas. Obra poética, 1961-1970. Edition by José Emilio Pacheco and
Gabriel Zaid. Prologue by Octavio Paz. Mexico: Era, 1973. Other ed., Mexico:
SEP, Lecturas Mexicanas, 1985.
[Contents: Los muelles. Oscura palabra. Relación de los hechos. La venta. Fiestas
de invierno. Como retrasar la aparición de las hormigas. Fotografía junto a un
tulipán. Conversaciones (with Carlos Pellicer, Federico Campbell, Luis Terán,
Alberto Díaz Lastra), Juego de cartas (from Octavio Paz; to José Lezama Lima; from
José Lezama Lima; to María Luisa Mendoza; from Mario Vargas Llosa; to José
Lezama Lima).]
Breve antología. Selección y carta dedicatoria de Hugo Gutiérrez Vega. Mexico:
Universidad Nacional Autónoma de México, 1978.

Bibliographies

Ocampo, Aurora. "JCB," in *Diccionario de escritores mexicanos* (2nd. ed. expanded,
Mexico: Universidad Nacional Autónoma de México, 1989, vol. I), pp. 162-164.

Critical Studies

Aridjis, Homero. "Nuevos poetas mexicanos." *Mundo Nuevo* (1967), 21-37.
Asiain, Aurelio. "*El otoño recorre las islas*." *Tropos* 1 (1980), 53-55.
Blanco, José Joaquín. "JCB," in *Crónica de la poesía mexicana* (Mexico: Universidad
Autónoma de Sinaloa, 1978), pp. 238-239.
Campbell, Federico. "JCB," in *Conversaciones con escritores*, pp. 109-114.
Charry Lara, Fernando. "Poemas de JCB." *Razón y Fábula* 11 (1969), 128-129.
Hoeksema, Thomas. "*El otoño recorre las islas*." *Books Abroad* 49: 1 (1975), 87.
Jiménez, José Olivio. "Adoum y Becerra." *Plural* 34 (1974), 19-25.
————. "JCB: *El otoño recorre las islas*," in Norma Klahn and Jesse Fernández
(comps.), *Lugar de encuentro. Ensayos sobre poesía mexicana actual* (Mexico:
Katún, 1987), pp. 157-165.
Mendoza, María Luisa. "El hielo roto." *Plural* 10: 120 (1981), 45.
Pacheco, José Emilio. "En los diez años de su muerte. Prosa en recuerdo de JCB."
Proceso 185 (19 May 1980), 50-51.
Paz, Octavio. "Los dedos en la llama," prologue to *El otoño recorre las islas* (Mexico:
Era, 1973), pp. 13-17.
Wong, Oscar. "Los símbolos en JCB," in *Eso que llamamos poesía* (Mexico: Casa de la
Cultura del Estado de México, 1974), pp. 36-39.

Xirau, Ramón. "JCB," in *Mito y poesía* (Mexico: Universidad Nacional Autónoma de México, 1973).

CARLOS GERMAN BELLI
(Peru, 1927)

Poetic Works

Poemas. Lima: Ediciones del A, Talleres Gráficos Villanueva, 1958.
Dentro & fuera. Lima: Forma y Poesía, 1960.
¡Oh Hada Cibernética! Lima: Ediciones de La Rama Florida, 1961.
El pie sobre el cuello. Lima: Ediciones de La Rama Florida, 1964.
Por el monte abajo. Lima: Ediciones de La Rama Florida, 1966.
Sextinas y otros poemas. Prologue by Julio Ortega. Santiago, Chile: Edit. Universitaria, 1970.
En alabanza del bolo alimenticio. Mexico: Premiá Editora, 1979.
Canciones y otros poemas. Mexico: Premiá Editora, 1982.
Más que señora humana. Lima: Edit. Perla, 1986.
El buen mudar. [Prose and verse] Madrid: Ediciones del Tapir, 1986. 2nd. ed., Lima: Edit. Perla, 1987.
En el restante tiempo terrenal. Madrid: Ediciones del Tapir, 1988. 2nd. ed., Lima: Edit. Perla, 1988.

Compilations and Anthologies

El pie sobre el cuello. Montevideo: Alfa, 1967.
    [Contents: Poemas. Dentro & fuera. ¡Oh Hada Cibernética! El pie sobre el cuello. Por el monte abajo.]
¡Oh Hada Cibernética! [Anthology] Caracas: Monte Avila Editores, 1971.
Asir la forma que se va. [Short anthology] Lima: Cuadernos del Hipocampo, 1979.
Boda de la pluma y de la letra. Madrid: Ediciones de Cultura Hispánica, Instituto de Cooperación Iberoamericana, 1985.
Antología crítica. Selection and notes by John Garganigo. Hanover, New Hampshire: Ediciones del Norte, 1987.
Antología personal. Prologue by Antonio Cornejo Polar. Lima: CONCYTEC, 1988.
    [Includes critical studies by Mario Vargas Llosa, Roberto Paoli, Enrique Lihn; and an interview by Marithelma Costa and Adelaida López.]

Bibliographies

Espejo Beshers, Olga. "Bibliografía. CGB." *Inti* 24-25 (1986-1987), 291-309.
Flores, Angel. "CGB," in *Bibliografía de escritores hispanoamericanos (1609-1974)* (New York: Gordian Press, 1975), pp. 200-201.
Foster, David William. "CGB," in *Peruvian Literature: A Bibliography of Secondary Sources* (Westport, Connecticut: Greenwood Press, 1981), pp. 82-83.

Critical Studies

Books and Dissertations

Cánepa, Mario A. *Lenguaje en conflicto: La poesía de CGB*. Madrid: Orígenes, 1987.

Hill, W. Nick. *Tradición y modernidad en la poesía de CGB*. Madrid: Edit. Pliegos, 1985.
Nerozzi, Carlotta. "La lingua poética di CGB." Tesi di Laurea in Lingua e Letteratura Straniere. Università degli Studi di Firenze, 1983-1984.

Essays, Reviews, Interviews

Baciu, Stefan. "Algunos poetas parasurrealistas latinoamericanos." *Eco* 228 (1980), 591-601.
Bazán, Dora. "CGB y sus *Sextinas*." *Expresso* (25 May 1971), 17.
Benedetti, Mario. "CGB o el hombre en un cepo metafísico." *La Mañana* (14 August 1964). Reproduced in *Letras del continente mestizo* (2nd. ed., Montevideo: Arca, 1969), pp. 171-175.
Bravo, Carlos. "CGB: barroco y socialista." *Punto Final* 6 (4 June 1963).
Brotherston, Gordon. *Latin American Poetry: Origins and Presence* (London: Cambridge University Press, 1975), pp. 177-181.
Cánepa, Mario. "Historia y máscara poética: sobre la poesía de CGB." *Lexis* 12: 1 (1988), 83-90.
Cevallos Mesones, Leonidas. "Sobre la poesía de Belli." *Mundo Nuevo* 8 (1967), 84-86.
Cisneros, Antonio. "*Por el monte abajo*." *Amaru* 1 (1967), 89-92.
Cornejo Polar, Antonio. "Prólogo" to *Antología personal* by CGB (Lima: CONCYTEC, 1988), pp. 9-24.
Cortínez, Carlos. "*Dentro & fuera* de CGB," in *Poesía latinoamericana contemporánea* (Guatemala: Instituto de Estudios de la Literatura Nacional, Universidad de San Carlos Guatemala, 1983), pp. 61-73.
Costa, Marithelma and Adelaida López de Martínez. "Entrevista: CGB." *Hispamérica* 13: 39 (1984), 29-43. Reproduced in *Antología personal* by CGB (Lima: CONCYTEC, 1988), pp. 229-245.
Duchesne, Juan. "Mensaje desde la Bética no bella: *Boda de la pluma y de la letra*, de CGB." *Escritura* 10: 19-20 (1985), 151-160.
Escobar, Alberto. "En pos de la estructura," in *La partida inconclusa, o, la lectura literaria* (2nd. ed., Lima: Instituto Nacional de Cultura, 1976), pp. 82-96.
Garganigo, John F. "Entrevista con CGB: Lima, 15 de mayo de 1983." *Revista de Estudios Hispánicos* 20: 2 (1986), 83-94.
Gazzolo, Ana María. "Estructura de un poema de CGB: 'Sextina del mea culpa'." *Creación y Crítica* 15 (1973).
Hahn, Oscar. "*En alabanza del bolo alimenticio*." *Hispamérica* 10: 29 (1981), 117-118.
Higgins, James. "CGB: una introducción a su poesía." *Textual* 4 (1970).
──────. "The Poetry of CGB." *Bulletin of Hispanic Studies* XLVII: 4 (1970), 327-339.
──────. "El mundo poético de CGB a través del poema 'Contra el estío'," in *Literatura de la emancipación hispanoamericana y otros ensayos* (Memorial del XV Congreso del Instituto de Literatura Iberoamericana; Lima: Universidad Nacional Mayor de San Marcos, 1972), pp. 179-183.
──────. "CGB," in *The Poet in Peru* (Liverpool: Francis Cairns, 1982), pp. 46-64.
──────. "Poetry Pure and Impure," in *A History of Peruvian Literature* (Liverpool: Francis Cairns, 1987), pp. 256-292.
Hill, W. Nick. "A la zaga de CGB," in Gilbert Paolini (ed.), *La Chispa'83:   Selected Proceeding* (New Orleans: Tulane University, 1983), pp. 125-133.
──────. "El pastor/poeta en el 'microuniverso' belliano." *Revista de Crítica Literaria Latinoamericana* 10: 20 (1984), 171-188.
Ibáñez Langlois, José Miguel. "La poesía de CGB," in *Poesía chilena e hispanoamericana actual* (Santiago, Chile: Nascimento, 1975), pp. 295-305.
Lasarte, Francisco. "Pastoral and counter-pastoral: the dynamics of Belli's poetic dispair." *Modern Language Notes* 94 (1979), 301-320.
Lastra, Pedro. "Después de Vallejo (Poesía de CGB)." *La Nación* (14 April 1967).
La Torre, Alfonso. "La moderna angustia de CGB." *El Comercio Gráfico* (8 July 1964), 6.

Lévano, César. "Una primavera florida." *Caretas* XIV: 297 (18 September 1964), 26-29.

Lihn, Enrique. "En alabanza de CGB." *Inti* 18-19 (1983-1984), 131-146. Reproduced in *Antología personal* by CGB (Lima: CONCYTEC, 1988), pp. 223-227.

Loayza, Luis. "La poesía de CGB." *Expresso* (23 November 1962).

Margenot, John B. "Lo autorreferencial en varios poemas de CGB." *Discurso Literario* 5: 1 (1987), 139-153.

Maurer, Karl. "Notes on CGB." *Plaza* 12 (1987), 39-46.

Maurial, Antonio. "A propósito del último libro de CGB." *Alpha* 7 (1966).

Meneses, Carlos. "*Asir la forma que se va* de CGB y *Vida continua* de Javier Sologuren." *Hispamérica* 9: 27 (1980), 115-116.

M.P.R. "En el coto de la mente." *Panorama* 188 (1970).

O'Hara, Edgar. "*Canciones y otros poemas.*" *Debate* 19 (1983), 81-82. Reproduced in *Cuerpo de reseñas* (Lima: Ediciones del Azahar, 1984), pp. 100-102.

Oquendo, Abelardo. "Belli, una poesía desgarrada." *El Comercio Gráfico* (19 November 1962).

———. "*El pie sobre el cuello.*" *RPC* 3 (1964), 145-147.

———. "Belli, una coyuntura difícil." *El Comercio* (Sunday's supplement), (8 September 1970).

———. "*En alabanza del bolo alimenticio.*" *Revista de Crítica Literaria Latinoamericana* 6: 12 (1980), 288-290.

Orrillo, Winston. "Por la desesperación a la esperanza." *Correo* (1 June 1964), 12.

———. "*El pie sobre el cuello.*" *Letras* 72-73 (1964), 333-335.

———. "*El pie sobre el cuello.*" *El Comercio* (25 October 1967), 2.

———. "Poesía peruana actual: dos generaciones." *Cuadernos Hispanoamericanos* 228 (1968), 620-622.

Ortega, Julio. "CGB prepara su poesía completa." *La Prensa* (12 September 1965).

———. "Calidad expresionista de Belli." *La Prensa* (24 July 1966).

———. "Poesía de Belli." *Expresso* (28 September 1967).

———. "La poesía de CGB." *Temas* 13 (1967), 54-55. Also in *Imagen* 33 (15 September 1968). Reproduced in *Figuración de la persona* (Madrid: Edhasa, 1971), pp. 129-136. Also reproduced as a prologue for *Sextina y otros poemas* by CGB (Santiago, Chile: Edit. Universitaria, 1970), pp. 9-19.

Oviedo, José Miguel. "El cuerpo del surrealista." *El Comercio* (Sunday's supplement), (18 September 1960).

———. "Belli, magia y exasperación." *El Comercio* (Sunday's supplement), (29 July 1962).

———. "Belli, más pavor, más asfixia." *El Comercio* (Sunday's supplement), (24 May 1964).

———. "Belli: otra inmersión en el mismo infierno." *El Comercio* (Sunday's supplement), (18 September 1966).

Paoli, Roberto. "Razón de ser del neoclasicismo de CGB." *Enlace* 2 (1984), 16-20. Reproduced in *Estudios sobre literatura peruana contemporánea* (Florencia: Università degli Studi di Firenze, 1985), pp. 151-160. Also in Cedomil Goic (ed.), *Historia y crítica de la literatura hispanoamericana*, vol. III, *Epoca contemporánea* (Barcelona: Crítica, 1988), pp. 267-271. Also in *Antología personal* by CGB (Lima: CONCYTEC, 1988), pp. 211-221.

Paredes Castro, Juan. "Belli: Poesía y angustia." *La Crónica* (9 March 1969).

Pichon Rivière, Marcelo. "Belli: un poeta en Buenos Aires." *Panorama* 294 (1972).

Portugal, Ana María. "Belli y la poesía a nivel continental." *Correo* (17 December 1967).

Puig, Salvador. "Entre Vallejo y los clásicos." *El Comercio* (Sunday's supplement), (7 January 1968).

R.V.O. "Con CGB." *La Nación* (11 October 1970), 3.

Salas, Horacio. "*En alabanza del bolo alimenticio.*" *Cuadernos Hiapanoamericanos* 369 (1981), 688-689.

Salazar Bondy, Sebastián. "Un poeta y el compromiso que asume." *La Prensa* (11 April 1958), 12.

———. "Belli, realidad en carne viva." *El Comercio* (Sunday's supplement), (17 May 1964), 8.

———. "*El pie sobre el cuello.*" *La Gaceta* XI: 120 (1964), 4.

Schopf, Federico. *"¡Oh Hada Cibernética!" Anales de la Universidad de Chile* 132 (1964), 228-231.
Sologuren, Javier. *Tres poetas, tres obras. Belli, Delgado, Salazar Bondy* (Lima: Instituto Raúl Porras Barrenechea, 1969), pp. 7-40.
————. "CGB: barroquismo y contemporaneidad." *Escandalar* 4: 1 (1981), 73-74.
Sucre, Guillermo. "El antiverbo y la verba," in *La máscara, la transparencia* (Caracas: Monte Avila Editores, 1975), pp. 314-316.
Tola de Habich, Fernando. *"Con el pie sobre el cuello." La Prensa* (26 May 1968), 30-31.
Valente, Ignacio. "La poesía de CGB." *El Mercurio* (29 September 1969).
————. *"Sextinas* de CGB." *El Mercurio* (16 August 1970).
Vargas Llosa, Mario. "Belli y la rebelión." *El Comercio* (Sunday's supplement), (8 June 1958), 4-5.
————. "Una poesía par tiempos difíciles." *Diario 16* (26 September 1987), 8. Reproduced in *Antología personal* by CGB (Lima: CONCYTEC, 1988), pp. 204-210.
Velázquez, Jaime G. *"Canciones y otros poemas." Vuelta* 86 (1984), 34-35.
Víctor Ernesto [Víctor Ernesto Pool]. "Un reciente poemario de CGB." *La Crónica* (27 July 1958).
Vitale, Ida. "Presentación de CGB." *Marcha* (31 July 1970), 33-36.
Zapata, Miguel Angel. "CGB y el reto estilístico de la poesía." [Interview] *Inti* 26-27 (1987-1988), 9-16.

MARIO BENEDETTI
(Uruguay, 1920)

Poetic Works

La víspera indeleble. Montevideo: Prometeo, 1945.
Peripecia y novela. Montevideo: Prometeo, 1945.
Solo mientras tanto. Montevideo: Número, 1950.
Poemas de la oficina. Montevideo: Número, 1956.
Poemas del hoyporhoy. Montevideo: Alfa, 1961.
Próximo prójimo. Montevideo, 1965.
Contra los puentes levadizos. Montevideo: Alfa, 1966.
A ras del sueño. Montevideo: Alfa, 1967.
Hasta aquí. Buenos Aires: Cuadernos de la Línea, 1974.
Letras de emergencia. Buenos Aires: Alfa, 1974. [Poems, short stories, fables, etc.]
La casa y el ladrillo. Mexico: Siglo XXI, 1976. 5th. ed., 1983.
Cotidianas. Mexico: Siglo XXI, 1979. 4th. ed., 1982.
Poemas de otros. Madrid: Visor, 1984.
Geografías. Madrid: Alfaguara, 1984. [Prose and verse.]
Preguntas al azar. Buenos Aires: Nueva Imagen, 1986. Other ed. Madrid: Visor, 1986.
Yesterday y mañana. Montevideo: Arca, 1987. Other ed. Madrid: Visor, 1988.

Compilations and Anthologies

Inventario. Poesía, 1948-1962. Montevideo: Alfa, 1963.
  [Contents: Solo mientras tanto. Poemas de la oficina. Poemas del hoyporhoy. Noción de patria.]
  [The 3rd. ed., *Inventario 67* (1967), adds: Próximo prójimo. Contra los puentes levadizos.]
  [The 4th. ed., *Inventario 70* (1970), adds: A ras del sueño. Quemar las naves. Versos para cantar.]
  [The 5th. ed. (1975) adds: Letras de emergencia. Poemas de otros.]
  [The 10th. ed. (1980) adds: La casa y el ladrillo.]
  [15th. ed.: *Poesía completa, 1950-1980*. Madrid: Visor, 1985.]
Antología natural. Montevideo: Alfa, 1967.
Poemas de la oficina y otros expedientes. Montevideo: Arca, 1969.
Antología poética. Prologue by J. M. Caballero Bonald. Madrid: Alianza, 1984. Other ed. Mexico: Nueva Imagen, 1986.
Poemas de la oficina, Del hoyporhoy. Madrid: Visor, 1984.
Noción de patria; Próximo prójimo. Madrid: Visor, 1985.

Other Works

Fiction

Short Story

Esta mañana. Montevideo: Prometeo, 1945.
El último viaje y otros cuentos. Montevideo: Número, 1950.

Montevideanos. Montevideo: Alfa, 1959.
Esta mañana y otros cuentos. Montevideo: Arca, 1967.
La muerte y otras sorpresas. Mexico: Siglo XXI, 1968.
Cuentos completos. Santiago, Chile: Editorial Universitaria, 1970.
Con y sin nostalgia. Mexico: Siglo XXI, 1977.
Todos los cuentos de Mario Benedetti. Havana: Casa de las Américas, 1980.

Novel

Quién de nosotros. Montevideo: Número, 1953.
La tregua. Montevideo: Alfa, 1960.
Gracias por el fuego. Montevideo: Alfa, 1965.
El cumpleaños de Juan Angel. Mexico: Siglo XXI, 1971. 18th. ed., 1980. [In verse]
Primavera con una esquina rota. Madrid: Alfaguara, 1982.

Plays

El reportaje. Montevideo: Marcha, 1958.
Ida y vuelta. Buenos Aires: Talía, 1963.
Pedro y el capitán. Mexico: Nueva Imagen, 1979.

Essay

Marcel Proust y otros ensayos. Montevideo: Número, 1951.
El país de la cola de paja. Montevideo: Asir, 1960.
Literatura uruguaya del siglo XX. Montevideo: Alfa, 1963.
Mejor es meneallo (crónicas). Montevideo: Comunidad del Sur, 1965.
Genio y figura de José Enrique Rodó. Buenos Aires: Eudeba, 1966.
Letras del continente mestizo. Montevideo: Arca, 1967.
Sobre arte y oficios. Montevideo: Alfa, 1968.
Crítica cómplice. Havana: Instituto del Libro, 1971.
Los poetas comunicantes. Montevideo: Biblioteca de Marcha, 1972. [Interviews]
Terremoto y después. Montevideo: Arca, 1973.
El recurso del supremo patriarca. Buenos Aires: Alfa, 1974.
El escritor latinoamericano y la revolución posible. Buenos Aires: Alfa, 1974.
El desexilio y otras conjeturas. Madrid: Ediciones El País, 1984.
Artículos políticos. Montevideo: Arca, 1985.

Bibliographies

Alfaro, Hugo. "Bibliografía sobre MB," in *MB: detrás de un vidrio claro* (Montevideo: Ediciones Trilce, 1986), pp. 215-218.
Beberfall, Freda Pérez. "Bibliografía de y sobre MB." *Revista Iberoamericana* 114-115 (1981), 360-411.
Flores, Angel. "MB," in *Bibliografía de escritores hispanoamericanos, 1609-1974* (New York: Gordian Press, 1975), pp. 201-202.
Fornet, Ambrosio (ed.) *Recopilación de textos sobre MB* (Havana: Casa de las Américas, 1976), pp. 275-295.
Rufinelli, Jorge (ed.) *MB: Variaciones críticas* (Montevideo: Libros del Astillero, 1973), pp. 193-219.

Critical Studies

Books and Dissertations

Alfaro, Hugo. *MB: detrás de un vidrio claro.* [Interviews] Montevideo: Ediciones Trilce, 1986.
Fornet, Ambrosio (ed.) *Recopilación de textos sobre MB.* Havana: Casa de las Américas, 1976.
Mansour, Mónica. *Tuya, mía, de otros: la poesía coloquial de MB.* Mexico: Universidad Nacional Autónoma de México, 1979.
Navia Velasco, Carmiña. *MB: una aproximación crítica.* Cali, Colombia: La Cuchilla, Centro Cultural Popular Meléndez, 1984.
Rufinelli, Jorge (ed.) *MB: Variaciones críticas.* Montevideo: Libros del Astillero, 1973.

Essays, Reviews, Interviews

Arbeleche, Jorge. "MB." *Eco* 163 (1974), 73-84.
Barros, Daniel. "Tres poetas de hoy: Teillier, Benedetti y Gelman," in *Poesía sudamericana actual* (Madrid: Miguel Castelote editor, 1972), pp. 57-88.
Bianchi, Soledad. "Diálogo con la nostalgia de MB." *Araucaria de Chile* 9 (1980), 195-200.
Castro, Nils. "Benedetti: la moral de los hechos aclara su palabra." *Casa de las Américas* 89 (1975), 78-96.
Gelman, Juan. "MB: 'El escritor es un trabajador como tantos'." [Interview] *Crisis* 19 (1974), 40-50.
González Bermejo, Ernesto. "Con MB." [Interview] *Casa de las Américas* 65-66 (1971), 148-155.
Lago, Silvia. "La poesía como iluminación." *Brecha* (2 May 1986).
Mercier, Lucien. "La palabra bajada del Olimpo," in Ambrosio Fornet (ed.), *Recopilación de textos sobre MB* (Havana: Casa de las Américas, 1976), pp. 239-247.
————. "MB, poéte uruguayen." *Amérique Latine* 24 (1985), 59-60.
Mirán, Diego. "Benedetti, liberación poética." [*Inventario*] *El Comercio* (Sunday's supplement), (5 April 1964), 8.
Moreira Rojas, Alberto. "*Poemas de la oficina.*" *Comentario* 12 (1956), 106-107.
Morelli, Gabriele. "'El yo', 'el otro', nella poesia sociale di MB." *Studi di Letteratura Ispano-Americana* 13-14 (1983), 213-242.
Obiol, Salvador. "Tres nombres en la poesía uruguaya: Vilariño, Cunha, Benedetti." *Hoy por la Cultura* 14 (1964), 12.
"Opiniones diversas," in Jorge Rufinelli (ed.), *MB: Variaciones críticas* (Montevideo: Libros del Astillero, 1973), pp. 171-192. [Texts by Fernando Alegría, Alberto Zum Felde, Concha Meléndez, Jean Franco, Frank Dauster, Julieta Campos, Jorge Arbeleche, Arturo Sergio Visca, Francisco R. Pintos, Edmundo Concha, Oscar Rodríguez, John A. Crow, Ricardo Latcham, Sergio Benvenuto, Ariel Dorfman, Marcelo Coddou, Carlos Real de Azúa, Sebastián Salazar Bondy, Rubén Cotelo, Cristina Peri Rossi, Isabel Freire, Rubén Bareiro Saguier.]
Osnajansky, Norma. "Ternura sin piedad," in Ambrosio Fornet (ed.), *Recopilación de textos sobre MB* (Havana: Casa de las Américas, 1976), pp. 233-238.
Oviedo, José Miguel. "Un dominio colonizado por la poesía," in Jorge Rufinelli (ed.), *MB: Variaciones críticas* (Montevideo: Libros del Astillero, 1973), pp. 147-158.
Paternain, Alejandro. "En el territorio de los líricos." Ediciones del Cincuentenario del diario *La Plata* (Montevideo, 1964), 8-11.
Pérez Pintos, Diego. "Benedetti, inadaptado." [*Poemas de la oficina*] *Ceipa* 1 (1957), 65-68.
Piazza, Luis Guillermo. "Poemas uruguayos." [*Inventario*] *Excélsior* (20 December 1964).
Rama, Angel. "Del horizonte de uno al horizonte de todos." [*Inventario*] *Marcha* (16 July 1965).

Rein, Mercedes. "La poesía de MB: balance provisorio," in Jorge Rufinelli (ed.), *MB: Variaciones críticas* (Montevideo: Libros del Astillero, 1973), pp. 159-165. Also reproduced in Ambrosio Fornet (ed.), *Recopilación de textos sobre MB* (Havana: Casa de las Américas, 1976), pp. 225-232.

Roldán, Eleuterio. "Poeta en la oficina." [*Poemas de la oficina*] *El Nacional* (30 August 1958).

Rufinelli, Jorge. "MB: perfil literario." *Studi di Letteratura Ispano-Americana* 13-14 (1983), 103-111.

Valverde, José María. "Verso versus prosa: dos casos en Hispanoamérica." *Revista Canadiense de Estudios Hispánicos* 1 (1976).

Villordo, O. H. *"Poemas de la oficina*, por MB." *Ficción* (Buenos Aires, 1958), 77-78.

Vitureira, Cipriano S. *"Inventario."* *Estudios* 29 (1964), 108-111.

Yacovski, Rubén. "Noción de ciertas realidades." [*Inventario*] Cultural supplement, *El Popular* (20 March 1964), 11.

AMANDA BERENGUER
(Uruguay, 1922)

Poetic Works

A través de los tiempos que llevan a la gran calma. Montevideo: La Industrial, 1940.
Canto hermético, a los incesantes peregrinos. Montevideo: Sagitario, 1941.
Elegía por la muerte de Paul Valéry. Montevideo: La Galatea, 1945.
El río (poem). Montevideo: La Galatea, 1952.
La invitación (eight poems). Montevideo: La Galatea, 1957.
Contracanto. Montevideo: La Galatea, 1961.
Quehaceres e invenciones. Montevideo: Arca, 1963.
Declaración conjunta. Montevideo: Arca, 1964.
Materia prima. Montevideo: Arca, 1966.
Composición de lugar. Montevideo: Arca, 1976.
Identidad de ciertas frutas. Montevideo: Arca, 1983.
La dama de Elche. Madrid: Fundación del Banco Exterior, 1987. Other ed., Montevideo: Arca, 1990.
Los signos sobre la mesa. Montevideo: Universidad de la República, 1987.

Compilations and Anthologies

Poesías, 1949-1979. Buenos Aires: Calicanto, 1980.
[Contents: El tigre alfabetario. El río, suficiente maravilla. La invitación. Contracanto. Quehaceres e invenciones. Declaración conjunta. Materia prima. Composición de lugar. Conversación habilitante y derivados. Trazo y derivados.]

Bibliographies

"AB," in *Diccionario de literatura uruguaya* (Montevideo: Arca, 1987), pp. 93-96.

Critical Studies

Benedetti, Mario. "El quehacer convertido en invención." *La Mañana* (29 May 1964).
Brena, Tomás G. "AB," in *Exploración estética.* Vol. I. *Estudio de ocho poetas de Uruguay* (Montevideo: Impresora Récord, 1974), pp. 299-343.
Fierro, Enrique. "Los poetas del 45," in *Capítulo Oriental* 32 (Montevideo: CEDAL, 1968).
———. "AB: una poesía a todo riesgo." *El Gallo Ilustrado* (9 January 1976).
Giovanetti Viola, Hugo. "AB: suficiente maravilla." [*Poesía, 1949-1979*] *Plural* 127 (1982), 83.
Maggi, Carlos. "La fábrica por dentro," in *Materia prima* by AB (Montevideo: Arca, 1966).
Montiel Toledo, Rocío. "Una geometría de la palabra." [*Poesía, 1949-1979*] *Revista de la Universidad de México* 38: 16 (1982), 45-46.
Peden, Margaret Sayers. "A Note on a Transemantic Game." *Translation Review* 12 (1983), 20-22.
Rama, Angel. "Descripción puntual de un mundo inseguro." *Marcha* (10 January 1964).

Vitale, Ida. "Notas a *Quehaceres e invenciones*." *Epoca* (January 1964).

ALBERTO BLANCO
(Mexico, 1951)

Poetic Works

Giros de faros. Mexico: Fondo de Cultura Económica, 1979.
El largo camino hacia Ti. Mexico: Universidad Nacional Autónoma de México, 1980.
Antes de nacer. Mexico: Penélope, 1983.
Tras el rayo. Guadalajara, Mexico: Cuarto Menguante, 1985.
Cromos. Mexico: Fondo de Cultura Económica, Instituto Nacional de Bellas Artes, Secretaría de Educación Pública, 1987.
Canto a la sombra de los animales. In collaboration with painter Francisco Toledo. Mexico: Galería López Quiroga, 1988.
El libro de los pájaros. Mexico: Ediciones Toledo, 1990.

Other Works

Children's Books

Pequeñas historias de misterio ilustradas. Illustrations by Felipe Dávalos. Mexico: La Máquina de Escribir, 1978.
Un sueño de Navidad. Illustrations upon textiles by Patricia Revah. Mexico: Secretaría de Educación Pública, 1984.
Mandalas para iluminar. Mexico: Secretaría de Educación Pública, 1985.

Collage

Un año de bondad. Mexico: Secretaría de Educación Pública, 1987.

Bibliographies

Ocampo, Aurora. "AB," in *Diccionario de escritores mexicanos* (2nd. ed. expanded, Mexico: Universidad Nacional Autónoma de México, 1989, vol. I), pp. 189-190.

Critical Studies

Batis, Huberto. "*Giros de faros*." *Sábado* 81 (2 June 1979), 13-14.
Campos, Marco Antonio. "*El largo camino hacia Ti*." *Proceso* 223 (9 February 1980), 53.
Cervantes, Francisco. "AB y su tablero de direcciones." [*Giros de faros*] *El Semanario Cultural de Novedades* 188 (24 November 1985).
Cohen, Sandro. "*Antes de nacer*." *Revista Mexicana de Cultura* 33 in *El Nacional* (9 October 1983).
————. "*Cromos*." *Sábado* 530 (28 November 1987).
————. "Francisco Toledo y AB: *Canto a la sombra de los animales*." *Sábado* 605 (6 May 1989).
————. "*El libro de los pájaros*." *Sábado* (1990).

Coria, José Felipe. *"Cromos." Sábado* (1987).

D'Aquino, Alfonso. *"Giros de faros." Semanario Cultural* de *El Universal* (14 October 1979), 12-13.

Escalante, Evodio. "Potencia y hermetismo de AB." [*Antes de nacer*] *Proceso* 350 (18 July 1983), 51-54.

Espinasa, José María. *"Cromos* y *Un año de bondad*: pintura y escritura en AB." *Revista de la Universidad de México* 446 (1988), 48-50.

Esquinca, Jorge. *"El largo camino hacia Ti." Campo Abierto* 1 (1981).

Flores, Miguel Angel. *"Tras el rayo." Vuelta* 114 (1986), 43.

García Bergua, Alicia. "Asiendo lo imposible." [*Canto a la sombra de los animales*] *La Jornada Semanal* 38 (4 May 1990).

González de León, Ulalume. *"El largo camino hacia Ti." Vuelta* 44 (1980), 39-40.

Homero, José. *"Cromos,* El camino de Santiago." *El Semanario Cultural* de *Novedades* 319 (29 March 1988).

Huerta, David. "AB: Poesía e imagen, enlazadas en *Cromos* y *Un año de bondad*." [Interview] *Proceso* 582 (28 December 1987).

Jiménez, Gabriel. "Destreza, por favor vete lejos." [*Giros de faros*] *Nexos* (1979).

López Colomé, Pura. "Tiro al Blanco." [*Antes de nacer*] *Casa del Tiempo* 36 (1983-1984), 60-71.

————. *"Tras el rayo." Sábado* 393 (27 April 1985).

Milán, Eduardo. "La poesía en 1985: Cervantes, Blanco, Sicilia." *El Semanario Cultural* de *Novedades* 195 (12 January 1986).

Moreno Villarreal, Jaime. *"Giros de faros*: sorprender con lo imprevisto." *Revista de la Universidad de México* 33: 12 (1979), 41-42.

Patán, Federico. *"El largo camino hacia Ti." Sábado* (1980).

————. *"Tras el rayo." Sábado* 420 (2 November 1985).

Piña Williams, Víctor Hugo. "El libro de los pájaros." *Vuelta* 166 (1990), 40-41.

Quintero, Jesús. "El libro de los pájaros." *Sábado* (1990).

Quirarte, Vicente. *"Cromos." Sábado* 541 (13 February 1988).

————. "Reconstrucción en el caos." *México en el Arte* 10 (1985).

Ramírez, Josué. "El conocimiento del insomne." [*Canto a la sombra de los animales*] *El Semanario Cultural* de *Novedades* 377 (9 July 1989).

Reyes, Juan José. "Invención de la mirada." [*Canto a la sombra de los animales*] *El Semanario Cultural* de *Novedades* 389 (1 October 1989).

Romero, Araceli. *"Antes de nacer." Sábado* 286 (30 April 1983).

Russek, Dan. "Cantos al corazón del cielo." [*El libro de los pájaros*] *El Semanario Cultural de Novedades* 444 (21 October 1990).

Saltz, Joanne Carol. *"Giros de faros* by AB: Explanation and Translation." Masters Thesis. San Diego State University, 1981.

Sefamí, Jacobo. "A la luz de Blanco." *Dactylus* 7 (1987), 48-54. Also in *La Orquesta* 11 (1988), 32-38.

Sheridan, Guillermo. *"Giros de faros." Vuelta* 34 (1979), 33-35.

Tercero, Magalí. "Entrevista con AB." *Periódico de Poesía* 8 (1988).

Vallarino, Roberto. "El silencio es el arte más difícil." [*Giros de faros*] *Sábado* 84 (23 June 1979), 13.

Velázquez, Jaime G. *"Giros de faros." Unomásuno* (20 September 1979), 21.

Volkow, Verónica. *"Pequeñas historias de misterio ilustradas." Vuelta* 26 (1979), 37.

Xirau, Ramón. *"Giros de faros." Diálogos* 16: 91 (1980), 50-51.

RUBEN BONIFAZ NUÑO
(Mexico, 1923)

Poetic Works

La muerte del ángel. Mexico: Firmamento, 1945.
Imágenes. Mexico: Fondo de Cultura Económica, 1953.
Los demonios y los días. Mexico: Fondo de Cultura Económica, 1956.
El manto y la corona. Mexico: Universidad Nacional Autónoma de México, 1958.
Canto llano a Simón Bolívar. Mexico: Librería de M. Porrúa, 1958.
Fuego de pobres. Mexico: Fondo de Cultura Económica, 1961. 2nd. ed, 1985.
Siete de espadas. Mexico: Joaquín Mortiz, 1966.
El ala del tigre. Mexico: Fondo de Cultura Económica, 1969.
La flama del espejo. Mexico: Fondo de Cultura Económica, 1971.
Tres poemas de antes. Mexico: Universidad Nacional Autónoma de México, 1978.
As de oros. Mexico: Universidad Nacional Autónoma de México, 1981. Other ed.,
    Sevilla: Gráficas del Sur, 1980.
Albur de amor. Mexico: Fondo de Cultura Económica, 1987.

Compilations and Anthologies

De otro modo lo mismo. Mexico: Fondo de Cultura Económica, 1979.
    [Contents: La muerte del ángel (1945). Algunos poemas no coleccionados (1945-
    1952). Imágenes (1953). Algunos poemas no coleccionados (1954-1955). Los
    demonios y los días (1956). Algunos poemas no coleccionados (1956-1957). El
    manto y la corona (1958). Canto llano a Simón Bolívar (1958). Algunos poemas no
    coleccionados (1958-1960). Fuego de pobres (1961). Algunos poemas no
    coleccionados (1962-1965). Siete de espadas (1966). El ala del tigre (1969). La
    flama en el espejo (1971).]
Antología personal. Mexico: Universidad Autónoma Metropolitana, 1983.

Other Works

Homenaje a Jaime Torres Bodet. Mexico: El Colegio Nacional, 1976.
Tiempo y eternidad en Virgilio. Mexico: Universidad Nacional Autónoma de México,
    1976.
Los reinos de Cintia. Mexico: El Colegio Nacional, 1978. [Essays on Propercio]
La imagen de Tláloc. Interpretación iconográfica y textual. Mexico: Universidad Nacional
    Autónoma de México, 1986.
El cercado cósmico. De La Venta a Tenochtitlan. Mexico: Fundación de Investigaciones
    Sociales, 1986.

Bibliographies

Foster, David William. "RBN," in *Mexican Literature: A Bibliography of Secondary
    Sources* (Metuchen, N.J.: Scarecrow Press, 1981), pp. 106-107.
Ocampo, Aurora and Ernesto Prado Velázquez. "RBN," in *Diccionario de escritores
    mexicanos* (Mexico: Universidad Nacional Autónoma de México, 1967), pp. 47-48.

See also 2nd. ed. expanded (Mexico: Universidad Nacional Autónoma de México, 1989, vol. I), pp. 206-212.

Critical Studies

Books and Dissertations

Andueza, María. *La flama en el espejo: RBN*. Mexico: Universidad Nacional Autónoma de México, 1981.
Bennett, John M. "Coatlicue: the poetry of RBN." *Dissertation Abstracts International* 31 (1970), 1789A. [University of California, Los Angeles.]
Luna Trail, Elizabeth. *Un soneto amoroso de RBN*. Mexico: Universidad Nacional Autónoma de México, 1983.
Navarrete Aragón, María Magdalena. "La búsqueda de sí mismo en la poesía de RBN." Licenciatura Thesis. Universidad de Sonora, 1973.
Pease Cruz, Margarita Sara. "RBN: *La flama en el espejo*. Análisis de tres procedimientos simbólicos." Licenciatura Thesis. Universidad Nacional Autónoma de México, 1974.

Essays, Reviews, Interviews

Acuña, René. "RBN: una aproximación a *Fuego de pobres*." *Mester* 4: 1 (1973), 41-53.
Andueza, María. "*Tres poemas de antes*." *Revista de la Universidad de México* 33: 6 (1979), 39-41.
————. "Aguila/ escorpión: recurrencias lingüísticas en *Fuego de pobres* de RBN." *Revista de la Universidad de México* 41: 431 (1986), 34-38.
Arellano, Jesús. "Poesía mexicana en 1956." [*Los demonios y los días*] *Metáfora* 14 (1957), 10-16.
————. "Drama poético en la obra de BN." *Nivel* 4 (1963), 5.
Campos, Marco Antonio. "*As de oros*." *Proceso* 268 (21 December 1981), 54-57.
————. "*Los poemas a Lesbia*." *Proceso* 324 (17 January 1983), 60-61.
————. "Resumen y balance." [Interview] *Vuelta* 104 (1985), 30-34. Reproduced in *De viva voz* (Mexico: Premiá Editora, 1986), pp. 23-32.
————. "La poesía de RBN," in Norma Klahn and Jesse Fernández (comps.), *Lugar de encuentro. Ensayos sobre poesía mexicana actual* (Mexico: Katún, 1987), pp. 59-65.
Cohen, Sandro. "BN: La íntima guerra fría." *Revista de la Universidad de México* 34: 9 (1980), 44-45.
————. "Juego y desafío en *As de oros*." *Casa del Tiempo* 25 (1982), 30-31.
————. "EL hombre y sus metáforas en *Fuego de pobres*." *Revista de Bellas Artes* 6 (1982), 41-45.
————. "La creación según Bonifaz." [*El corazón de la espiral*] *Proceso* 360 (26 September 1983), 57-60.
Cruz García, Sabás. "*Los demonios y los días*." *Metáfora* 12 (1957), 35-36.
Dauster, Frank. "RBN: The Shadow of the Goddess," in *The Double Strand. Five Contemporary Mexican Poets* (Lexington: The University Press of Kentucky, 1987), pp. 103-133.
Durán, Manuel. "La poesía mexicana de hoy." *Revista Iberoamericana* 76-77 (1971), 741-751.
————. "Música en sordina: tres poetas mexicanos. BN, García Terrés, Aridjis." *Plural* 8 (1972), 29-31.
García Ponce, Juan. "*De otro modo lo mismo*." *Vuelta* 40 (1980), 36-37. Reproduced in *Las huellas de la voz* (Mexico: Edit. Coma, 1982), pp. 152-156.
González Casanova, Henrique. "RBN." *La Cultura en México* 7 (1963), V-VII.
Huerta, David. "Sobre *El ala del tigre*." *Gaceta del Fondo de Cultura Económica* 17 (1969), 242-25.
Kamenszain, Tamara. "Un juego de naipes marcados." [*As de oros*] *Revista de la Universidad de México* 38: 19 (1982), 39-40.

Leiva, Raúl. "RBN. *El manto y la corona*." *La Palabra y el Hombre* 10 (1959), 326-331. Reproduced in *Imagen de la poesía mexicana contemporánea* (Mexico: Universidad Nacional Autónoma de México, 1959), pp. 301-311.

————. "La poesía de RBN: desde *Fuego de pobres* hasta *El ala del tigre*." *Cuadernos Americanos* 175 (1971), 165-186.

Mejía Sánchez, Ernesto. "*El manto y la corona*, ¿poesía prosaica?" *Revista de la Universidad de México* 13: 5 (1959), 29-30.

Mendiola, Víctor Manuel. "BN: *Tres poemas de antes*." *La Semana de Bellas Artes* 180 (1981), 14.

Michel, Manuel. "Un nuevo libro de RBN." [*Los demonios y los días*] *Revista de la Universidad de México* 10: 11 (1956), 30-31.

Montero, José Antonio. "RBN. *Fuego de pobres*." *Horizontes* 23 (15 February 1962), 18-19.

Paz, Octavio. "La verde lumbre." [*Tres poemas de antes*] *Vuelta* 29 (1979), 48-49.

Pease Cruz, Margarita Sara. "Figuras a nivel semántico y textual. Análisis de un poema de RBN." *Thesis* 6 (1980), 54-58.

Puga, Mario. "El escritor y su tiempo: RBN." *Revista de la Universidad de México* 10: 10 (1956), 19-20.

Quirarte, Vicente. "La madurez de RBN." [*As de oros*] *Proceso* 264 (23 November 1981), 54-55.

Rius, Luis. "RBN." *Revista de la Universidad de México* 20: 11 (1966), 31.

Rodríguez Chicharro, César. "*Imágenes*." *Ideas de México* 2 (1953), 92-93.

Selva, Mauricio de la. "*El manto y la corona*." *Cuadernos Americanos* 18: 1 (1959), 282-284.

————. "*Siete de espadas*." *Cuadernos Americanos* 25: 4 (1966), 267-268.

Shedd, Margaret. "Three Young Mexican Poets." *Recent Books in Mexico* 3: 6 (1957), 1-2, 10.

Valdés, Carlos. "*Fuego de pobres*." *Revista de la Universidad de México* 16: 3 (1961), 31.

Vega, Fausto. "Aproximaciones [RBN]." *Nivel* 34 (1961), 10.

Villela, Víctor. "Destino del canto." *La Cultura en México* 96 (1963), XVIII-XIX.

————. "*El ala del tigre*." *Revista de Bellas Artes* 321 (1970), 62-63.

Wainerman, Luis. "La antinomia de BN." *Imagen* 51, supplement (1969), 2-3.

————. "Signo y tiempo en RBN a partir de Sem Tov Carrión." *Davar* 121-122 (1969), 164-169.

Xirau, Ramón. "The New Poetry of Mexico—RBN." *Recent Books in Mexico* 10: 2 (1963), 1-3.

————. "Poetas recientes de México." *Mundo Nuevo* 30 (1968), 67-68.

————. "*De otro modo lo mismo*." *Diálogos* 16: 92 (1980), 50.

Yáñez, Agustín. "Contestación," in *Destino del canto* (Mexico: Universidad Nacional Autónoma de México, 1963).

Zaid, Gabriel. "¿Una equivocación? [BN]," in *Leer poesía* (Mexico: Joaquín Mortiz, 1972), pp. 28-31.

CORAL BRACHO
(Mexico, 1951)

Poetic Works

Peces de piel fugaz. Mexico: La Máquina de Escribir, 1977.
El ser que va a morir. Mexico: Joaquín Mortiz, 1981.

Compilations and Anthologies

Bajo el destello líquido. (Poesía 1977-1981) Mexico: Fondo de Cultura Económica, 1988.
[Contents: Peces de piel fugaz. El ser que va a morir.]

Bibliographies

Ocampo, Aurora. "CB," in *Diccionario de escritores mexicanos* (2nd. ed. expanded, Mexico: Universidad Nacional Autónoma de México, 1989, vol. I), p. 215.

Critical Studies

Batis, Huberto. *"Peces de piel fugaz." Sábado* 14 (18 February 1978), 13.
Castañón, Adolfo. "CB: los cauces del lenguaje." *Revista de la Universidad de México* 11 (1980), 40-41.
Cohen, Sandro. "CB: entre muchas aguas." [*El ser que va a morir*] *Casa del Tiempo* 27 (1983), 44-45.
D'Aquino, Alfonso. *"Peces de piel fugaz." Vuelta* 33 (1979), 39-40.
Espinasa, José María. "El sexo del lenguaje." [*Peces de piel fugaz*] *Revista de la Universidad de México* 10 (1978), 41-42.
Huerta, David. "Figuraciones de la pirámide. Una década de poemas mexicanos: 1970-1980." *Camp de L'Arpa* 74 (1980), 17-18.
Juárez, Saúl. "La tierra de los deseos." [*El ser que va a morir*] *Sábado* 283 (9 April 1983), 10-11.
Kamenszain, Tamara. "Ese largo collar de palabras." [*El ser que va a morir*] *Revista de la Universidad de México* 29 (1983), 35-36.
López Colomé Pura. *"El ser que va a morir*. La sangre de Medusa." *Sábado* 338 (21 April 1984), 10.
Mier, Raymundo. "La disolución y la muerte." [*El ser que va a morir*] *Sábado* 272 (22 January 1983), 11.

RAFAEL CADENAS
(Venezuela, 1930)

Poetic Works

Cantos iniciales. Barquisimeto, Venezuela: Edit. Alas, 1946.
Los cuadernos del destierro. Caracas: Ediciones Tabla Redonda, 1960.
Falsas maniobras. Caracas: Ediciones Tabla Redonda, 1966.
Memorial. Caracas: Monte Avila, 1977.
Intemperie. Mérida, Venezuela: Ediciones de la Universidad de los Andes, 1977.
Amante. Caracas: Fundarte, 1983.
Anotaciones. Caracas: Fundarte, 1983.

Compilations and Anthologies

Los cuadernos del destierro. Falsas maniobras. Derrota. Caracas: Fundarte, 1979.

Other Works

Realidad y literatura. Caracas: Equinoccio, Editorial de la Universidad Simón Bolívar, 1979.
En torno al lenguaje. Caracas: Universidad Central de Venezuela, 1985.

Bibliographies

Dorante, Elena. "Bibliografía," in *El silencio y la palabra, poesía y vida de RC* (Caracas: Asociación de Escritores Venezolanos, 1977), pp. 90-91.

Critical Studies

Books and Dissertations

Dorante, Elena. *El silencio y la palabra, poesía y vida de RC*. Caracas: Asociación de Escritores Venezolanos, 1977.
Serra, Jesús. *RC, poesía y vida*. Maracaibo: Universidad de Zulia, 1983.

Essays, Reviews, Interviews

Arenas, Enrique. "RC o la ascesis de la poesía." *Revista de la Universidad de México* 29: 5 (1975), 43-45.
Balza, José. *Lectura transitoria sobre la poesía de RC*. Cantaura, Venezuela: Colección de la revista *En negro*, 1973.
————. "*Memorial*." *Escandalar* 1: 4 (1978), 73-75.
Guillent Pérez, J. R. "*Falsas maniobras*." *El Nacional* (Caracas), 22-jun-1968.
Liscano, Juan. "RC," in *Panorama de la literatura venezolana actual* (Caracas: Publicaciones Españolas, 1973), pp. 283-286.

Medina, José Ramón. *Ochenta años de literatura venezolana (1900-1980)* (Caracas: Monte Avila, 1980), pp. 285-288.

Mena, Jorge Luis. "Juan Sánchez Peláez y RC: dos poetas venezolanos." *Revista Nacional de Cultura* 46: 252 (1984), 68-80.

Mondragón, Amelia. "Apuntes sobre el pensamiento de RC a través de su poesía," in Yaris Daly de Troconis and Amelia Mondragón, *Ensayo y crítica* (Caracas: Centro de Estudios Latinoamericanos Rómulo Gallegos, 1982).

Russotto, Márgara. "La aguja y el caracol." *Zona Franca* 3: 15-16 (1979), 51-58.

Sucre, Guillermo. "La metáfora del silencio." *Revista Nacional de Cultura* 33: 216 (1974), 47-57. Reproduced in *La máscara, la transparencia* (2nd. ed., Mexico: Fondo de Cultura Económica, 1985), pp. 304-308.

————. "Memorial." *Vuelta* 24 (1978), 40-41.

Vargas, Vilma. *El devenir de la palabra poética. Venezuela, siglo XX* (Caracas: Universidad Central de Venezuela, 1980), pp. 61-90. [Includes other poets.]

ERNESTO CARDENAL
(Nicaragua, 1925)

Poetic Works

Hora 0. Mexico: Revista Mexicana de Literatura, 1960. Other eds., *La hora 0*. Montevideo: Aquí Poesía, 1966; *La hora cero y otros poemas*. Barcelona: El Bardo, 1971.

Gethsemani, Ky. Mexico: Ecuador 0°0'0", 1960. Other ed., Mexico: Ediciones Ecuador, 1964.

Epigramas. Mexico: Universidad Nacional Autónoma de México, 1961. Other eds., Buenos Aires: Lohlé, 1972; Barcelona: Tusquets, 1978.

Salmos. Medellín: Universidad de Antioquía, 1964; 2nd. ed., Buenos Aires: Lohlé, 1969.

Oración por Marilyn Monroe y otros poemas. Medellín: La Tertulia, 1965.

El estrecho dudoso. Letter-prologue by José Coronel Urtecho. Madrid: Cultura Hispánica, 1966; 2nd. ed., Buenos Aires: Lohlé, 1972. Other ed., Madrid: Visor, 1980.

Homenaje a los indios americanos. León, Nicaragua: Universidad Nacional Autónoma de Nicaragua, 1969; 2nd. ed., Buenos Aires: Lohlé, 1972.

Canto nacional. Mexico: Siglo XXI, 1973. Other ed., Buenos Aires: Lohlé, 1973.

Oráculo sobre Managua. Buenos Aires: Carlos Lohlé, 1973.

Nostalgia del futuro. Managua: Nueva Nicaragua, 1982.

Vuelos de victoria. Madrid: Visor, 1984. Other ed., León, Nicaragua: Universidad Nacional Autónoma de Nicaragua, 1985.

Quetzalcóatl. Madrid: Visor, 1988.

Compilations and Anthologies

Antología. Santiago, Chile: Editora Santiago, 1967.

Poemas. Havana: Casa de las Américas, 1967.

Vida en el amor. Prologue by Thomas Merton. Buenos Aires: Carlos Lohlé, 1970.

Antología. Selection and prologue by Pablo Antonio Cuadra. Buenos Aires: Carlos Lohlé, 1971.

Poemas. Barcelona: Ocnos, 1971.

Antología. San José, Costa Rica: EDUCA, 1972.

Poemas reunidos (1949-1969). Edition by EC and Antonio Cabal. Caracas: Universidad de Carabobo, 1972.

Poesía escogida. Barcelona: Barral Editores, 1975.

Antología. Prologue by José Ma. Valverde. Barcelona: Laia, 1978.

Canto a un país que nace. [Anthology] Puebla: Universidad Autónoma de Puebla, 1978.

Nueva antología poética. Mexico: Siglo XXI Editores, 1979.

Poesía de uso: antología, 1949-1978. Buenos Aires: El Cid, 1979.

Poesía. Selection and prologue by Cintio Vitier. Havana: Casa de las Américas, 1979.

Tocar el cielo: poesías. Managua: Editorial Nueva Nicaragua, 1983.

Antología. Buenos Aires: Nueva América, 1986.

Other Works

En Cuba. Buenos Aires: Ediciones Carlos Lohlé, 1972.
La santidad de la revolución. Salamanca: Ediciones Sígueme, 1976.
El evangelio en Solentiname. 2 vol. Caracas: Signo Contemporáneo, 1976-1978.
Los ovnis de oro. Mexico: Siglo XXI, 1988.

Bibliographies

Borgeson, Paul W. "Bibliografía de y sobre EC." *Revista Iberoamericana* 108-109 (1979), 641-650.
Flores, Angel. "EC," in *Bibliografía de escritores hispanoamericanos (1609-1974)* (New York: Gordian Press, 1975), p. 208.
Smith, Janet Lynne. *An Annotated Bibliography of and about EC*. Tempe: Arizona State University, 1979. [61 p.]

Critical Studies

Books and Dissertations

Borgeson, Paul W. "The Poetry of EC." Doctoral dissertation. Vanderbilt University, 1977.
————. *Hacia el hombre nuevo: poesía y pensamiento de EC*. London: Tamesis, 1984.
Calabrese, Elisa (ed.). *EC: poeta de la liberación latinoamericana*. Buenos Aires: García Cambeiro, 1975.
Camacho de Schmidt, Aurora. "The Prophetic Prophecy of EC." *Dissertation Abstracts International* 48: 2 (1987), 405A.
Cooper, Georgia Frances. "Mysticism and Revolution: Conversations with EC." Doctoral dissertation. School of Theology at Claremont, 1981.
Elías, Eduardo F. "EC: nuevo lenguaje, nueva realidad." Doctoral dissertation. University of Arizona, 1979.
González-Balado, José Luis. *EC poeta revolucionario monje*. Salamanca: Sígueme, 1978.
Schopf, Raquel. *Zur Genese und Entwicklung der engagierten Dichtung Ernesto Cardenals*. Frankfurt/New York: Peter Lang, 1985.
Urdanivia Bertarelli, Eduardo. *La poesía de EC: cristianismo y revolución*. Lima: Latinoamericana Editores, 1984.
Veiravé, Alfredo. *EC: el exteriorismo; poesía del nuevo mundo*. Chaco: Universidad Nacional del Nordeste, Departamento de Impresiones, 1974.
Williams, Tamara Reed. "El estrecho dudoso: A Transtextual Study." *Dissertation Abstracts International* 50: 6 (1989), 1675A.

Essays, Reviews, Interviews

Alstrum, James. "Typology and Narrative Techniques in Cardenal's *El estrecho dudoso*." *Journal of Spanish Studies; Twentieth Century* 8: 1-2 (1980), 9-27.
Arellano, Jorge Eduardo. "EC: de Granada a Gethsemany, 1925-1957." *Cuadernos Hispanoamericanos* 289-290 (1974), 163-183.
Barzuna, Guillermo. "Nicanor Parra y EC," in *Poéticas hispanoamericanas* (San José, Costa Rica: Edit. Universitaria Centroamericana, EDUCA, 1985), pp. 108-117.
Benedetti, Mario. "EC, poeta de dos mundos," in *Letras del continente mestizo* (2nd. ed., Montevideo: Arca, 1969), pp. 159-164.
————. "EC: evangelio y revolución." [Interview] *Casa de las Américas* 63 (1970), 174-183. Reproduced in *Los poetas comunicantes* (Montevideo: Biblioteca de Marcha, 1972), pp. 97-123.

Beverly, John. "Poetry in the Central American Revolution: EC and Roque Dalton." *LCRC* 84-85: 1, 295-312.

Borgeson, Paul W. "Textos y texturas: los recursos visuales de EC." *Explicación de Textos Literarios* 9: 2 (1981), 159-168.

—————. "Lenguaje hablado/lenguaje poético: Parra, Cardenal y la antipoesía." *Revista Iberoamericana* 118-119 (1982), 383-389.

Cabal, Antidio. "EC, el hombre y el poeta." *Imagen* 34-35 and 38 (1972), 2-23 and 8-10.

Calderón, Gustavo Adolfo. "La tendencia apocalíptico-nuclear en la poesía de Oscar Hahn y de EC: la evolución de la poesía apocalíptica en Latinoamérica." *Dissertation Abstracts International* 49: 7 (1989), 1815A.

Campbell, Nancy L. "Un personaje de E. Cardenal: Netzahualcóyotl: hombre, poeta y leyenda." *Repertorio Americano* 5: 2 (1979), 20-23.

Campos, Marco Antonio. "EC," [interview, 1979] in *De viva voz* (Mexico: Premiá Editora, 1986), pp. 61-68.

Claro, María Elena. "Imagen de la vida en las 'Coplas a la muerte de Merton' de EC." *Revista Chilena de Literatura* 5-6 (1972), 219-239.

Cohen, Henry. "Daniel Boone, Moses, and the Indians: EC's Evolution from Alienation to Social Comment." *Chasqui* 11: 1 (1981), 21-32.

—————. "The Image of the United States in the Poetry of René Dépestre and EC." *Review Interamericana* 11: 2 (1981), 220-230.

Coronel Urtecho, José. "Prólogo" to *El estrecho dudoso* by EC (Managua: Ediciones de Cultura Hispánica, 1966), pp. 1-57.

Cuadra, Pablo Antonio. "Sobre EC." *Papeles de Son Armadans* 63 (1971), 5-33.

—————. "Prólogo" to *Antología* by EC (Buenos Aires: Lohlé, 1971), pp. 9-22.

Daly de Troconis, Yaris. "Los *Salmos* de EC como propuesta de un nuevo código cristiano-revolucionario," in Yaris Daly de Troconis and Amelia Mondragón, *Ensayo y crítica* (Caracas: Centro de Estudios Latino-americanos Rómulo Gallegos, 1982).

Dapaz Strout, Lilia. "Nuevos cantos de vida y esperanza: los *Salmos* de Cardenal y la nueva ética," in Elisa Calabrese (ed.), *EC: poeta de la liberación latinoamericana* (Buenos Aires: García Cambeiro, 1975), pp. 107-131.

Daydi Tolson, Santiago. "EC: resonancia e ideología en el discurso literario hispanoamericano." *Revista Canadiense de Estudios Hispánicos* 9: 1 (1984), 17-30.

Dorfman, Ariel. "Tiempo de amor, tiempo de lucha: la unidad en los *Epigramas* de Cardenal." *Texto Crítico* 5: 13 (1979), 3-44.

Elías, Eduardo F. "El epigrama de EC: desde Roma hasta Nicaragua." *Explicación de Textos Literarios* 11: 1 (1982-1983), 23-31.

—————. "*Homenaje a los indios americanos* de EC: lecciones del pasado." *Chasqui* 12: 1 (1982), 45-60.

————— and Jorge Valdés. "EC." *Hispamérica* 16: 48 (1987), 39-50.

Elio, Ana Francisca de. "A la búsqueda de un lenguaje para la poesía revolucionaria." *Revista Histórico-Crítica de Literatura Centroamericana* 1: 1 (1974), 45-50.

Farías, Víctor. "La poesía de EC: historia y trascendencia." *Araucaria de Chile* 15 (1981), 101-118.

Fernández Retamar, Roberto. "Prólogo a EC." *Casa de las Américas* 23: 134 (1982), 40-47.

Flores, Feliciano. "La poesía que se ve y se toca de EC." *Cuadernos Hispanoamericanos* 336 (1978), 460-501.

Fraire, Isabel. "Pound and Cardenal." *Review* 18 (1976), 36-42.

Goytisolo, José Agustín. "Los poemas de EC." *Libre* 3 (1972), 128-130.

Hahn, Oscar. "Nueva antología poética de EC." *Hispamérica* 8: 23-24 (1979), 177-178.

Ibáñez Langlois, José Miguel. "La poesía de EC," in *Poesía chilena e hispanoamericana actual* (Santiago: Nascimento, 1975), pp. 312-323.

Magunagoicoechea, Juan P. "*Epigramas* de EC." *Letras de Deusto* 10 (1980), 121-137.

—————. "EC, poeta intercesor: 'Oración por Marilyn Monroe'." *Kañina* 6: 1-2 (1982), 29-35.

March de Orti, María E. "Poesía y denuncia de EC: *Hora 0*; estudio temático y estilístico." *Explicación de Textos Literarios* 5: 1 (1976), 49-58.

Martínez Andrade, Marina. "EC: denuncia profética." *Plural* 130 (1982), 24-34.

Merton, Thomas. "Prólogo" to *Vida en el amor* by EC (Buenos Aires: Carlos Lohlé, 1970), pp. 1-6.

Miller, Beth. "Entrevista con EC." *Hispania* 68: 1 (1985), 118-123.

Morales, Beltrán. "*El estrecho dudoso*" and "*Homenaje a los indios americanos,*" in *Sin páginas amarillas* (Managua: Ediciones Nacionales, 1975), pp. 65-72 and 87-88.

O'Hara, Edgar. "EC, poeta de la resurrección," in *Cuerpo de reseñas* (Lima: Ediciones del Azahar, 1984), pp. 30-37. Reproduced in *Inti* 18-19 (1983-1984), 107-130.

Östergaard, Ole. "La poesía social-revolucionaria en El Salvador y Nicaragua: Roque Dalton, EC." *Caravelle* 42 (1984), 41-59.

Otano, Rafael. "Los *Salmos* de EC: la oración protesta del oprimido." *Mensaje* 195 (1970), 584-587.

————. "EC, entre la poesía y la profecía." *Mensaje* 204 (1971), 544-553.

Oviedo, José Miguel. "Cardenal en las ciudades perdidas." *Amaru* 11 (1969), 89-91.

————. "EC: un místico comprometido." *Casa de las Américas* 53 (1969), 29-48.

————. "EC o el descubrimiento del nuevo mundo," in *Homenaje a los indios americanos* by EC (Santiago, Chile: Edit. Universitaria, 1970), pp. 9-18.

Pailler, Claire. "EC: épigrammes romaines, épigrammes nicaraguayennes; fragments d'une autobiographie poétique." *Caravelle* 36 (1981), 99-120.

Pring Mill, Robert. "Acciones paralelas y montaje acelerado en el segundo episodio de *Hora 0.*" *Revista Iberoamericana* 118-119 (1982), 217-240.

Promis Ojeda, José. "Espíritu y materia: los *Salmos* de EC," in Elisa Calabrese (ed.), *EC: poeta de la liberación latinoamericana* (Buenos Aires: García Cambeiro, 1975), pp. 15-38.

Randall, Margaret. "EC," [interview] in *Risking a Somersault in the Air* (San Francisco: Solidarity Publications, 1984), pp. 89-108.

Rodríguez, Mario. "EC," in *Nicanor Parra y la poesía de lo cotidiano* (Santiago, Chile: Ediciones del Pacífico, 1970), pp. 102-121.

Sánchez Molina, Ana Cecilia. "Compromiso cristiano en los *Salmos* de EC." *Repertorio Americano* 10: 3 (1984), 17-21.

Schaefer, Claudia. "A Search for Utopia on Earth: Toward an Understanding of the Literary Production of EC." *Cuadernos Hispanoamericanos* 4: 2 (1982), 171-179.

————. "Peace, Poetry and Popular Culture: EC and the Nicaraguan Revolution." *Latin American Literary Review* 13: 26 (1985), 7-18.

Sklodowska, Elzbieta. "Estructuras míticas en *La hora 0* y en *Homenaje a los indios americanos* de EC." *Anales de Literatura Hispanoamericana* 12 (1983), 129-144.

Sosa, Joaquín Marta. "Breve guía (para uso) de los lectores," in *Poesía de uso: antología, 1949-1978* by EC (Buenos Aires: El Cid, 1979), pp. 9-15.

Uriarte, Iván. "Intertextualidad y narratividad en la poesía de EC," in K. McDuffie and A. Roggiano (eds.), *Texto y contexto en la literatura iberoamericana* (Madrid: Instituto Internacional de Literatura Iberoamericana, Memoria del XIX Congreso, 1980), pp. 327-330. Reproduced as "La poesía de EC," in Cedomil Goic (ed.), *Historia y crítica de la literatura hispanoamericana*, vol. III, *Epoca contemporánea* (Barcelona: Crítica, 1988), pp. 257-260.

Valdés, Jorge H. "The Evolution of Cardenal's Prophetic Poetry." *Latin American Literary Review* 12: 23 (1983), 25-40.

————. "Cardenal's Poetic Style: Cinematic Parallels." *Revista Canadiense de Estudios Hispánicos* 11: 1 (1986), 119-129.

Valverde, José Ma. "Prólogo" to *Antología* by EC (Barcelona: Laia, 1978), pp. 7-12.

Vitier, Cintio. "Presentación de EC en la Biblioteca Nacional José Martí." *Revista de la Biblioteca Nacional José Martí* 12: 3 (1970), 148-151.

Ycaza Tigerino, Julio. *La poesía y los poetas de Nicaragua* (Managua: Academia Nicaragüense de la Lengua, 1958), pp. 134-143.

Zimmerman, Marc. "EC after the Revolution," in *Flights of Victory. Vuelos de victoria* by EC (New York: Orbis Books, 1985), pp. IX-XXXII.

EDUARDO CARRANZA
(Colombia, 1913-1985)

Poetic Works

Canciones para iniciar una fiesta. Bogotá, 1936.
Seis elegías y un himno. Bogotá: Edit. Centro, 1939.
Ellas, los días y las nubes. Bogotá: Librería Siglo XX, 1941.
Sonetos de EC. Santiago, Chile: Impresora Mediterránea, 1946.
Diciembre azul. Poemas. Prologue by Jorge Gaitán Durán. Bogotá: Kelly, 1947.
Azul de ti; sonetos sentimentales, escritos en Colombia entre los años 1937 y 1947. Salamanca: Asociación Cultural Ibero-Americana, 1952.
El olvidado y Alhambra. Málaga: Ediciones Meridiano, 1957.
El corazón escrito; versos de amor. Bogotá: Edit. Revista Colombiana, 1967.
Hablar soñando y otras alucinaciones. Bogotá: Editora Desarrollo, 1974.
Epístola mortal y otras soledades. Bogotá: Edición de Confinatura, 1975.
Veinte poemas. Prologue by Juan Gustavo Cobo Borda. Bogotá: Instituto Colombiano de Cultura, 1982.
Una rosa sobre una espada: textos de exaltación hispánica. Bogotá: Instituto Colombiano de Cultura Hispánica, 1984.

Compilations and Anthologies

Canciones para iniciar una fiesta; poesía en verso (1935-1950). Madrid: Cultura Hispánica, 1953.
Los pasos cantados (el corazón escrito). Poesía en verso, 1935-1968. Madrid: Ediciones Cultura Hispánica, 1970.
El olvidado y otros poemas. 1952-1972. Bogotá: Instituto Colombiano de Cultura, 1973.
Los días que ahora son sueños: poesía en prosa 1943-1972. Bogotá: Colegio Máximo de las Academias de Colombia, 1973.
Los pasos cantados (el corazón escrito). Antología, 1935-1975. Prologue by Fabio Lozano Simonelli. Bogotá: Instituto Colombiano de Cultura, 1975.
Leyendas del corazón y otras páginas abandonadas. Bogotá: Biblioteca Centenario del Banco de Colombia, 1976.
Hablar soñando. [Anthology] Madrid: Ediciones de Cultura Hispánica, 1978.
Hablar soñando. Anthology and critical study by Fernando Charry Lara. Mexico: Fondo de Cultura Económica, 1983.
Carranza por Carranza. Prologue and selection by María Mercedes Carranza. Bogotá: Procultura, Edit. La Rosa, 1985.

Other Works

Visión estelar de la poesía colombiana. Bogotá: Banco Popular, 1986.

Critical Studies

Books and Dissertations

Moorehouse, Teresa Rozo de. "La palabra en la poesía de EC." *Dissertation Abstracts International* 46: 12 (1986), 3731A.

Quessep, Giovanni. *EC*. Bogotá: Procultura, 1990.

Serpa de De Francisco, Gloria. *Gran reportaje a EC*. Bogotá: Instituto Caro y Cuervo, 1978. [Materials about EC's work and life.]

Essays, Reviews, Interviews

Alonso, Dámaso. "Lo sensorial, lo temporal y lo permanente en la poesía de EC," in *El olvidado y Alhambra* by EC (Málaga: Ediciones Meridiano, 1957), pp. 13-25.

Alvarez Restrepo, Antonio. "EC y la poesía colombiana." *Boletín de la Academia Colombiana* 153 (1986), 163-181.

Carranza, María Mercedes. "Prólogo" to *Carranza por Carranza* (Bogotá: Procultura, Edit. La Rosa, 1985), pp. 11-40.

Charry Lara, Fernando. "A EC." *Eco* 174 (1975), 653-656. Reproduced in *Lector de poesía* (Bogotá: Instituto Colombiano de Cultura, 1975), pp. 37-41.

———. "EC en la poesía colombiana." *Eco* 258 (1983), 561-578.

———. "Estudio preliminar," in *Hablar soñando* by EC (Mexico: Fondo de Cultura Económica, 1983), pp. 7-21.

———. "EC," in *Poesía y poetas colombianos* (Bogotá: Procultura, Presidencia de la República, 1985), pp. 105-115.

Cobo Borda, Juan Gustavo. "EC," in *La otra literatura latinoamericana* (Bogotá: El Ancora, Procultura, Colcultura, 1982), pp. 99-103.

———. "Prólogo" to *Veinte poemas* by EC (Bogotá: Instituto Colombiano de Cultura, 1982).

———. "EC. 'Salvo mi corazón, todo está bien'," in *Poesía colombiana* (Medellín: Universidad de Antioquia, 1987), pp. 89-95.

Cote Lamus, Eduardo. "EC o el orgullo de la poesía," in *Veinte poemas* by EC (Bogotá: Instituto Colombiano de Cultura, 1982), pp. 7-12.

Cruz Vélez, Danilo. "El puesto singular de Carranza en la poesía nacional." *Correo de los Andes* 31 (1985), 49-52.

Gaitán Durán, Jorge. "Prólogo" to *Diciembre azul. Poemas* by EC (Bogotá: Kelly, 1947).

"Homenaje a EC en Yerbabuena: la patria se congrega ante su poeta." *Thesaurus* (Bulletin by the Instituto Caro y Cuervo) 41: 1-3 (1986), 380-390.

"Homenaje al poeta," in *Visión estelar de la poesía colombiana* by EC (Bogotá: Banco Popular, 1986), pp. 223-306. [Includes texts by Roberto García Peña, Abdón Espinosa Valderrama, Daniel Samper Pizano, José Francisco Socarrás, Eduardo Cote Lamus, Pablo Neruda, Fabio Puyo Vasco, Carlos Martín, Antonio Cruz Cárdenas, Fernando Charry Lara, Ramón Serrano Suñer, Carlos Enrique Ruiz, Juan Gustavo Cobo Borda, and Danilo Cruz Vélez.]

Lozano Simonelli, Fabio. "Ante la Epístola mortal de EC," in *Epístola mortal y otras soledades* (Bogotá: Edición de Confinatura, 1975), pp. 5-7.

———. "Prólogo" to *Los pasos cantados (el corazón escrito). Antología, 1935-1975* (Bogotá: Instituto Colombiano de Cultura, 1975), pp. 17-29.

Maya, Rafael. "EC." *Arco* 162 (1974), 25-28.

Moorehouse, Teresa Rozo de. "La palabra en la poesía de EC." *Thesaurus* (Bulletin by the Instituto Caro y Cuervo) 40: 2 (1985), 415-422.

Murciano, Carlos. "EC: del azul a la melancolía." *Boletín de la Academia Colombiana* 88 (1971), 288-293.

Mutis, Alvaro. "EC." *Eco* 174 (1975), 652.

Piñeros Corpas, Joaquín. "La poesía en verso, en prosa y en vida, de EC," in *Los amigos del poeta; evocaciones literarias, nombres y sombras* by EC (Bogotá: Banco Popular, 1972), pp. 15-30.

Robledo Hoyos, Oscar. "La recurrencia en EC: a propósito del libro *El corazón escrito.*" *Repertorio Latinoamericano* 62 (1985), 11-14.

Tovar, Antonio. "Prólogo" to *Azul de ti* (Salamanca: Asociación Cultural Ibero-Americana, 1952).

ARTURO CARRERA
(Argentina, 1948)

Poetic Works

Escrito con un nictógrafo. Buenos Aires: Sudamericana, 1972.
Momento de simetría. Buenos Aires: Sudamericana, 1973.
Oro. Buenos Aires: Sudamericana, 1975.
La partera canta. Buenos Aires: Sudamericana, 1982.
Arturo y yo. Buenos Aires: Ediciones de la Flor, 1984.
Mi padre. Buenos Aires: Eds de la Flor, 1985.
Animaciones suspendidas. Buenos Aires: Losada, 1986.
Ticket para Edgardo Russo. Buenos Aires: Ultimo Reino, 1987.
Retrato de un albañil adolescente & Telones zurcidos para títeres con himen (in collaboration with Emeterio Cerro). Buenos Aires: Ultimo Reino, 1988.
Children's Corner. Buenos Aires: Ultimo Reino, 1989.

Compilations and Anthologies

Ciudad del colibrí. [Anthology] Barcelona: Llibres del Mall, 1982.

Critical Studies

Calabrese, Ana. "Presentación de *Arturo y yo*." *Tiempo Argentino* (1984).
Chitarroni, Luis. "El testigo oculista." [*Ticket para Edgardo Russo*] *Vuelta Sudamericana* 15 (1987).
Echavarren, Roberto and Eduardo Milán. "Conversación con AC." *Jaque* (1986), 25.
Frassoni, Fernando. "La partera cantando nomás." *Tiempo Argentino* (1984).
García Helder, Daniel. "Explosión de estilo." [*Mi padre*] *Punto de Vista* (1985), 30-31.
————. "Oración profana." [*Children's Corner*] *Clarín* (19 October 1989).
Kamenszain, Tamara. "El texto en busca de su padre." [*Mi padre*] *La Razón* (17 November 1985).
————. "*Momento de simetría*." Revista *2001*: no. 66 (1973).
Laiseca, Alberto. "Viaje de asesinato al padre ida y vuelta." *Tiempo Argentino* (8 December 1985).
Lamborghini, Osvaldo. "Un texto inédito de Osvaldo Lamborghini." [on AC] *La Papirola* 2 (1987).
Milán, Eduardo. "*Ticket para Edgardo Russo*". *Vuelta* 127 (1987), 50-53. Reproduced in *Una cierta mirada* (Mexico: Universidad Autónoma Metropolitana, Juan Pablos Editor, 1989), pp. 47-51.
————. "*Children's Corner*." *Vuelta* 156 (1989), 57-58.
Muschietti, Delfina. "*Arturo y yo*." *Punto de Vista* 24 (1985).
Oren, I. "*Escrito con un nictógrafo*." *Hispamérica* 2 (197?), 133-134.
Perednik, Jorge. "*La partera nos canta*." *Pie de Página* 1 (1982).
Roffé, Mercedes. "AC: entre la bruja y el hada." [Interview] *El Porteño* (1982), 32-33.
Rosa, Nicolás. "AC: poética surgida del delirio de lo pequeño." *Tiempo Argentino* (29 June 1986).

————. "La suspensión de las animaciones o el retablillo de las sombras," in *Los fulgores del simulacro* (Santa Fe, Argentina: Universidad Nacional del Litoral, 1987), pp. 221-226.

Running, Thorpe. *"Arturo y yo"*. *Hispania* 69: 2 (1986), 319-321.

Sarduy, Severo. "Osario de enanas." [*Oro*] *Artinf* 25 (1982).

Thonis, Luis. "La poética de AC." [*Oro*] *Artinf* 25 (1982).

Vera Ocampo, Raúl. "El andamiaje poético de AC." [*La partera canta*] *La Prensa* (1982).

Victorica, Benjamín. *"Arturo y yo"*. *Repertorio Latinoamericano* 63 (1985), 20-21.

Warley, Jorge. *"Arturo y yo."* *El Porteño* (1984), 94.

Xurxo, Ignacio. "Lo que vale y lo que no." [*Animaciones suspendidas*] *Clarín* (26 June 1986).

Zárate, Armando. "Devenir y síntoma de la poesía concreta." *Revista Iberoamericana* 98-99 (1977).

ROSARIO CASTELLANOS
(Mexico 1925-1974)

Poetic Works

Trayectoria del polvo. Mexico: Talleres de Costa Amic, 1948.
Apuntes para una declaración de fe. Mexico: Ediciones América, 1948.
De la vigilia estéril. Mexico: Ediciones América, 1950.
Dos poemas. Mexico: Icaro, 1950.
El rescate del mundo. Tuxtla Gutiérrez, Chiapas: 1952.
Presentación en el templo. Madrid: Poema, 1951; 2nd. ed. with *El rescate del mundo*,
    Mexico: Ediciones América, 1952.
Poemas, 1953-1955. Mexico: Metáfora, 1957.
Salomé y Judith. Mexico: Jus, 1959.
Al pie de la letra. Xalapa: Universidad Veracruzana, 1959.
Lívida luz. Mexico: Universidad Nacional Autónoma de México, 1960.
Materia memorable. Mexico: Universidad Nacional Autónoma de México, 1969.

Compilations and Anthologies

Poesía no eres tú. Obra poética, 1948-1971. Mexico: Fondo de Cultura Económica,
    1972.
    [Contents: Trayectoria del polvo. De la vigilia estéril. El rescate del mundo.
    Poemas. Al pie de la letra. Salomé y Judith. Lívida luz. Materia memorable.
    Versiones (E. Dickinson, Paul Claudel, St. John Perse). En la tierra de en medio.
    Diálogos con los hombres más honrados. Otros poemas. Viaje redondo.]
Meditación en el umbral. Antología poética. Julián Palley, compiler. Prologue by Elena
    Poniatowska. Mexico: Fondo de Cultura Económica, 1985.
A RC Reader: An Anthology of her Poetry, Short Fiction, Essays and Drama. Edited with
    a critical introduction by Maureen Ahern. Austin: University of Texas Press, 1988.

Other Works

Fiction

Short Story

Ciudad real. Xalapa, Mexico: Universidad Veracruzana, 1960.
Los convidados de agosto. Mexico: Era, 1964.
Album de familia. Mexico: Joaquín Mortiz, 1971.
La muerte del tigre. Mexico: Secretaría de Educación Pública, 1981.

Novel

Balún Canán. Mexico: Fondo de Cultura Económica, 1957.
Oficio de tinieblas. Mexico: Joaquín Mortiz, 1962.

Play

El eterno femenino: farsa. Mexico: Fondo de Cultura Económica, 1975.

Essay

Sobre cultura femenina. Mexico: América, Revista Antológica, 1950.
Juicios sumarios: ensayos. Xalapa, Mexico: Universidad Veracruzana, 1966.
Mujer que sabe latín... Mexico: Secretaría de Educación Pública, 1973.
El uso de la palabra. Selection and prologue by José Emilio Pacheco. Mexico: Excélsior, 1974.
El mar y sus pescaditos. Mexico: Secretaría de Educación Pública, 1975.

Bibliographies

Ahern, Maureen. "A Critical Bibliography of and about the Works of RC," in *Homenaje a RC* (Valencia, España: Albatros/ Hispanófila, 1980), pp. 121-174.
————. "RC," [bio-bibliography] in Carlos A. Solé (ed.), *Latin American Writers* (New York: Scribner, 1989), vol. III, pp. 1295-1302.
————. "RC," [bio-bibliography] in Diane E. Marting (ed.), *Spanish American Women Writers. A Bio-Bibliographical Source Book* (Westport, Connecticut: Greenwood Press, 1990), pp. 140-155.
Corvalán, Graciela N. V. "RC," in *Latin American Women Writers in English Translation: A Bibliography* (Los Angeles: California State University, 1980), pp. 42-44.
Fiscal, María Rosa. *La imagen de la mujer en la narrativa de RC* (Mexico: Universidad Nacional Autónoma de México, 1980), pp. 109-115.
Foster, David William. "RC," in *Mexican Literature: A Bibliography of Secondary Sources* (Metuchen, N.J.: Scarecrow Press, 1981), pp. 110-115.
Ocampo, Aurora and Ernesto Prado Velázquez. *Diccionario de escritores mexicanos* (Mexico: Universidad Nacional Autónoma de México, 1967), pp. 68-70. See also 2nd. ed. expanded (Mexico: Universidad Nacional Autónoma de México, 1989, vol. I), pp. 333-343.

Critical Studies

Books and Dissertations

Baptiste, Víctor. *La obra poética de RC.* Santiago, Chile: Ediciones Exégesis, 1972.
Bonifaz Caballero, Oscar. *Rosario.* Mexico: Presencia Latinoamericana, 1984. [Biography]
Calderón, Germaine. *El universo poético de RC.* Mexico: Universidad Nacional Autónoma de México, 1979.
Dybvig, Rhoda. *RC: Biografía y novelística.* Mexico, 1965.
Homenaje a RC. Maureen Ahern and Mary Seale Vásquez (eds.). Valencia, España: Albatros/ Hispanófila, 1980.
Leñero Franco, Estela. *RC, semblanza psicoanalítica: otro modo de ser humano y libre.* Mexico: Plaza y Janés, 1985.
Megged, Nahum. *RC: un largo camino a la ironía.* Mexico: El Colegio de México, 1984.
Miller, Beth. *RC, una conciencia feminista en México.* Tuxtla Gutiérrez: Universidad Autónoma de Chiapas, 1983.
Rebolledo, Tey Diana. "The Wind and the Tree: A Structural Analysis of the Poetry of RC." Doctoral dissertation. University of Arizona, 1979.
Reyes Nevares, Beatriz. *RC.* Mexico: Secretaría de la Presidencia, 1976.
Scherr, Raquel L. "A Voice Against Silence: Feminist Poetics in the Early Work of RC." Doctoral dissertation. University of California, Berkeley, 1979.

Schwartz, Perla. *RC, una mujer que supo latín.* Mexico: Katún, 1984.

Essays, Reviews, Interviews

Agosín, Marjorie. "RC ante el espejo." *Cuadernos Americanos* 43: 2 (1984), 219-226.

Ahern, Maureen. "Reading RC: Contexts, Voices, and Signs," in *A RC Reader: An Anthology of her Poetry, Short Fiction, Essays and Drama* (Austin: University of Texas Press, 1988), pp. 1-77.

Benedetti, Mario. "RC y la incomunicación racial," in *Letras del continente mestizo* (2nd. ed., Montevideo: Arca, 1969), pp. 165-170.

Beer, Gabrielle de. "Feminismo en la obra poética de RC." *Revista de Crítica Literaria Latinoamericana* 7: 13 (1981), 105-112.

Blanco, José Joaquín. "RC," in *Crónica de la poesía mexicana* (2nd. ed., Culiacán: Universidad Autónoma de Sinaloa, 1978), pp. 228-229.

Carballo, Emmanuel. "La historia de sus libros contada por ella misma." [Interview] *Siempre, La Cultura en México* 44 (1962), II-V.

————. "RC," in *Diecinueve protagonistas de la literatura mexicana del siglo XX* (Mexico: Empresas Editoriales, 1965), pp. 409-424.

Castro Leal, Antonio. "Dos poemas dramáticos en *Poesía no eres tú.*" *Vida Literaria* 30 (1972), 5-6.

Cohen, J. M. "The Eagle and the Serpent." *The Southern Review* 1: 2 (1965), 361-374.

Cresta de Leguizamón, María Luisa. "En recuerdo de RC." *La Palabra y el Hombre* 19 (1976), 3-18.

Dauster, Frank. "RC. The Search for a Voice," in *The Double Strand. Five Contemporary Mexican Poets* (Lexington: The University Press of Kentucky, 1987), pp. 134-162.

Domínguez, Luis Adolfo. "Entrevista con RC." *Revista de Bellas Artes* 25 (1969), 16-23.

————. "La mujer en la obra de RC." *Revista de la Universidad de México* 25: 6 (1971), 36-38.

Durán, Manuel. "In memoriam: Jaime Torres Bodet, Salvador Novo, RC." *Revista Iberoamericana* 41: 90 (1975), 79-83.

Espejo Saavedra, Rafael. "La retórica de la domesticidad en la poesía de RC." *La Palabra y el Hombre* 63 (1987), 91-95.

Fraire, Isabel. "*Lívida luz.*" *Revista Mexicana de Literatura* 16-18 (1960), 75-76.

Godoy, Emma. "RC." *Abside* 39 (1975), 350-354.

Gómez Parham, Mary. "Intellectual Influences on the Works of RC." *Foro Literario* 7: 12 (1984), 34-40.

González Guerrero, Francisco. "RC, *De la vigilia estéril,*" in *En torno a la literatura mexicana* (Mexico: SepSetentas, 1976), pp. 179-184.

Hierro, Graciela. "La filosofía de RC." *Plural* 10-13: 120 (1981), 30.

Labastida, Jaime. "El amor en algunos poetas mexicanos." *Revista de Bellas Artes* 25 (1969), 53-64.

Leiva, Raúl. "RC," in *Imagen de la poesía mexicana contemporánea* (Mexico: Universidad Nacional Autónoma de México, 1959), pp. 333-341.

————. "*Lívida luz.*" *La Palabra y el Hombre* 5: 17 (1961), 180-183.

Lindstrom, Naomi. "RC: Representing Women's Discourse." *LFem* 5: 2 (1979), 29-47.

————. "RC: Pioneer of Feminist Criticism," in *Homenaje a RC* (Valencia, España: Albatros/ Hispanófila, 1980), pp. 65-73.

Lorenz, Günter. "RC," in *Diálogo con América Latina* (Santiago, Chile: Pomaire, 1972), pp. 185-211.

MacDonald, Regina Harrison. "RC: On Language," in *Homenaje a RC* (Valencia, España: Albatros/ Hispanófila, 1980), pp. 41-64.

Millán, María del Carmen. "Tres escritoras mexicanas del siglo XX." *Cuadernos Americanos* 34: 5 (1975), 163-181.

Miller, Beth. "Voz e imagen en la obra de RC." *Revista de la Universidad de México* 30: 4 (1975-1976), 33-38.

————. "La poesía de RC: Tono y tenor." *Diálogos* 13: 2 (1977), 28-31.

————. "El feminismo mexicano de RC," in *Mujeres en la literatura* (Mexico: Fleischer, 1978), pp. 9-19.

Miller, Martha LaFollette. "A Semiotic Analysis of Three Poems by RC." *Revista/ Review Interamericana* 12: 1 (1982), 77-86.

————. "Humor, Power and the Female Condition in the Poetry of RC." *Revista/ Review Interamericana* 15: 1-4 (1985), 61-72.

Miller, Yvette. "El temario poético de RC." *Hispamérica* 29 (1981), 107-115.

Morión, Sara. "RC." *La Palabra y el Hombre* 11 (1974), 17-18.

Nelson, Esther W. "Point of View in Selected Poems by RC." *Revista/ Review Interamericana* 12: 1 (1982), 56-64.

Ocampo, Aurora. "RC y la mujer mexicana." *La Palabra y el Hombre* 53-54 (1985), 101-108.

Pacheco, José Emilio. "RC o la rotunda austeridad de la poesía." *Vida Literaria* 30 (1972), 8-11.

————. "Homenaje a RC." *Proceso* 248 (3 August 1981), 50-51.

Palley, Julián. "Introducción" to *Meditación en el umbral. Antología poética* by RC (Mexico: Fondo de Cultura Económica, 1985), pp. 31-72.

Plaza, Dolores. "El culto a 'los otros' en la obra de RC." *La Palabra y el Hombre* 11 (1974), 13-15.

Poniatowska, Elena. "RC," in *¡Ay vida, no me mereces!* (Mexico: Joaquín Mortiz, 1985), pp. 43-132.

Rivero, Eliana S. "Visión social y feminista en la obra poética de RC," in *Homenaje a RC* (Valencia, España: Albatros/ Hispanófila, 1980), pp. 85-97.

Robles, Martha. "Tres mujeres en la literatura mexicana: RC, Elena Garro, Inés Arredondo." *Cuadernos Americanos* 246: 1 (1983), 223-235.

————. "RC," in *La sangre fugitiva. Escritoras en la cultura nacional.* Vol. III (Mexico: Universidad Nacional Autónoma de México, 1986), pp. 147-191.

Rojas, Lourdes. "La indagación desmitificadora en la poesía de RC." *Revista/ Review Interamericana* 12: 1 (1982), 65-76. Reproduced in Norma Klahn and Jesse Fernández (comps.), *Lugar de encuentro. Ensayos sobre poesía mexicana actual* (Mexico: Katún, 1987), pp. 75-90.

Selva, Mauricio de la. *"Materia memorable." Cuadernos Americanos* 29: 1 (1970), 219-221.

————. "Cuatro libros de poesía." *Cuadernos Americanos* 31: 6 (1972), 255-262.

Silva Villalobos, Antonio. "La poesía de RC." *Metáfora* 18 (1958), 3-9.

Urbano, Victoria E. "La justicia femenina de RC." *Letras Femeninas* (Colorado, USA) 1: 2 (1975), 9-20.

Urrutia, Elena. "La mujer y la cultura." *Fem* 39 (1985), 45-47.

Xirau, Ramón. "Nuevos poetas mexicanos," in *Poetas de México y de España* (Madrid: José Porrúa Turanzas, 1962), pp. 167-193.

————. "The New Poetry of Mexico—RC." *Recent Books in Mexico* 10: 3 (1963), 1-2.

Zaid, Gabriel. "Poetas ejemplares." *Plural* 36 (1974), 91-92.

OSCAR CERRUTO
(Bolivia, 1912-1981)

Poetic Works

Cifra de las rosas y siete cantares. La Paz: Taller Gráfico Don Bosco, 1957.
Patria de sal cautiva. Buenos Aires: Losada, 1958.
Estrella segregada. Buenos Aires: Losada, 1973.
Reverso de la transparencia; elegías a cinco poetas cuya voz se extinguió entre montañas y un texto para una cantata. Buenos Aires: Raúl Veroni, 1975.

Compilations and Anthologies

Cántico traspasado: Obra poética. Introduction by Oscar Rivera-Rodas. La Paz: Biblioteca del Sesquicentenario de la República, 1976.
[Contents: Cifra de las rosas. Patria de sal cautiva. Aquello que ha sido siempre. Por tanta altura y soledades. La muerte permanece. Lay. Estrella segregada. Moradas. Las inscripciones. Reverso de la transparencia. La mano en el teclado.]
Poesía. [Anthology] Prologue by Juan Quiros. Madrid: Ediciones de Cultura Hispánica, 1985.

Other Works

Aluvión de fuego. Santiago, Chile: Ediciones Ercilla, 1935. [Novel]
Cerco de penumbras. La Paz: Ministerio de Educación y Bellas Artes, 1960.

Bibliographies

Shimose, Pedro. "Bibliografía," in *Poesía* by OC (Madrid: Ediciones de Cultura Hispánica, 1985), pp. 223-232.

Critical Studies

Antezana, Luis. "Sobre *Estrella segregada*," in *Elementos de semiótica literaria* (La Paz: Instituto Boliviano de Cultura, 1977).
Barrero, Corina. "*Estrella segregada.*" Hipótesis. *Revista boliviana de literatura* 19 (1984), 353-357.
Dragún, Alfonso Gumucio. "OC, precisión: Aluvión de poemas," [interview] in *Provocaciones* (La Paz: Ediciones Los Amigos del Libro, 1977), pp. 39-65.
Gamarra Durana, Alfonso. "Cerruto: símbolos y sueños." *Signo* 23 (1988), 93-100.
García Pabón, Leonardo. "Poesía boliviana 1960-1980: Entre la realidad y el lenguaje." *Hipótesis. Revista boliviana de literatura* 19 (1984), 318-327. [On OC, Jaime Sáenz, Pedro Shimose y Eduardo Mitre.]
Guzmán, Augusto. "OC," in *Poetas y escritores de Bolivia* (La Paz-Cochabamba: Ediciones Los Amigos del Libro, 1975), pp. 273-276.
————. "OC," in *Biografías de la literatura boliviana* (La Paz: Ediciones Los Amigos del Libro, 1982), pp. 260-263.

Mitre, Eduardo. "La soledad del poder. Sobre la poesía de OC," in *El paseo de los sentidos. Estudios de literatura boliviana contemporánea* (La Paz: Instituto Boliviano de Cultura, 1983), pp. 71-78.

————. "OC: la soledad del poder." [The title of the essay is: "Cuatro poetas bolivianos contemporáneos".] *Revista Iberoamericana* 134 (1986), 139-146.

Quiros, Juan. "Prólogo" to *Poesía* by OC (Madrid: Ediciones de Cultura Hispánica, 1985).

Rivera-Rodas, Oscar. *El realismo mítico en OC*. La Paz: Ediciones Abaroa, 1973. [On OC's narrative.]

————. "Introducción" to *Cántico traspasado: Obra poética* by OC (La Paz: Biblioteca del Sesquicentenario de la República, 1976), pp. 7-25. Reproduced as "OC: Del vanguardismo a la poesía de identificación," in *Cinco momentos de la lírica hispanoamericana* (La Paz: Instituto Boliviano de Cultura, 1978), pp. 294-312.

————. "OC: poeta de una América que ha empezado a reconocerse a través de una difícil reconquista de su identidad." *La Palabra y el Hombre* 24 (1977), 85-95.

————. "La poesía de OC." *Cuadernos Hispanoamericanos* 417 (1985), 146-154.

Schupp, Wolf. "*Estrella segregada.*" *Hipótesis. Revista Boliviana de Literatura* 19 (1984), 358-364.

Wiethüchter, Blanca. "Poesía boliviana contemporánea: OC, Jaime Sáenz, Pedro Shimose y Jesús Urzagasti," in Javier Sanjinés (ed.), *Tendencias actuales en la literatura boliviana* (Valencia/Minneapolis: Institute for the Study of Ideologies & Literature/Instituto de Cine y Radio-Televisión, 1985), pp. 75-114.

FRANCISCO CERVANTES
(Mexico, 1938)

Poetic Works

Los varones señalados. Mexico: Libros Escogidos, 1972.
La materia del tributo. Mexico: Libros Escogidos, 1972.
Esta sustancia amarga. Mexico: Idea, 1974.
Cantado para nadie. Mexico: Joaquín Mortiz, 1982.
Aulaga en la maralta. Mexico: Oasis, 1983.
Los huesos peregrinos. Puebla: Universidad Autónoma de Pueblam, 1986.
El canto del abismo. Mexico: Joan Boldó i Climent Editores, 1987.

Compilations and Anthologies

Heridas que se alternan. Mexico: Fondo de Cultura Económica, 1985.
    [Contents: Los varones señalados. La materia del tributo. Esta sustancia amarga.
    Cantado para nadie. Aulaga en la maralta. Heridas que se alternan.]
Materia de distintos lais. [Anthology] Mexico: SEP, Lecturas Mexicanas, 1987.

Other Works

Relatorio sentimental. Mexico: Ediciones del Gobierno del Estado de Querétaro, 1986.
    [Short stories]

Bibliographies

Ocampo, Aurora. "FC," in *Diccionario de escritores mexicanos* (2nd. ed. expanded,
    Mexico: Universidad Nacional Autónoma de México, 1989, vol. I), pp. 365-366.

Critical Studies

Charry Lara, Fernando. "*Cantado para nadie*." *Diálogos* 19: 111 (1983), 81-83.
————. "Un delirio lusitano." [*Aulaga en la maralta*] *Revista de la Universidad de
    México* 40: 43 (1984), 43-44.
Cohen, Sandro. "Algo sobre las múltiples caras de FC." [*Cantado para nadie*] *Proceso* 324
    (17 January 1983), 61-63.
Escalante, Evodio. "FC o el trino de la espada." *Casa del Tiempo* 5: 58-59 (1985),
    supplement, 3-5.
Espinasa, José María. "*Heridas que se alternan*." *Vuelta* 105 (1985), 42-44.
Flores, Miguel Angel. "Evocación y heridas." [*Heridas que se alternan*] *Proceso* 460 (26
    August 1985), 62-63.
Gomes, Miguel. "La poesía de FC." *La Gaceta del Fondo de Cultura Económica* 193
    (1987), 29. Originally in *El Universal* (Caracas), (3 April 1986).
López Colomé, Pura. "FC: *Cantado para nadie*. El sueño 'sustento del olvido'." *Sábado*
    340 (5 May 1984), 11-12.
Luz, Jorge de la. "*Cantado para nadie*." *Sábado* 261 (6 November 1982), 11-12.

Mutis, Alvaro. "El delirio lusitano de FC," preliminary note to *Cantado para nadie* (Mexico: Joaquín Mortiz, 1982), pp. 7-8. Also reproduced in *Heridas que se alternan* (Mexico: Fondo de Cultura Económica, 1985), pp. 119-120.

Navarro, Víctor M. "Expansión anárquica." [*Cantado Para nadie*] *Sábado* 268 (25 December 1982), 12.

Oviedo, José Miguel. "*Cantado para nadie*." *Vuelta* 76 (1983), 45-47.

Pinto, Margarita. "*Heridas que se alternan*." *Sábado* 403 (6 July 1985), 12.

Rivas, José Luis. "*Heridas que se alternan* de FC." [Interview] *Sábado* 396 (18 May 1985), 6.

Sefamí, Jacobo. "El exilio perpetuo en FC." [*Los huesos peregrinos*] *La Orquesta* 1: 4 (1986), 40-41.

————. "FC: Uma viagem da memória," in *El destierro apacible y otros ensayos. Xavier Villaurrutia. Alí Chumacero. Fernando Pessoa. FC. Haroldo de Campos* (Mexico: Premiá Editora, 1987), pp. 121-143.

Vallarino, Roberto. "*Cantado para nadie*." *Sábado* 276 (19 February 1983), 12.

Vitale, Ida. "Alguien oye *Cantado para nadie*." *Revista de la Universidad de México* 39: 25 (1983), 41-42. Also in *Hispamérica* 13: 39 (1984), 112-114.

Zaid, Gabriel. "*Cantado para nadie*." *Vuelta* 77 (1983), 36-37.

FERNANDO CHARRY LARA
(Colombia, 1920)

Poetic Works

Cántico. Bogotá, 1944.
Nocturnos y otros sueños. Bogotá: Edit. ABC, 1949.
Los adioses. Bogotá: Impresora Nacional, 1963.
Pensamientos del amante. Bogotá: Instituto Colombiano de Cultura, 1981.

Compilations and Anthologies

Llama de amor viva. Prologue by Rafael Gutiérrez Girardot. Bogotá: Procultura, Presidencia de la República, 1986.
[Contents: Nocturnos y otros sueños. Los adioses. Pensamientos del amante.]

Other Works

Lector de poesía. Bogotá: Instituto Colombiano de Cultura, 1975.
Poesía y poetas colombianos. Bogotá: Procultura, Presidencia de la República, 1985.

Critical Studies

Aleixandre, Vicente. "Palabras," in *Llama de amor viva* (Bogotá: Procultura, Presidencia de la República, 1986), pp. 25-28.
Camacho, Eduardo. "La poesía de hoy" [FCL, Jorge Gaitán Durán, Eduardo Cote Lamus, Alvaro Mutis] and *"Los adioses,"* in *Sobre literatura colombiana e hispanoamericana* (Bogotá: Instituto Colombiano de Cultura, 1978), pp. 108-119 and 252-262.
Carranza, Eduardo. "La poesía enamorada y absorta de FCL," in *Visión estelar de la poesía colombiana* (Bogotá: Banco Popular, 1986), pp. 167-169.
Cobo Borda, Juan Gustavo. "Dos poetas colombianos." *Diálogos* 20: 6 (1984), 24-31.
―――. "Dos poetas de *Mito*: Alvaro Mutis y FCL." *Revista Iberoamericana* 130-131 (1985), 89-102.
―――. "FCHL," in *Poesía colombiana* (Medellín: Universidad de Antioquia, 1987), pp. 172-178.
―――. *"Mito* [Jorge Gaitán Durán, Alvaro Mutis, FCL]," in *Manual de literatura colombiana* (Bogotá: Procultura/ Planeta, 1988), pp. 129-191.
Gutiérrez Girardot, Rafael. "Poesía y crítica literaria en FCL." *Revista Iberoamericana* 128-129 (1984), 839-852.
―――. "Prólogo" to *Llama de amor viva* (Bogotá: Procultura, Presidencia de la República, 1986), pp. 7-20.
Romero, Armando. *"Pensamientos del amante." Revista Iberoamericana* 123-124 (1983), 669-672.
―――. "FCL o la obsesión de la noche," in *Las palabras están en situación. Un estudio de la poesía colombiana de 1940-1960* (Bogotá: Procultura, Presidencia de la República, 1985), pp. 85-96.

ALI CHUMACERO
(Mexico, 1918)

Poetic Works

Páramo de sueños. Mexico: Universidad Nacional Autónoma de México, 1944.
Imágenes desterradas. Mexico: Edit. Stylo, 1948.
Palabras en reposo. Mexico: Fondo de Cultura Económica, 1956. 2nd. ed. expanded,
1965; 3rd. ed., 1977; 4th. ed., 1985.

Compilations and Anthologies

Páramo de sueños seguido de Imágenes desterradas. Mexico: Universidad Nacional
Autónoma de México, 1960.
Responso del peregrino. [Short anthology] Note and selection by José Emilio Pacheco.
Mexico: Universidad Nacional Autónoma de México, 1980.
Poesía completa. Prologue by Marco Antonio Campos. Mexico: Premiá Editora, 1980.
[Contents: Páramo de sueños. Imágenes desterradas. Palabras en reposo. Poemas
no coleccionados.]
Antología personal. Prologue by Marco Antonio Campos. Mexico: Departamento del
Distrito Federal, Delegación Venustiano Carranza, 1984.

Other Works

Los momentos críticos. Mexico: Fondo de Cultura Económica, 1987.

Bibliographies

Ocampo, Aurora. "AC," in *Diccionario de escritores mexicanos* (2nd. ed. expanded,
Mexico: Universidad Nacional Autónoma de México, 1989, vol. I), pp. 448-456.
Flores, Miguel Angel. "Bibliografía de AC," in *Los momentos críticos* by AC (Mexico:
Fondo de Cultura Económica, 1987), pp. 425-504.
[Contents: Bibliografía directa. Bibliografía indirecta.]

Critical Studies

Books and Dissertations

Campos, Marco Antonio. *Aproximaciones a AC*. Mexico: Universidad Nacional
Autónoma de México, 1986.
Sefamí, Jacobo. "La soledad, el sueño, el amor y la muerte en la obra poética de AC."
Licenciatura thesis. Universidad Nacional Autónoma de México, Escuela Nacional de
Estudios Profesionales Acatlán, 1983.

Essays, Reviews, Interviews

Abreu Gómez, Ermilo. *Sala de retratos* (Mexico: Edit. Leyenda, 1946), pp. 77-79.
————. *"Palabras en reposo."* *Revista de la Universidad de México* XI: 4 (1956), 31.
Arellano, Jesús. "AC," in *Poetas jóvenes de México* (Mexico: Libro Mex, 1955), pp. 54-58.
————. "Poesía mexicana en 1956." [*Palabras en reposo*] *Metáfora* 14 (1957), 10-16.
Campos, Marco Antonio. "La poesía de AC." *Diálogos* 90 (1979), 40-42.
————. "Examen de AC", prologue to *Poesía completa* by AC (Mexico: Premiá, 1980), pp. 7-12.
————. "Chumacero selecciona a Chumacero." [*Antología personal*] *Proceso* 413 (1 October 1984), 62-63.
Castañón, Adolfo. "Los tres nombres de AC." *Vuelta* 105 (1985), 58.
Cervantes, Francisco. "Texto sagrado pero no intocable, *Palabras en reposo*." *El Semanario Cultural de Novedades* (6 April 1986).
Cohen, J. M. "The Eagle and the Serpent." *The Southern Review* 2 (1965), 361-374.
Dauster, Frank. "AC: The Inner Landscape," in *The Double Strand. Five Contemporary Mexican Poets* (Lexington: The University Press of Kentucky, 1987), pp. 35-58.
Escalante, Evodio. "La *Poesía completa* de AC." *Proceso* 223 (9 February 1981), 53-54.
Espinasa, José María. "Anatomia de la estatua (la poesía de AC)." *El Semanario Cultural de Novedades* (30 June 1985).
Esquinca, Jorge. "La celebración del instante." *El Semanario Cultural de Novedades* (14 September 1986).
Flores Castro, Mariano. "Palabras por AC." *Sábado* 488 (7 February 1987).
García, Elvira. "'Escribo muy poco y procuro no hacerlo'." [Interview] *La Semana de Bellas Artes* 175 (8 April 1981), 7-8.
————. "Entrevista a AC." *Sábado* 291 (4 June 1983), 4-5.
Huerta, David. "Testimonio (homenaje a AC)." *La Letra y la Imagen de El Universal* 55 (12 October 1980), 3.
Jacobo, José Antonio. "Entrevista a AC." *Periódico de Poesía* 9 (1988), 21-24.
Kamenszain, Tamara. "AC. La palabra postergada." *La Letra y la Imagen* de *El Universal* 55 (12 October 1980), 2-3.
Leiva, Raúl. "Poetas modernos de México. AC," in *Los sentidos del mundo* (Guatemala: Edit. del Ministerio de Educación Pública, 1952), pp. 225-229.
————. "AC," in *Imagen de la poesía mexicana contemporánea* (Mexico: Universidad Nacional Autónoma de México, 1959), pp. 261-270.
Lizalde, Eduardo. "Testimonio (homenaje a AC)." *La Letra y la Imagen de El Universal* 55 (12 October 1980), 4.
Martínez, José Luis. "*Páramo de sueños* de AC," in *Literatura mexicana: siglo XX (1910-1949)* (Mexico: Librería Robredo, 1949), pp. 189-190.
Odio, Eunice. "Nostalgia del paraíso." *Cultura* (Ministerio de Educación, El Salvador) 19 (1961).
————. "Poner de manifiesto lo más oculto." *Cultura* (Ministerio de Educación, El Salvador) 21 (1961).
Ortega, Roberto D. "Palabras en tumultuosa transparencia." [*Palabras en reposo*] *Nexos* 4 (1978), 21.
Pacheco, Cristina. "La poesía no es privilegio del poeta. Con AC, en sus cuarenta años de escritor." *Siempre!* 1427 (29 October 1980), 30-31, 70.
Pacheco, José Emilio. "AC. *Páramo de sueños seguido de Imágenes desterradas.*" *Revista de la Universidad de México* 1 (1960), 30.
————. "Fidelidad a la desesperanza," in *Poemas* by AC. Record with the voice of the author, series: Voz Viva de México (Mexico: Universidad Nacional Autónoma de México, 1964).
————. "Contar y cantar." *Proceso* 186 (26 May 1980), 50-51.
————. "Chumacero o hay demasiada luz en las tinieblas", note to *Responso del peregrino* by AC (Mexico: Universidad Nacional Autónoma de México, 1980), pp. 3-5.
Paz, Octavio. "Testimonio (homenaje a AC)." *La Letra y la Imagen de El Universal* 55 (12 October 1980), 4.

————. "Chumacero, Quevedo, Lope de Vega y dos o tres sonetos." *Sábado* 157 (8 November 1980), 4-5.

————. "AC poeta," in *Sombras de obras* (Barcelona: Seix-Barral, 1983), pp. 278-283.

Picon Garfield, Evelyn. "La poesía de AC. Cuarenta años después de *Tierra Nueva*." *Revista de la Universidad de México* 20 (1982), 15-19.

————. "Los sistemas de dependencia en la poesía de AC," in Norma Klahn and Jesse Fernández (comps.), *Lugar de encuentro. Ensayos sobre poesía mexicana actual* (Mexico: Katún, 1987), pp. 37-57.

Roggiano, Alfredo A. "*Páramo de sueños seguido de Imágenes desterradas*." *Revista Iberoamericana* 54 (1962), 413-420.

Schneider, Luis Mario. *Para AC, a quien le debo no poco*. Mexico: Universidad Nacional Autónoma de México, 1978. [Short notebook.]

Sefamí, Jacobo. "Amor entre ruinas." [*Poesía completa*] *Casa del Tiempo* 12 (1981), 45-46.

————. "AC: el destierro apacible," in *El destierro apacible y otros ensayos. Xavier Villaurrutia. AC. Fernando Pessoa. Francisco Cervantes. Haroldo de Campos* (Mexico: Premiá Editora, 1987), pp. 33-101.

Xirau, Ramón. "Sobre la poesía de AC." *Revista de la Universidad de México* 5 (1961), 30-31.

————. "AC," in *Poetas de México y de España* (Madrid: Ediciones de José Porrúa Turanzas, 1962), pp. 157-162.

————. "AC," in *Poesía iberoamericana contemporánea* (Mexico: SEP-Setentas, 1972), pp. 149-154.

Ziegler, Jorge von. "AC. El destino de la poesía mexicana." *Los Universitarios* 4 (1983), 5-8.

ANTONIO CISNEROS
(Peru, 1942)

Poetic Works

Destierro. Lima: Cuadernos del Hontanar, 1961.
David. Lima: El Timonel, 1962.
Comentarios reales de AC. Lima: Ediciones de La Rama Florida & Ediciones de la Biblioteca Universitaria, 1964.
Canto ceremonial contra un oso hormiguero. Havana: Casa de las Américas, 1968. Others eds., Buenos Aires: Centro Editor de América Latina, 1969; Barcelona: Ocnos, 1972.
Agua que no has de beber. Barcelona: Carlos Milla Batres, 1971.
Como higuera en un campo de golf. Lima: Instituto Nacional de Cultura, 1972.
El libro de Dios y de los húngaros. Lima: Libre 1 Editores, 1978.
Crónica del Niño Jesús de Chilca. Mexico: Premiá Editora, 1982.
Monólogo de la casta Susana y otros poemas. Lima: Instituto Nacional de Cultura, 1986.

Compilations and Anthologies

Agua que no has de beber y otros cantos. Havana: Casa de las Américas, 1983.
Por la noche los gatos. Poesía 1961-1986. Prologue by David Huerta. Epilogue by Julio Ortega. Mexico: Fondo de Cultura Económica, 1989.
[Contents: David. Cometarios reales. Canto ceremonial contra un oso hormiguero. Agua que no has de beber. Como higuera en un campo de golf. El libro de Dios y de los húngaros. Crónica del Niño Jesús de Chilca. Monólogo de la casta Susana y otros poemas.]
Propios como ajenos: antología personal: poesía 1962-1988. Lima: Edit. Peisa, 1989.
Poesía: una historia de locos, 1962-1986. Madrid: Hiperión, 1990.

Bibliographies

Foster, David William. "AC," in *Peruvian Literature: A Bibliography of Secondary Sources* (Westport, Connecticut: Greenwood Press, 1981), p. 96.
González Vigil, Ricardo. "AC," in *Poesía peruana. Antología general.* Vol. II. *De Vallejo a nuestros días* (Lima: Edubanco, 1984), pp. 510-513.

Critical Studies

Books and Dissertations

Lamadrid, Enrique R. "La poesía de AC." *Dissertation Abstracts International* 39 (1978), 2930A.

Essays, Reviews, Interviews

Cevallos Mesones, Leonidas. "AC," in *Los nuevos* (Lima: Edit. Universitaria, 1967), pp. 13-42.

Cobo Borda, Juan Gustavo. *"Canto ceremonial contra un oso hormiguero,"* in *La otra literatura latinoamericana* (Bogotá: El Ancora, Procultura, Colcultura, 1982), pp. 46-49.

Cornejo Polar, Antonio. "Cisneros: la socialización del poema." *Hueso Húmero* 14 (1982), 165-169.

————. "La poesía de AC: primera aproximación." *Revista Iberoamericana* 53: 140 (1987), 615-623.

Delgado, Washington. *"El libro de Dios y de los húngaros."* *Revista de Crítica Literaria Latinoamericana* 4: 7-8 (1978), 211-212.

Elmore, Peter. "Monólogo a varias voces." *Dactylus* 6 (1986), 48-49.

Escobar, Alberto. "Sobre AC." *Inti* 18-19 (1984), 271-275.

Higgins, James. "AC," in *The Poet in Perú: Alienation and the Quest for a Super-reality* (Liverpool: Francis Cairns, 1982), pp. 65-88.

Huerta, David. "La violencia leal de AC." *Periódico de Poesía* 7 (1988), 9-10.

————. "Prólogo" to *Por la noche los gatos. Poesía 1961-1986* by AC (Mexico: Fondo de Cultura Económica, 1989), pp. 9-16.

Lamadrid, Enrique R. "La poesía de AC: dialéctica de creación y tradición." *Revista de Crítica Literaria Latinoamericana* 6: 11 (1980), 85-106. Reproduced in Cedomil Goic (ed.), *Historia y crítica de la literatura hispanoamericana*, vol. III, *Epoca contemporánea* (Barcelona: Crítica, 1988), pp. 281-284.

————. *"At Night the Cats."* *Review* 37 (1987), 80-82.

Lauer, Mirko. "Sobre el canto ceremonial de AC." *Oiga* 290 (13 September 1968), 28-29.

Masoliver Rodenas, Juan. "Catulo en Lima." *Camp de l'Arpa* 6 (1973), 26-27.

Nogueras, Luis Rogelio. "Memoria de un canto ceremonial." *Casa de las Américas* 53 (1969), 144-148.

O'Hara, Edgar. *"Crónica del Niño Jesús de Chilca."* *Plural* 11: 130 (1982), 82-84. Reproduced in *Cuerpo de reseñas* (Lima: Ediciones del Azahar, 1984), pp. 88-91.

Oquendo, Abelardo. *"Crónica del Niño Jesús de Chilca."* *Revista de Crítica Literaria Latinoamericana* 8: 16 (1982), 155-156.

Ortega, Julio. "AC," in *Figuración de la persona* (Madrid: Edhasa, 1971), pp. 211-215.

————. "Confesiones de AC: una entrevista." *Eco* 44: 270 (1984), 658-672.

————. "Entrevista a AC." *Hispamérica* 13: 37 (1984), 31-44.

————. "La poesía de AC," epilogue to *Por la noche los gatos. Poesía 1961-1986* by AC (Mexico: Fondo de Cultura Económica, 1989), pp. 279-292.

Oviedo, José Miguel. *"Comentarios reales."* *Revista Peruana de Cultura* 4 (1965), 129-132.

————. "AC: entre dos aguas." *Textual* (Lima) 3 (1971), 65-67.

————. "Ribeyro, la ironía; Cisneros, la distancia." *Revista de la Universidad de México* 34: 2 (1979), 39-41.

Razzetto, Mario. "Una pica en Londres." *Oiga* 562 (15 February 1974), 28-35.

Rowe, William. "Canto ceremonial: poesía e historia en la obra de AC." *Amaru* 8 (1968), 31-35.

Ruiz Rosas, Alonso. "El monólogo de Cisneros." [*Monólogo de la casta Susana*] *Debate* 8: 38 (1986), 79-80.

Sheridan, Guillermo. *"El libro de Dios y de los húngaros."* *Vuelta* 23 (1978), 44-45.

Waldman, Gloria F. *"At Night the Cats* de AC (edited and translated by Maureen Ahern, William Rowe and David Tipton)." *Hispania* 70: 3 (1987), 525-526.

Zapata, Miguel Angel. "AC y el canto ceremonial." [Interview] *Inti* 26-27 (1987-1988), 29-39.

JUAN GUSTAVO COBO BORDA
(Colombia, 1948)

Poetic Works

Consejos para sobrevivir. Bogotá: Ediciones La Soga al Cuello, 1974.
Salón de té, 1969-1979. Bogotá: Instituto Colombiano de Cultura, 1979.
Casa de citas. Caracas, Venezuela: Ediciones La Draga y el Dragón, 1981.
Ofrenda en el altar del bolero. Prologue by Alvaro Mutis. Caracas: Monte Avila, 1981.
Roncando al sol como una foca en las Galápagos. Bogotá: Ediciones Gaceta-Concultura, 1982. Other ed. Mexico: Premiá Editora, 1983.
Todos los poetas son santos. Mexico: Fondo de Cultura Económica, 1987.
Tierra de fuego. Bogotá: Fundación Simón y Lola Guberek, 1988.

Compilations and Anthologies

Todos los poetas son santos e irán al cielo. Prologue by Salvador Garmendia. Buenos Aires: El Imaginero, 1983.
Almanaque de versos. Prologue by Enrique Molina. Bogotá: Oveja Negra, 1988.
    [Contents: Tierra de fuego. Todos los poetas son santos.]

Other Works

Essay

La alegría de leer. Bogotá: Instituto Colombiano de Cultura, 1976.
La tradición de la pobreza. Bogotá: Carlos Valencia Editores, 1980.
La otra literatura latinoamericana. Bogotá: El Ancora, Procultura, Colcultura, 1982.
Usos de la imaginación. Buenos Aires: El Imaginero, 1984. [In collaboration with María Julia de Ruschi Crespo and Ricardo Herrera.]
Obregón. Bogotá: Editorial La Rosa, 1985.
Letras de esta América. Bogotá: Universidad Nacional de Colombia, 1986.
Visiones de América Latina. Bogotá: Tercer Mundo Editores, 1987.
Poesía colombiana. Medellín, Colombia: Universidad de Antioquia, 1987.
Arciniegas de cuerpo entero. Bogotá: Planeta, 1987.
Manual de literatura colombiana. Bogotá: Procultura, Planeta, 1988.
Alvaro Mutis. Bogotá: Procultura, 1989.
Leyendo América Latina: poesía, ficción, cultura. Caracas: Academia Nacional de la Historia, 1989.
La narrativa colombiana después de García Márquez y otros ensayos. Bogotá: Tercer Mundo Editores, 1989.

Critical Studies

Alonso, Rodolfo. "Ni santos ni demonios." [*Todos los poemas son santos*] *Plural* 219 (1989), 74-76.
Bello, Francisco. *"Todos los poetas son santos." Repertorio Latinoamericano* 59 (1984), 14.

Castro-Klarén, Sara. "Desde el anverso de las cosas: la poesía de Cobo Borda." *Eco* 237 (1981), 284-293.

Flores, Miguel Angel. *"Roncando al sol como una foca en las Galápagos."* *Vuelta* 96 (1984), 45-46.

Garmendia, Salvador. "Mientras el portero bosteza y los huéspedes regresan ebrios," in *Todos los poetas son santos e irán al cielo* by JGCB (Buenos Aires: El Imaginero, 1983), pp. 11-12.

J S F. *"Roncando al sol como una foca en las Galápagos."* *Cuadernos Hispanoamericanos* 394 (1983), 250-251.

Mery Giraldo de Jaramillo, Luz. "JGCB o de la ternura y el cinismo." *Eco* 260 (1983), 193-214.

Milán, Eduardo. *"Todos los poetas son santos."* *Vuelta* 148 (1989), 55-56. Reproduced in *Una cierta mirada* (Mexico: Juan Pablos, Univ. Autónoma Metropolitana, 1989), pp. 192-194.

Molina, Enrique. "La tierra de todos los fuegos: la poesía de Cobo Borda." *Hispamérica* 49 (1988), 51-53. Reproduced in *Almanaque de versos* by JGCB (Bogotá: Oveja Negra, 1988), pp. I-III.

Mutis, Alvaro. "Prólogo" to *Ofrenda en el altar del bolero* by JGCB (Caracas: Monte Avila, 1981), pp. 7-10.

Ortega, Julio. *"Ofrenda en el altar del bolero."* *Eco* 218 (1979), 217-219. Also in *Vuelta* 37 (1979), 37-38.

Oviedo, José Miguel. "Crítica al sesgo." *Eco* 218 (1979), 213-216.

————. "La alegría de leer a Cobo Borda." *Eco* 247 (1982), 108-110. Reproduced in *Escrito al margen* (2nd. ed., Mexico: Premiá, 1987), pp. 262-264.

Rivera, Francisco. "Mínima teoría del bolero." *Eco* 218 (1979), 207-212.

Romero, Armando. *"Salón de té* y *Roncando al sol como una foca en las Galápagos."* *Revista Iberoamericana* 123-124 (1983), 672-674.

Salas, Horacio. *"Roncando al sol como una foca en las Galápagos."* *Cuadernos Hispanoamericanos* 402 (1983), 170-171.

Sucre, Guillermo. "La trampa de la historia," in *La máscara, la transparencia* (2nd. ed., Mexico: Fondo de Cultura Económica, 1985), pp. 286-288.

Varón, Policarpo. *"Ofrenda en el altar del bolero."* *Eco* 213 (1979), 333.

Williams, Raymond. *"Todos los poetas son santos."* *World Literature Today* 59: 1 (1985), 60.

Zapata, Miguel Angel. "JGCB: Rompiendo esquemas y dicotomías." [Interview] *Inti* 26-27 (1987-1988), 49-58.

ELSA CROSS
(Mexico, 1946)

Poetic Works

Naxos. Mexico: Ollía, 1966.
Amor el más oscuro. Nice, France: Profils Poétiques des Pays Latins, 1969.
Peach Melba. Monterrey, Mexico: Poesía en el Mundo, 1970.
La dama de la torre. Mexico: Joaquín Mortiz, 1972.
Tres poemas. Espejo al sol. Las edades perdidas. Pasaje de fuego. Mexico: Universidad Nacional Autónoma de México, 1981. 2nd. ed. for *Pasaje de fuego*. Mexico: Boldo i Climent, 1987.
Bacantes. Mexico: Artífice Ediciones, 1982.
Baniano. Mexico: Editores Mexicanos Unidos-ISSSTE, 1986.
Canto malabar. Mexico: Fondo de Cultura Económica, 1987.
El diván de Antar. Mexico: Joaquín Mortiz, 1990.

Compilations and Anthologies

Espejo al sol. Poemas 1964-1981. Mexico: Secretaría de Educación Pública, Plaza y Valdés, 1988.
[Contents: Naxos. Verano. Amor el más oscuro. La dama de la torre. Destiempo. Espejo al sol. Las edades perdidas. Bacantes.]

Other Works

La realidad transfigurada: en torno a las ideas del joven Nietzsche. Mexico: Universidad Nacional Autónoma de México, 1985.

Bibliographies

Ocampo, Aurora. "EC," in *Diccionario de escritores mexicanos* (2nd. ed. expanded, Mexico: Universidad Nacional Autónoma de México, 1989, vol. I), pp. 420-421.

Critical Studies

Bellessi, Diana. "Carta a la dama de la torre." *Revista Mexicana de Cultura* 182 (23 July 1972), 2.
Benítez, Jesús Luis. "Una alegoría del equilibrio: *La dama de la torre*." *Revista Mexicana de Cultura* 180 (9 July 1972), 6.
Cáceres Carenzo, Raúl. "El mar me duele por molinos que no importan." [*La dama de la torre*.] *Revista de la Universidad de México* 2 (1972), 43-44.
Campos, Marco Antonio. "EC y Nedda G. de Ahaldt." [*Bacantes*] *Proceso* 406 (13 August 1984), 52-53.
Cohen, Sandro. "*Bacantes*." *Vuelta* 99 (1985), 48-49.
Huerta, David. "Libros. Un compromiso con la delicadeza." [*La dama de la torre*] *La Cultura en México* 535 (10 May 1972), xiv.

Oliva, Carlos. "EC: silencio equilátero." *Casa del Tiempo* 30 (1983), 50-52.
Patán, Federico. "Oír el alma del bosque." [*Espejo al sol* in *Tres poemas*] *Sábado* 223 (13 February 1982), 18.
Vallarino, Roberto. *"Tres poemas* de EC." *Sábado* 278 (5 March 1983), 12.

PABLO ANTONIO CUADRA
(Nicaragua, 1912)

Poetic Works

Canciones de pájaro y señora. Managua, 1929.
Poemas nicaragüenses, 1930-1933. Santiago, Chile: Nascimento, 1934.
Canto temporal. Granada, Nicaragua: Cuadernos del Taller de San Lucas, 1943.
Poemas con un crepúsculo a cuestas. Managua: Ediciones Cultura Hispánica, 1949.
La tierra prometida. Managua: El Hilo Azul, 1952.
Libro de horas. 1956.
Elegías. Madrid-Palma de Mallorca: Papeles de Son Armadans, 1957.
El jaguar y la luna. Managua: Edit. Artes Gráficas, 1959.
Zoo. San Salvador: Publicaciones del Ministerio de Educación, 1962.
Cantos de Cifar. Avila: Talleres del Diario de Avila, 1971.
Siete árboles contra el atardecer. Caracas: Ediciones de la Presidencia de la República, 1980.

Compilations and Anthologies

Poesía. Selection 1929-1962. Madrid: Ediciones Cultura Hispánica, 1964.
Poesía escogida. León, Nicaragua: Editorial Universitaria, 1968.
Tierra que habla. Anthology of "Cantos nicaragüenses". San José, Costa Rica: Educa, 1974.
Esos rostros que asoman en la multitud. Managua: Ediciones El Pez y la Serpiente, 1976.
Cantos de Cifar y del mar dulce. 3rd. ed. expanded. Managua: Academia Nicaragüense de la Lengua, 1979.
Obra poética completa. Vol. I. San José, Costa Rica: Libro Libre, 1983.
    [Contents: Canciones de pájaro y señora. Poemas nicaragüenses.]
Obra poética completa. Vol. II. San José, Costa Rica: Libro Libre, 1984.
    [Contents: Cuaderno del Sur. Canto temporal. Libro de horas.]
Obra poética completa. Vol. III. San José, Costa Rica: Libro Libre, 1984.
    [Contents: Poemas con un crepúsculo a cuestas. Epigramas. El jaguar y la luna.]
Obra poética completa. Vol. IV. San José, Costa Rica: Libro Libre, 1985.
    [Contents: Cantos del Cifar y del mar dulce.]
Obra poética completa. Vol. V. San José, Costa Rica: Libro Libre, 1985.
    [Contents: Esos rostros que asoman en la multitud. Homenajes.]
Obra poética completa. Vol. VI. San José, Costa Rica: Libro Libre, 1985.
    [Contents: Siete árboles contra el atardecer. El indio y el violín.]
Obra poética completa. Vol. VII. San José, Costa Rica: Libro Libre, 1986.
    [Contents: Tun—La ronda del año (poemas para un calendario).]

Other Works

Torres de Dios; ensayos sobre poetas. Managua: Academia Nicaragüense de la Lengua, 1958. Also *Torres de Dios: ensayos literarios y memorias del movimiento de vanguardia*. Managua: El Pez y la Serpiente, 1986.
Otro rapto de Europa: notas de un viaje. Managua: El Pez y la Serpiente, 1976.
Obra poética completa. Vol. VIII. San José, Costa Rica: Libro Libre, 1986.

[Contents: "Teatro y cuentos".]
Obras completas de PAC. *Obras en prosa*. Vol. 1: *Torres de Dios*. San José, Costa Rica:
Libro Libre, 1986.
Obras completas de PAC. *Obras en prosa*. Vol. 2: *Aventura literaria del mestizaje y otros
ensayos*. San José, Costa Rica: Libro Libre, 1988.
Obras completas de PAC. *Obras en prosa*. Vol. 3: *El nicaragüense*. San José, Costa Rica:
Libro Libre, 1987.
Obras completas de PAC. *Obras en prosa*. Vol. 4: *Otro rapto de Europa: notas de un
viaje*. San José, Costa Rica: Libro Libre, 1986.

Bibliographies

Arellano, Jorge Eduardo. "PAC: bibliografía fundamental." *Revista del Pensamiento
Centroamericano* 37: 177 (1982), 189-200.
Flores, Angel. "PAC," in *Bibliografía de escritores hispanoamericanos (1609-1974)* (New
York: Gordian Press, 1975), pp. 211-212.
Guardia de Alfaro, Gloria. *Estudio sobre el pensamiento poético de PAC* (Madrid:
Gredos, 1971), pp. 249-256.

Critical Studies

Books and Dissertations

Arellano Oviedo, Francisco. "El calendario en la nacionalidad nicaragüense." Thesis.
Universidad Nacional Autónoma de Nicaragua, 1976.
Balladares Cuadra, José Emilio. *PAC: la palabra y el tiempo* (*secuencia y estructura de su
creación poética*). San José, Costa Rica: Libro Libre, 1986.
Felz, Jean-Louis. "L'Ouvre de PAC: recherche d'une culture nicaraguayenne." 2 vol.
Thesis. Université de la Sorbone, 1981.
Guardia de Alfaro, Gloria. *Estudio sobre el pensamiento poético de PAC*. Madrid:
Gredos, 1971.
McCallister, Richard. "PAC and the Poetics of Myth-History." *Dissertation Abstracts
International* 50: 2 (1989), 453A.
Meneses, Vidaluz. "Los 'Escritos a máquina' de PAC." Thesis. Universidad
Centroamericana, 1978.

Essays, Reviews, Interviews

Arellano, Jorge Eduardo. "El 'corpus' poético completo de PAC." *Cuadernos
Hispanoamericanos* 442 (1987), 47-61.
————. "Introduction to the Poetry of PAC," in *Selected Poems* by PAC (Greensboro,
North Carolina: Unicorn Press, 1988), pp. I-VI.
Balladares Cuadra, José Emilio. "El tiempo mítico y el tiempo del hombre en los *Cantos de
Cifar*." *Cuadernos Hispanoamericanos* 355 (1980), 51-69.
————. "Introducción a la poesía de PAC." *El Pez y la Serpiente* 27 (1983), 150-161.
Bellini, Giuseppe. *La letteratura ispanoamericana dell'ata precolombiana si nostri giorni*
(Roma: Sansoni Academia, 1970), pp. 345-347.
————. "Tre poeti nicaraguensi: J. Coronel Urtecho, PAC, E. Cardenal." *Rassegna
Iberística* 13 (1982), 17-27.
Cardenal, Ernesto. "PAC," introduction to the anthology *Nueva poesía nicaragüense*
(Madrid: Seminario de Problemas Americanos, 1949), pp. 67-77.
————. "La poesía nicaragüense de PAC." *El Pez y la Serpiente* 9 (1968).
Cerutti, Franco. "Introducción a la poética de PAC." *Revista Histórico-Crítica de
Literatura Centroamericana* 1 (1974), 29-44.
Coloma González, Fidel. "El *Canto temporal* de PAC." *El Pez y la Serpiente* (1975), 89-
113.

"Conversación con PAC." *Revista del Pensamiento Centroamericano* 198 (1988), 35-37.
Guardia de Alfaro, Gloria. "El mito en la poesía de PAC". *Lotería* 171 (1970), 81-90.
Herrero Esteban, Jacinto. "Proximidad de dos poemas: Emily Dickinson y PAC." *Cuadernos Hispanoamericanos* 181 (1965).
"Homenaje a PAC." *Revista del Pensamiento Centroamericano* 37: 177 (1982).
[Includes texts by Raúl Gustavo Aguirre, Jorge Eduardo Arellano, Stefan Baciu, José Emilio Balladares Cuadra, John Battle, Giuseppe Bellini, César Brañas, José Manuel Caballero Bonald, José María Caballero, Franco Cerutti, Eduardo Cote Lamus, Jean-Louis Felz, Melchor Fernández Almagro, Rodolfo O. Floripe, Féliz Grande, Gloria Guardia de Alfaro, Jacinto Herrero Esteban, Luis Jiménez Martos, Alberto Ordóñez Argüello, Juana Rosa Pita, Fernando Quiñones, Sergio Ramírez Mercado, Emilio del Río, Guillermo Rothschuh Tablada, Antonio Tovar, Carlos Tunnermann Bernheim, Francisco Valle, José María Valverde, Ramón Xirau, Guillermo Yepes Boscán, Eduardo Zepeda-Henríquez.]
König, Vera. "PAC en Italia." *Repertorio Americano* 3 (1976-1977), 103-105.
Lamothe, Louis. "PAC," in *Los mayores poetas latinoamericanos de 1850 a 1950* (Mexico: Costa Amic, 1959), pp. 227-231.
Lasarte, Francisco. "Cuadra's *Mar dulce*," in Sylvia Molloy and Luis Fernández Cifuentes (eds.), *Essays on Hispanic Literature in Honor of Edmund L. King* (Londres: Tamesis Books, 1983), pp. 175-186. Reproduced in Cedomil Goic (ed.), *Historia y crítica de la literatura hispanoamericana*, vol. III, *Epoca contemporánea* (Barcelona: Crítica, 1988), pp. 229-233.
Llopesa, Ricardo. "Sabiduría, profecía y cólera en la poesía de PAC." *Insula* 37: 425 (1982), 13.
Merton, Thomas. *Emblems of a Season of Fury* (New York: New Directions, 1963), pp. 93-103.
Oviedo, José Miguel. "Nicaragua: Voices in Conflict." [Translated by Lori M. Carlson.] *Review* 31 (1982), 19-25.
Peña, Horacio. "La poesía de PAC." *Revista Interamericana de Bibliografía* XXV: 2 (1971), 193-199.
Rodríguez Monegal, Emir. "Four Writers in the Labyrinth." [Miguel Angel Asturias, Rubén Darío, Ernesto Cardenal, PAC.] *Nation* 238: 3 (1984), 96-99.
Schulman, Grace. "Introduction" to *Songs of Cifar and the Sweet Sea* by PAC (selections in Spanish and English; translated and edited by Grace Schulman and Ann McCarthy de Zavala; New York: Columbia University Press, 1979), pp. XIII-XIX.
Simon, Greg. "Horizons: Nicaragua and PAC." *Northwest Review* 26: 3 (1988), 58-64.
Torres Fierro, Danubio. "Presente y futuro de Nicaragua: entrevista a PAC." *Revista de la Universidad de México* 30: 5 (1981), 18-21.
Tunnermann Bernheim, Carlos. *PAC y la cultura nacional.* "Discurso de ofrecimiento leído por el rector de la Universidad Nacional Autónoma de Nicaragua, el 21 de diciembre de 1972." León, Nicaragua: Editorial Universitaria, 1973.
————. "La poesía nicaragüense y universal de PAC." *Boletín de la Academia de Artes y Ciencias de Puerto Rico* 14: 1-2 (1978), 41-62.
Valverde, José María. "Verso versus prosa: dos casos en Hispanoamérica." *Revista del Pensamiento Centroamericano* 32: 154 (1977), 33-36.
White, Steven. "Entre poesía y política: PAC entrevistado por SW." *Vuelta* 102 (1985), 29-33.
————. "PAC: Poet of Nicaragua." *Northwest Review* 23: 1 (1985), 74-93.
————. "Modern Nicaraguan Poetry: The French and American Influence." *Dissertation Abstracts International* 48: 7 (1988), 1785A. [On Alfonso Cortés, PAC, José Coronel Urtecho, Ernesto Cardenal.]
Xirau, Ramón. "Lecturas: PAC." *Diálogos* 82 (1978), 26-29.
Ycaza Tigerino, Julio. *La poesía y los poetas de Nicaragua* (Managua: Academia Nicaragüense de la Lengua, 1958), pp. 107-119.
Yepes Boscán, Guillermo. "Hacer el poema con el aliento del mito y el lodo de la historia." *Revista Nacional de Cultura* 41: 247 (1981), 67-89.
Zepeda Henríquez, Eduardo. "El Cifar de los Cantos." *Nueva Estafeta* 31-32 (1981), 53-59.

JUAN CUNHA
(Uruguay, 1910-1985)

Poetic Works

El pájaro que vino de la noche. Montevideo: Albatros, 1929.
Guardián oscuro. Montevideo: Alfa, 1937.
Tres cuadernos de poesía. Montevideo: Alfa, 1937.
Cuaderno de nubes. Montevideo, 1945.
Seis sonetos humanos. Montevideo, 1946.
En pie de arpa. Montevideo: Ediciones del Pie en el Estribo, 1950.
Sueño y retorno de un campesino. Montevideo: Ediciones del Pie en el Estribo, 1951.
Variación de Rosamía; veinte sonetos. Montevideo: Atenea,1952.
Cancionero de pena y luna; cantares, canciones, coplas. Montevideo: Ediciones Eme, 1953.
Triple tentativa. Montevideo: Número, 1954.
Hombre entre luz y sombra. Montevideo: Alfa, 1955.
Niño solo. Montevideo: Pliego de Poesía Primavera, 1956.
A solicitud de los pájaros. Montevideo: Pliego de Poesía Primavera, 1957.
Del amor sobre la tierra. Montevideo: Pliego de Poesía Otoño, 1957.
Sermones sobre el terreno. Montevideo: Pliego de Poesía Otoño, 1958.
Guardia sin relevo. Montevideo: Pliego de Poesía Primavera, 1958.
Tierra perdida. Montevideo: Pliego de Poesía Otoño, 1959.
La sortija sobre el olvido. Montevideo: Pliego de Poesía Primavera, 1959.
A eso de la tarde. Montevideo: Alfa, 1961.
Pastor perdido. Montevideo: Alfa, 1966.
De cosa en cosa; sonetos. Montevideo: Universidad de la República, 1968.
Palabra cabra desmandada. Montevideo: Comunidad, 1971.
Enveses y otros reveses. Mexico: Premiá Editora, 1981.
Plurales. Montevideo: Impresora García, 1984.
Arboles: señal de vida. Montevideo: Ediciones de la Cadena, 1985.

Compilations and Anthologies

Pequeña antología. Montevideo: Ediciones Mendiga, 1957.
Carpeta de mi gestión terrestre; poesía, 1956-1959. Montevideo: Poesía, 1960.
[Contents: Niño solo. A solicitud de los pájaros. Del amor sobre la tierra. Sermones sobre el terreno. La sortija del olvido.]

Bibliographies

"JC," in *Diccionario de literatura uruguaya* (Montevideo: Arca, 1987), pp. 160-163.

Critical Studies

Bianchi, Matilde. "JC." *Foro Literario* 14 (1985), 66-67.
Bordoli, D. L. "Triple tentavida de JC." *Asir* (1955).

Brena, Tomás G. "JC," in *Exploración estética*. Vol. II. *Estudio de doce poetas de Uruguay y uno de Argentina* (Montevideo: Impresora Récord, 1974), pp. 303-370.

Cabrera, Sarandy. "Encrucijada de JC." *Número* 10-11 (1950).

Díaz, José Pedro. "Poesía de JC: 50 años de invención poética." *Correo de los viernes* (16 October 1981).

Marra, N. "Panegírico de lo cotidiano." *Prólogo* (Montevideo) (1969).

Medina Vidal, Jorge. *Visión de la poesía uruguaya en el siglo XX*. Montevideo: Diaco, 1969.

Obiol, Salvador. "Tres nombres en la poesía uruguaya: Vilariño, Cunha, Benedetti." *Hoy por la Cultura* 14 (1964), 12.

Oliva, Carlos. "La infancia es diestra en el pavor." [*Enveses y otros reveses*] *Revista de la Universidad de México* 37: 5 (1981), 44.

Rama, Angel. "Cunha y siete libros de poesía." *Marcha* (29 October 1965).

Rodríguez Monegal, Emir. *Literatura uruguaya del medio siglo* (Montevideo: Alfa, 1966).

Vilariño, Idea. "El último libro de JC." [*Triple tentativa*] *Marcha* (6 April 1955).

Vitale, Ida. "JC." *Marcha* (19 December 1969).

ROQUE DALTON
(El Salvador, 1935-1975)

Poetic Works

La ventana en el rostro. Prologue by Mauricio de la Selva. Mexico: Ediciones de Andrea, 1961.

El turno del ofendido. Havana: Casa de las Américas, 1962.

El mar. Havana: Ediciones de la Tertulia, 1962.

Los testimonios. Havana: Unión de Escritores y Artistas de Cuba, 1964.

Taberna y otros lugares. Havana: Casa de las Américas, 1969. Other ed., Santo Domingo, Dominican Republic: Ediciones del Taller, 1983.

Las historias prohibidas del Pulgarcito. Mexico: Siglo XXI, 1974.

Un libro rojo para Lenin. Prologue by Arqueles Morales. Managua: Edit. Nueva Nicaragua, 1986.

Un libro levemente odioso. Prologue by Elena Poniatowska. Mexico: La Letra Editores, 1988.

Compilations and Anthologies

Poemas. San Salvador: Edit. Universitaria, 1967.

Los pequeños infiernos. [Short anthology] Prologue by José Agustín Goytisolo. Barcelona: Ocnos, 1970.

Poemas clandestinos. San José, Costa Rica: Edit. Universitaria Centroamericana, 1980.

Poesía. Selection by Mario Benedetti. San Salvador: Edit. Universitaria, Universidad de El Salvador, 1982.

Poesía escogida. Selection by the author. Prologue by Manlio Argueta. San José, Costa Rica: Edit. Universitaria Centroamericana, 1983.
[Contents: La ventana en el rostro. El turno del ofendido. El mar. Los testimonios. Textos y poemas muy especiales. Los pequeños infiernos. Taberna y otros lugares. Doradas cenizas del fénix. El amor me cae más mal que la primavera. Un libro levemente odioso. Los hongos. Poemas clandestinos. Las historias prohibidas de Pulgarcito. Un libro rojo para Lenin.]

Con manos de fantasma. [Anthology] Buenos Aires: Editorial Nueva América, 1987.

Other Works

César Vallejo. Havana: Editorial Nacional de Cuba, 1963.

El intelectual y la sociedad. Mexico: Siglo XXI, 1969.

Los helicópteros: pieza teatral en varias escenas. San Salvador: Editorial Universitaria de El Salvador, 1980.

Las enseñanzas de Vietnam. California: [s.n.], 1981.

Miguel Mármol, los sucesos de 1932 en El Salvador. Mexico: Instituto Nacional de Antropología e Historia, 1982.

Critical Studies

Books and Dissertations

Bankay, Anne-Maria Yvonne. "RD's Poetry in the Context of the Sixties: The Thematic and Artistic Concerns of Spanish American Committed Poetry of this Decade." *Dissertation Abstracts International* 45: 3 (1984), 853A.

García Verzi, Horacio (ed.). *Recopilación de textos sobre RD*. Havana: Ediciones Casa de las Américas, 1986.

Narváez, Jorge E. "RD: la escritura testimonio." *Dissertation Abstracts International* 43: 11 (1983), 3612A.

Essays, Reviews, Interviews

Acevedo, Ramón Luis. "Dalton y la violencia en la literatura salvadoreña," in Horacio García Verzi (ed.), *Recopilación de textos sobre RD* (Havana: Ediciones Casa de las Américas, 1986), pp. 337-346.

Achugar, Hugo. "Poesía política e interpretación populista: dos poemarios salvadoreños." *Texto Crítico* 10: 29 (1984), 75-89.

Alegría, Fernando. "El humor en la obra de RD," in Horacio García Verzi (ed.), *Recopilación de textos sobre RD* (Havana: Ediciones Casa de las Américas, 1986), pp. 213-230.

Argueta, Manlio. "Prólogo" to *Poesía escogida* by RD (San José, República Dominicana: Edit. Universitaria Centroamericana, 1983), pp. 7-12.

Arias, Arturo. "Su ejemplo y nuestra responsabilidad," in Horacio García Verzi (ed.), *Recopilación de textos sobre RD* (Havana: Ediciones Casa de las Américas, 1986), pp. 359-363.

Armijo, Roberto. "La historia de la otra gran injusticia," in Horacio García Verzi (ed.), *Recopilación de textos sobre RD* (Havana: Ediciones Casa de las Américas, 1986), pp. 69-129.

Barquera, Luis Alberto. "Una vuelta al poeta RD." *Plural* 14: 162 (1985), 48-49.

Benedetti, Mario. "Una hora con RD," [interview] in *Los poetas comunicantes* (Montevideo: Marcha, 1972), pp. 19-39.

———. "El humor poético en RD," in Horacio García Verzi (ed.), *Recopilación de textos sobre RD* (Havana: Ediciones Casa de las Américas, 1986), pp. 231-236.

Beverley, John. "Poetry in the Central American Revolution: Ernesto Cardenal and RD." *Literature and Contemporary Revolutionary Culture* 1 (1984-1985), 295-312.

Boccanera, Jorge Alejandro. "*Del ofendido y pobrecito poeta.*" *Plural* 8: 94 (1979), 54-55.

Cardenal, Ernesto. "Recuerdo de RD." *Casa de las Américas* 21: 121 (1980), 64.

Cassau, Víctor. "La poesía de RD: a partir del humor," in Horacio García Verzi (ed.), *Recopilación de textos sobre RD* (Havana: Ediciones Casa de las Américas, 1986), pp. 237-283.

Cobo Borda, Juan Gustavo. "RD: *Taberna y otros lugares,*" in *La otra literatura latinoamericana* (Bogotá: El Ancora, Procultura, Colcultura, 1982), pp. 91-93.

"Con RD." [Interview] *Casa de las Américas* 23: 135 (1982), 51-60.

Conde Sturla, Pedro. "Oficio de poeta. Ensayo de interpretación de la obra de RD," in *Taberna y otros lugares* by RD (Santo Domingo, Dominican Republic: Ediciones del Taller, 1983), pp. 7-46.

———. "La conciencia incesante," in Horacio García Verzi (ed.), *Recopilación de textos sobre RD* (Havana: Ediciones Casa de las Américas, 1986), pp. 414-423.

Corales, Tirso. "RD y su tiempo," in Horacio García Verzi (ed.), *Recopilación de textos sobre RD* (Havana: Ediciones Casa de las Américas, 1986), pp. 197-212.

Díaz Borbón, Rafael. "Las historias prohibidas de RD." *Casa de las Américas* 21: 126 (1981), 134-136.

———. "La imagen espectral del Pulgarcito," and "Historias y poemas de una lucha de clases," in Horacio García Verzi (ed.), *Recopilación de textos sobre RD* (Havana: Ediciones Casa de las Américas, 1986), pp. 322-326 and 475-480.

"En recuerdo de RD." *Revista de Bellas Artes* 24 (1975), 18-22.

Flores Macal, Mario. "Casa de las Américas y RD." *Anuario de Estudios Centroamericanos* 3 (1977), 349-350.

Foster, Sesshu. *"Clandestine Poems."* *Chasqui* 14: 1 (1984), 103-108.

García Méndez, Javier. "Itinerario poético de RD," in Horacio García Verzi (ed.), *Recopilación de textos sobre RD* (Havana: Ediciones Casa de las Américas, 1986), pp. 156-171.

Goytisolo, José Agustín. "Noticia sobre RD," in *Los pequeños infiernos* by RD (Barcelona: Ocnos, 1970), pp. I-VIII.

Guillén, Orlando. "RD," in *Hombres como madrugadas: la poesía de El Salvador* (Barcelona: Anthropos, 1985), pp. 56-93.

Huerta, Efraín. "Matar a un poeta cuando duerme." *Casa de las Américas* 16: 100 (1977), 90-91.

Iffland, James. "Hacia una teoría de la función del humor en la poesía revolucionaria: A propósito de RD." *Literature and Contemporary Revolutionary Culture* 1 (1984-1985), 112-157.

Lemaître, Monique. "Apuntes sobre estructura e ideología en algunos textos de RD." *Literature and Contemporary Revolutionary Culture* 1 (1984-1985), 329-337. Reproduced in *Texturas. Ensayos de crítica literaria* (Mexico: Oasis, 1986), pp. 109-119.

López Morales, Eduardo. "La liberación es el turno del ofendido." *Casa de las Américas* 23: 134 (1982), 48-60. Reproduced in Horacio García Verzi (ed.), *Recopilación de textos sobre RD* (Havana: Ediciones Casa de las Américas, 1986), pp. 130-155.

Martínez Heredia, Fernando. "La herencia de su ejemplo," in Horacio García Verzi (ed.), *Recopilación de textos sobre RD* (Havana: Ediciones Casa de las Américas, 1986), pp. 172-180.

Melgar Brizuela, Luis. "Maduración del realismo," in Horacio García Verzi (ed.), *Recopilación de textos sobre RD* (Havana: Ediciones Casa de las Américas, 1986), pp. 347-358.

Menéndez, Leonel. "Las historias prohibidas," in Horacio García Verzi (ed.), *Recopilación de textos sobre RD* (Havana: Ediciones Casa de las Américas, 1986), pp. 424-474.

Menton, Seymour. *"Las historias prohibidas del Pulgarcito."* *Journal of Spanish Studies: Twentieth Century* 3: 2 (1975), 154-155.

Milán, Eduardo. *"Un libro levemente odioso."* *Vuelta* 148 (1989), 54-55. Reproduced in *Una cierta mirada* (Mexico: Juan Pablos Editor, Universidad Autónoma Metropolitana, 1989), pp. 189-192.

Morales, Arqueles. "Prólogo" to *Un libro rojo para Lenin* by RD (Managua: Edit. Nueva Nicaragua, 1986), pp. 13-20.

Narváez, Jorge E. "El sentido de la intertextualidad en *Las historias prohibidas del Pulgarcito*," in Horacio García Verzi (ed.), *Recopilación de textos sobre RD* (Havana: Ediciones Casa de las Américas, 1986), pp. 327-336.

Orgambide, Pedro. "La novela como pretexto," in Horacio García Verzi (ed.), *Recopilación de textos sobre RD* (Havana: Ediciones Casa de las Américas, 1986), pp. 364-369.

Östergaard, Ole. "La poesía social-revolucionaria en El Salvador y Nicaragua: RD, Ernesto Cardenal." *Caravelle* 42 (1984), 41-59.

Poniatowska, Elena. "Prólogo" to *Un libro levemente odioso* by RD (Mexico: La Letra Editores, 1988).

Prats Sariol, José. "El burócrata en la poesía de RD." *Iberoamericana* 22-23 (1984), 41-47. Also in *Plural* 14-162 (1985), 44-47. Reproduced in Horacio García Verzi (ed.), *Recopilación de textos sobre RD* (Havana: Ediciones Casa de las Américas, 1986), pp. 284-293.

Quijada Urías, Alfonso. "Historia de una poética," in Horacio García Verzi (ed.), *Recopilación de textos sobre RD* (Havana: Ediciones Casa de las Américas, 1986), pp. 192-196.

Rama, Angel. "RD asesinado," in Horacio García Verzi (ed.), *Recopilación de textos sobre RD* (Havana: Ediciones Casa de las Américas, 1986), pp. 181-191.

Randall, Margaret. "Introduction" to *Poemas clandestinos. Clandestine Poems* by RD
    (San Francisco, California: Solidarity Publications, 1984).
"RD." *Casa de las Américas* 16: 94 (1976), 5-50.
    [Texts —to RD's death— by Julio Cortázar, Régis Debray, Roberto Fernández
    Retamar, Eduardo Galeano, Manuel Galich, Carlos María Gutiérrez, Efraín Huerta,
    Jaime Labastida, Thelma Nava; poemas por Roberto Armijo, Mario Benedetti,
    Daniel-Josué Bernard, Robert Cohen, René Dépestre, Fanchita González Batlle,
    Nelson Herrera Ysla, Ramón López Fernández, Angela Montoya, Margaret Randall,
    Joaquín Santana.]
Rodríguez Díaz, Rafael. "Pobrecito Pulgarcito que era Mármol," in Horacio García Verzi
    (ed.), *Recopilación de textos sobre RD* (Havana: Ediciones Casa de las Américas,
    1986), pp. 389-398.
Rodríguez, Ileana. "El texto literario como expresión mestizo-creole: In memoriam."
    Casa de las Américas 21: 126 (1981), 56-62. Reproduced in Horacio García Verzi
    (ed.), *Recopilación de textos sobre RD* (Havana: Ediciones Casa de las Américas,
    1986), pp. 370-383.
Santiago Ríos, Carlos Juan. "RD: el poeta agonista." *Revista/ Review Interamericana* 11:
    1 (1981), 82-86.
Selva, Mauricio de la. "Prólogo" to *La ventana en el rostro* by RD (Mexico: Ediciones de
    Andrea, 1961).
Suardíaz, Luis. "Una urgencia sin reposo en los huesos," in Horacio García Verzi (ed.),
    Recopilación de textos sobre RD (Havana: Ediciones Casa de las Américas, 1986),
    pp. 307-321.
Uriarte, Iván. "Introducción a la poesía revolucionaria de El Salvador." *Maize:
    Notebooks of Xicano Art and Literature* 6: 1-2 (1982-1983), 34-40.
Varas, José Miguel. *"Las historias prohibidas del Pulgarcito."* *Araucaria de Chile* 16
    (1981), 217-218.
Weiss, Judith A. "RD: puntos de partida para el estudio de su obra poética." *Cuadernos
    Americanos* 214: 5 (1977), 199-210.
Yurkievich, Saúl. "Taberna y otros lugares," in *Poesía hispanoamericana 1960-1970*
    (Mexico: Siglo XXI, 1972), pp. 26-32.
————. "RD: en las bocacalles de la historia," in *La confabulación con la palabra*
    (Madrid: Taurus, 1978), pp. 134-143. Reproduced in Horacio García Verzi (ed.),
    Recopilación de textos sobre RD (Havana: Ediciones Casa de las Américas, 1986),
    pp. 294-306.

GERARDO DENIZ
(Mexico, 1934)

Poetic Works

Adrede. Mexico: Joaquín Mortiz, 1970.
Gatuperio. Mexico: Fondo de Cultura Económica, 1978.
Enroque. Mexico: Fondo de Cultura Económica, 1986.
Picos pardos. Mexico: Edit. Vuelta, 1987.
Grosso modo. Mexico: Fondo de Cultura Económica, 1988.

Compilations and Anthologies

Mansalva. [Anthology] Mexico: SEP, Lecturas Mexicanas, 1987.

Critical Studies

Asiain, Aurelio. *"Enroque." Vuelta* 120 (1986), 62-65.
————. "Irse de picos pardos." *Periódico de Poesía* 11 (1989), 4-5.
Blanco, José Joaquín. *Crónica de la poesía mexicana* (2nd. ed., Puebla: Universidad Autónoma de Puebla, 1978), p. 219.
Espinasa, José María. *"Picos pardos." Vuelta* 135 (1988), 46-51.
Feiling, C.E. "Sobre GD y el principio de autoridad." *Vuelta* 169 (1990), 54-56.
Fernández, Fernando. "Los *Picos pardos* de GD." *Los Universitarios* 12 (1990), 4-11.
————. "La poesía de GD." *Periódico de Poesía* 14 (1990), 24-28.
González de León, Ulalume. "GD: *Adrede y Gatuperio." Vuelta* 21 (1978), 15-19.
Homero, José. "En ofrenda de mí mismo a mí mismo." [*Grosso modo*] *Revista de la Universidad de México* 466 (1989), 73-75.
Hubard, Julio. *"Grosso modo." Vuelta* 150 (1989), 48-51.
Lizalde, Eduardo. *"Picos pardos." Vuelta* 136 (1988), 31-32.
Milán, Eduardo. *"Mansalva." Vuelta* 129 (1987), 63-67. Reproduced in *Una cierta mirada* (Mexico: Juan Pablos Editor, Universidad Autónoma Metropolitana, 1989), pp. 63-67.
————. *"Grosso modo." Vuelta* 150 (1989), 53-55. Reproduced in *Una cierta mirada* (Mexico: Juan Pablos Editor, Universidad Autónoma Metropolitana, 1989), pp. 198-201.
Mora, Pablo. "Notas sobre la poesía de GD." *Revista Iberoamericana* 150 (1990), 203-211.
Morales, Miguel Angel. *"Gatuperio:* el caos en espera de un nuevo mundo." *Revista de la Universidad de México* 33: 2-3 (1978), 88-89.
Piña Williams, Víctor Hugo. "Deniz o el delirante caso de la endocrina poesía." [*Enroque*] *La Orquesta* 1: 3 (1986), 54-55.

ELISEO DIEGO
(Cuba, 1920)

Poetic Works

En la calzada de Jesús del Monte. Havana: Ediciones Orígenes, 1949.
Por los extraños pueblos. Havana: Ucar, García, 1958.
El oscuro esplendor. Havana: Ediciones Belic, 1966.
Muestrario del mundo o libro de las maravillas de Boloña. La *Habana, 1836-1967*.
　　Havana: Instituto del Libro, 1968; 3rd. ed., Madrid: Visor, 1978.
Versiones. Havana: Unión de Artistas y Escritores de Cuba, 1970.
Divertimentos. Havana: Edit. Arte y Literatura, 1975.
Los días de tu vida. Havana: Unión de Artistas y Escritores de Cuba, 1977.
A través de mi espejo. Havana: Unión de Escritores y Artistas de Cuba, 1981.
Inventario de asombros. Havana: Edit. Letras Cubanas, 1982.
Veintisesis poemas recientes. Mexico: Ediciones El Equilibrista, 1986.

Compilations and Anthologies

Divertimentos y Versiones. Prologue by Ida Vitale. Montevideo: Arca, 1967.
Nombrar las cosas. Havana: Bolsilibros Unión, 1973.
　　[Contents: En la calzada de Jesús del Monte (1949). Por los extraños pueblos
　　(1958). El oscuro esplendor (1966). Versiones (1970). Selección de Muestrario del
　　mundo o libro de las maravillas de Boloña (1968).]
Poesía. Compilation and introduction by Enrique Sainz. Havana: Edit. Letras Cubanas,
　　1983.
　　[Contents: En la calzada de Jesús del Monte. Por los extraños pueblos. Versiones.
　　Muestrario del mundo o libro de las maravillas de Boloña. Los días de tu vida.]
Entre la dicha y la tiniebla: *antología poética, 1949-1985*. Presentation by Diego García
　　Elio. Mexico: Fondo de Cultura Económica, 1986.
　　[Includes selections from: En la calzada de Jesús del Monte. Por los extraños
　　pueblos. El oscuro esplendor. Muestrario del mundo o libro de las maravillas de
　　Boloña. Versiones. Los días de tu vida. A través de mi espejo. Inventario de
　　asombros. Poemas que no forman parte de ningún libro.]

Other Works

Noticias de la quimera. Havana: Unión de Escritores y Artistas de Cuba, 1975. [Short
　　sories]
Un almacen como otro cualquiera. Havana: Letras Cubanas, 1978. [Fiction]
Prosas escogidas. Havana: Letras Cubanas, 1983.

Bibliographies

Foster, David William. "ED," in *Cuban Literature. A Research Guide* (New York:
　　Garland, 1985), pp. 201-202.
García Carranza, Araceli. *Bibliografía de ED*. Havana: Biblioteca Nacional José Martí,
　　1970. [24 p.]

Critical Studies

Alomá, Orlando. "Un libro de la inocencia humana." [*El oscuro esplendor*] *Casa de las Américas* 42 (1967), 159-160.

Barradas, Efraín. "*A través de mi espejo*." *Hispamérica* 11: 32 (1982), 132-134.

Bejel, Emilio. "La poesía de ED. Entrevista." *Inti* 18-19 (1983-1984), 43-50.

Benedetti, Mario. "ED encuentra su Olimpo." *Unión* 6: 2 (1968), 132-138. Reproduced in *Letras del continente mestizo* (Montevideo: Arca, 1969), pp. 135-142.

————. "ED y su brega contra el tiempo," [interview] in *Los poetas comunicantes* (Montevideo: Biblioteca de Marcha, 1972), pp. 173-196.

Bueno, Salvador. "ED: *Nombrar las cosas*." *Bohemia* 66: 6 (1974), 14-15.

Campos, Julieta. "*Muestrario del mundo o libro de las maravillas de Boloña*," in *Oficio de leer* (Mexico: Fondo de Cultura Económica, 1971), pp. 137-140.

Castañón, Adolfo. "Un dintel para ED." *Vuelta* 121 (1986), 69-70.

Espinasa, José María. "*Poesía*." *Vuelta* 107 (1985), 44-45.

Fernández Retamar, Roberto. "ED," in *La poesía contemporánea en Cuba* (*1927-1953*) (Havana: Orígenes, 1954), pp. 111-114.

Hernández Novás, Raúl. "*Nombrar las cosas*." *Casa de las Américas* 83 (1974), 166-169.

Ibáñez Langlois, José Miguel. "Poesía de ED," in *Poesía chilena e hispanoamericana actual* (Santiago, Chile: Nascimento, 1975), pp. 199-203.

Ilin, Valeri. "ED: hombre que hace al mundo más sabio." *América Latina* 2 (1979), 206-214.

Labastida, Jaime. "*Nombrar las cosas*." *Plural* 8: 92 (1979), 64.

Lechuga, Lilliam. "ED." *Bohemia* 61: 47 (1969), 12-17.

Matas, Julio. "El espacio ideal de la memoria: la poesía de Eliseo Diego." *Imprevue* 1 (1988), 51-76.

Nadereau Maceo, Efraín. "El libro. Las *Versiones* de ED." *Boletín del Poeta* 1: 2 (1971), 18-20.

Oráa, Francisco de. "Addenda al prólogo de *Nombrar las cosas*." *Unión* 13: 1(1974), 167-170.

Orovio, Helio. "Los tesoros de la caducidad." *Unión* 6: 1(1971), 160-164.

Pita Rodríguez, Félix. "Versión de versiones." *Unión* 10: 3 (1971), 144-146.

Prats Sariol, José. "Breve comentario de la poesía de ED." *Revolución y Cultura* 24 (1974), 62-66.

————. "La joven luz de ED," in *Estudios sobre poesía cubana* (Havana: Unión de Escritores y Artistas de Cuba, 1980), pp. 49-56.

Randall, Margaret. "El tiempo todo el tiempo." [*Los días de tu vida*] *Bohemia* 70: 22 (1978), 26-27.

Sáinz, Enrique. "*Los días de tu vida*." *Casa de las Américas* 112 (1979), 162-165.

Salas, Horacio. "*Muestrario del mundo o libro de las maravillas de Boloña*." *Cuadernos Hispanoamericanos* 350 (1979), 473.

Schwartz, Perla. "ED: una transparencia poética." [*Entre la dicha y la tiniebla*] *Plural* 16: 183 (1986), 62-63.

Sicard, Alain. "En un roce inocente de la luz: para una poética de ED." *Casa de las Américas* 25: 149 (1985), 142-146.

————. "La poesía de ED." *Plural* 16: 183 (1986), 8-11.

Sologuren, Javier. "Dos libros de ED." *Amaru* 9 (1969), 89-90.

Teillier, Jorge. "*El oscuro esplendor*." *Anales de la Universidad de Chile* 141-144 (1967), 323-324.

Vitale, Ida. "ED." *Marcha* 1350 (1967), 31.

————. "Un poeta en verso y en prosa," in *Divertimentos y Versiones* by ED (Montevideo: Arca, 1967), pp. 7-12.

Vitier, Cintio. "*En la calzada de Jesús del Monte*." *Orígenes* 21 (1949), 53-59.

————. "La poesía de la memoria en Diego," in *Lo cubano en la poesía* (Havana: Instituto Cubano del Libro, 1970), pp. 499-517.

————. "Los libros de Eliseo," in *Crítica sucesiva* (Havana: Instituto Cubano del Libro, 1971), pp. 447-451.

ROBERTO ECHAVARREN
(Uruguay, 1944)

Poetic Works

El mar detrás del nombre. Montevideo: Premio Edit. Alfa, 1967.
La planicie mojada. Caracas: Monte Avila, 1981.
Animalaccio. Barcelona: Llibres del Mall, 1985.

Compilations and Anthologies

Aura Amara. Prologue by Eduardo Milán. Mexico: SEP, Cuadernos de La Orquesta,
1988.
[Contents: El mar detrás del nombre. La planicie mojada. Animalaccio. Poemas
recientes.]
Poemas largos. [Anthology] Montevideo: Arca, 1990.

Other Works

El espacio de la verdad: práctica del texto en Felisberto Hernández. Buenos Aires:
Sudamericana, 1981.
Manuel Puig, montaje y alteridad del sujeto. Santiago, Chile: Ediciones del Maitén, 1986.
Atlantic Casino. Film. Written and directed by RE. New York, 1989.

Bibliographies

"RE," *in Diccionario de literatura uruguaya* (Montevideo: Arca, 1987), pp. 201-202.

Critical Studies

Achugar, Hugo. "Neo-vanguardia y poesía joven de Uruguay." *Eco* 193 (1977).
Baltar, Guillermo. "Entrevista con RE: las grietas poéticas." *La Semana* de *El Día* 445
(16 January 1988).
Echavarren, Roberto. "Conversación con Eduardo Milán." *Jaque* (3 September 1986).
"En la poesía no se ha avanzado demasiado." [Interview] *El Nacional* (9 July 1981).
Caracas.
Estrázulas, Enrique. "En la exploración del poema." [*La planicie mojada*] *La Semana* de *El
Día* (1 August 1981).
Forlán Lamarque, Raúl. "El Uruguay como coto de caza privado." [Interview] *La
Cultura*, supplement of *La República* (Montevideo) (18 November 1990).
Gandolfo, Elvio. "En busca de una base real para la crítica." *Jaque* (1 February 1985).
Jiménez, Maritza. "RE: mi obra es un problema de escritura." [Interview] *El Universal* (7
July 1981). Caracas.
Lech, Jorge Miguel. "Microscópico salto." [*Animalaccio*] *Culturas* 52, Cultural
supplement of *Diario 16* (16 April 1986).
Major, Aurelio. "Austeridad y tensión." [*Aura Amara*] *Textual* 1 de *El Nacional* (May
1989). Mexico.

Milán, Eduardo. *"Animalaccio." Vuelta* 126 (1987), 47-50. Reproduced in *Una cierta mirada* (Mexico: Universidad Autónoma Metropolitana, Juan Pablos Editor, 1989), pp. 35-39.

──────. "RE: Posiciones," prologue to *Aura Amara* (Mexico: SEP, Cuadernos de La Orquesta, 1988), pp. 7-15. Also published in *Periódico de Poesía.*

──────. *"Aura Amara." Vuelta* 153 (1989), 47-48.

Mirza, Rogelio. "La poesía, sintaxis y espacio imaginario." [Interview] *La Semana* de *El Día* (8 August 1981).

Ramírez, Josué. "La imagen, el centro." [*Aura Amara*] *El Semanario Cultural de Novedades* 356 (12 February 1989).

Varderi, Alejandro. "Más que la mirada: RE entre la pasión y el rock" [Interview] *Syntaxis* 23-24 (1990), 132-134.

Yagüe, Eloy. "Un poeta pasó por Caracas: 'Lo interesante del poema es que sea una revelación'." [Interview] *Cultura*, supplement of *El Diario de Caracas* (20 July 1981).

Zapata, Miguel Angel. "RE: Engendrar a partir de nadie." [Interview] *Inti* 26-27 (1987-1988), 75-83.

JORGE EDUARDO EIELSON
(Peru, 1924)

Poetic Works

Reinos. Separata de *Historia* 9 (1945). 2nd. ed., Lima: Ediciones de la Clepsidra, 1973.
Canción y muerte de Rolando. Lima: Ediciones de la Rama Florida, 1959.
Mutatis mutandis. Lima: Ediciones de la Rama Florida, 1967.
Noche oscura del cuerpo. Lima: Campodónico Editor, 1989.

Compilations and Anthologies

Poesía escrita. Prologue by Ricardo Silva Santisteban. Lima: Instituto Nacional de
Cultura, 1976. 2nd expanded ed., Mexico: Editorial Vuelta, 1989.
[Compiles all poems published by Eielson. Adds: Doble diamante. Tema y
variaciones. Habitación en Roma. Naturaleza muerta. Eros/ iones. 4 estaciones.
Canto visible. 4 textos. Papel.]

Other Works

La poesía contemporánea del Perú. Lima: Antártica, 1946. [In collaboration with
Sebastián Salazar Bondy and Javier Sologuren.]
El cuerpo de Giulia-no. Mexico: Joaquín Mortiz, 1971.
Primera muerte de María. Mexico: Fondo de Cultura Económica, 1988.

Bibliographies

González Vigil, Ricardo. "JEE," in *Poesía peruana. Antología general.* Vol. II. *De
Vallejo a nuestros días* (Lima: Edubanco, 1984), pp. 485-487.
Rodríguez Rea, Miguel Angel. "Bibliografía sobre JEE," in *Poesía escrita* by JEE (Lima:
Instituto Nacional de Cultura, 1976), pp. 316-319.

Critical Studies

Bacacorzo, Jorge. "Rainer Maria Rilke, su influencia en la poesía peruana." *Cultura
Peruana* 101 (1956), 25-28.
Bertarelli, Eduardo Urdanivia. "Los *Reinos* de JEE." *Revista de Crítica Literaria
Latinoamericana* 7: 13 (1981), 71-79.
Canfield, Martha L. "Otra vía, otro cielo." *Infame Turba* 3-4 (1987), supplement, S-V.
Cobo Borda, Juan Gustavo. "*El cuerpo de Giulia-no.*" *Eco* 149 (1972), 555-558.
Fernández, Fernando. "*Poesía escrita.*" *Vuelta* 166 (1990), 37-39.
Forgues, Roland. "La creación como totalidad." [Interview] *Cielo abierto* 32 (1985). Also
in *Infame Turba* 3-4 (1987), supplement, C-J.
"JEE." [Dossier] *Infame Turba* 3-4 (1987), supplement, A-X.
[Includes presentation, poems and articles by Alvaro Mutis, Roland Forgues, Roberto
Paoli, Martha L. Canfield, Alberto Paredes and Edgar O'Hara.]

Martos, Marco. *"Poesía escrita."* *Revista de Crítica Literaria Latinoamericana* 3: 6 (1977), 151-155.

————. "Lectura de Eielson." *Vaca sagrada* 1 (1978), 21-24.

Meneses, Carlos. *"Poesía escrita."* *Hispamérica* 7: 19 (1978), 112-114.

Mutis, Alvaro. "JEE," in *Poesía y prosa* (Bogotá: Instituto Colombiano de Cultura, 1982).

Oquendo, Abelardo. "Eielson: remontando la poesía de papel." [Interview] *Hueso Húmero* 10 (1981), 3-10.

Ortega, Julio. "JEE," in *Figuración de la persona* (Barcelona: Edhasa, 1971), pp. 172-177.

Oviedo, José Miguel. *"Poesía escrita."* *Vuelta* 16 (1978), 34-37. Reproduced as "JEE: una negación radical," in *Escrito al margen* (2nd. ed., Mexico: Premiá Editora, 1987), pp. 202-208.

————. "JEE o el abismo de la negación." *Cuadernos Hispanoamericanos* 417 (1985), 191-196.

Paoli, Roberto. "Exilio vital y exilio verbal en Eielson," in *Estudios sobre literatura peruana contemporánea* (Florencia: Università degli Studi di Firenze, 1985), pp. 103-113.

Paredes, Alberto. "Tu muerte, tu nombre, tu cuerpo." *Infame Turba* 3-4 (1987), supplement, V-W.

Reis de Rivarola, Susana. "De la elegía latina a la *Poesía escrita* de JEE o *El mar de amor* nuevamente entonado." *Sur* 350-351 (1982), 173-186.

Sánchez León, Abelardo. "Conversación con JEE, el hijo de los campos." *Debate* 9: 47 (1987), 50-53.

Urdanivia Bertarelli, Eduardo. "Los *Reinos* de JEE." *Revista de Crítica Literaria Latinoamericana* 7: 13 (1981), 71-79.

Volkening, Ernesto. "La capacidad asimiladora de América Latina; ensayo sobre la asimilación cultural." *Eco* 141-142 (1972), 113-116.

Zapata, Miguel Angel. "Matriz musical de JEE." [Interview] *Inti* 26-27 (1987-1988), 93-100.

ROBERTO FERNANDEZ RETAMAR
(Cuba, 1930)

Poetic Works

Elegía como un himno. Havana, 1950.
Patrias, 1949-1951. Havana: Ucar García, 1952.
Alabanzas, conversaciones, 1951-1955. Mexico: El Colegio de México, 1955.
Vuelta a la antigua esperanza. Havana, 1959.
En su lugar, la poesía. Havana: Librería La Tertulia, 1959.
Con las mismas manos, 1949-1962. Havana: Unión de Escritores y Artistas de Cuba, 1962.
Historia antigua. Havana: La Tertulia, 1965.
Buena suerte viviendo. Mexico: Era, 1967.
Que veremos arder (Algo semejante a los monstruos antediluvianos). Havana: Unión de Escritores y Artistas de Cuba, 1970.
Algo semejante a los monstruos antediluvianos. Barcelona: Saturno, 1970.
Cuaderno paralelo. Havana: Unión de Escritores y Artistas de Cuba, 1973.
Circunstancia de poesía. Buenos Aires: Ediciones de Crisis, 1974.
Revolución nuestra, amor nuestro. Havana: Instituto Cubano del Libro, 1976.
Circunstancia y Juana. Mexico: Siglo XXI, 1980.

Compilations and Anthologies

Poesía reunida, 1948-1965. Havana: Unión de Escritores y Artistas de Cuba, 1966.
A quien pueda interesar. Poesía, 1958-1970. Mexico: Siglo XXI, 1970.
Palabra de mi pueblo (1949-1979). Havana: Letras Cubanas, 1980.
Juana y otros poemas personales. Havana: Letras Cubanas, 1981. Otra ed., Managua: Ministerio de Cultura, 1981.
Poeta en La Habana. Selection and introduction by José María Valverde. Barcelona: Laia, 1982.
Hemos escogido una alegría olvidada: poesías escogidas (1949-1988). Selection by Jesús Benítez. Madrid: Visor, 1989.

Other Works

Essay

La poesía contemporánea en Cuba (1927-1953). Havana: Orígenes, 1954.
Ideal de la estilística. Havana: Universidad de La Habana, 1963.
Ensayo de otro mundo. Havana: Insituto del Libro, 1967.
Introducción a Cuba: la historia. Havana: Instituto del Libro, 1968.
Calibán; apuntes sobre la cultura en nuestra América. Mexico: Diógenes, 1971. [There are several editions.]
Panorama actual de la literatura latinoamericana. Caracas: Fundamento, 1971.
El son de vuelo popular. Havana: Unión de Escritores y Artistas de Cuba, 1972.
Para una teoría de la literatura hispanoamericana. Havana: Casa de las Américas, 1975.
Introducción a José Martí. Havana: Casa de las Américas, 1978.

Nuestra América y el occidente. Mexico: Universidad Nacional Autónoma de México, 1978.
Calibán y otros ensayos: nuestra América y el mundo. Havana: Arte y Literatura, 1979.
Algunos problemas teóricos de la literatura hispanoamericana. Cuenca, Ecuador: Casa de la Cultura Ecuatoriana, 1981.
RFR. Entrevisto. Havana: Unión de Escritores y Artistas de Cuba, 1982.
[Includes interviews on different subjects by Mariano Aguirre, Eliseo Alberto, Teresa Alvarenga, Joaquín Andrade, Mario Benedetti, Claude Fell, Margarita García Flores, Francisco Garzán Céspedes, Fernando Martínez Laínez, Elena Poniatowska, Joaquín Santana, Izet Sarajlic, and from several art and cultural magazines.]

Bibliographies

Flores, Angel. "RFR," in *Bibliografía de escritores hispanoamericanos (1609-1974)* (New York: Gordian Press, 1975), pp. 227-228.
Foster, David William. "RFR," in *Cuban Literature. A Research Guide* (New York: Garland, 1985), pp. 211-213.

Critical Studies

Books and Dissertations

Medina-Valín, Niurka. "La poesía circunstancial de RFR en su contexto histórico-cultural, 1948-1980." *Dissertation Abstracts International* 48: 12 (1988), 3121A.

Essays, Reviews, Interviews

Benedetti, Mario. "FR: poesía desde el cráter," in *Letras del continente mestizo* (2nd. ed., Montévideo: Arca, 1969), pp. 215-226. Also in *Crítica cómplice* (Havana: Instituto del Libro, 1971), pp. 105-118.
————. "FR o las preocupaciones de un optimista," [interview] in *Los poetas comunicantes* (Montevideo: Biblioteca Marcha, 1972), pp. 197-222.
————. "Presentación de RFR." *Revista de la Biblioteca Nacional José Martí,* 3rd. series, 64: 2 (1973), 41-43.
Bornstein, Miriam Mijalina. "Nueva poesía socio-política: la expresión hispana." *Dissertation Abstracts International* 43: 7 (1983), 2358A. [On RFR and Pedro Shimose.]
Bravet, Rogelio Luis. *"Con las mismas manos." Bohemia* 55: 10 (1963), 19.
Burke, Shirley Maynier. "The editor interviews RFR." *Jamaica Journal* 10: 2-4 (1976), 36-37.
Cos Causse, Jesús. "En torno a circunstancias de poesía." *Revista y Cultura* 68 (1978), 52.
Dalton, Roque. *"Con las mismas manos." Casa de las Américas* 19 (1963), 56-57.
————. *"Poesía reunida." Casa de las Américas* 41 (1967), 131-133.
"De la revolución y el amor." *Caimán Barbudo* 156 (1977), 15-17.
Debray, Régis. "Cartas a RFR." *Casa de las Américas* 51-52 (1968-1969), 208-216.
Depestre, René. "RFR o la poesía de manos fértiles." *Gaceta de Cuba* 16 (1963), 13.
Diego, Eliseo. "FR." *Cuba Internacional* 72 (1975), 18-19.
Ellis, Keith. "'?Y Fernández?' in the Poetry of RFR." *Revista Canadiense de Estudios Hispánicos* 10 (1986), 353-373.
Feijóo, Samuel. *"Con las mismas manos." Islas* 6: 2 (1964), 301-304.
Fernández e Izaguirre, Antonio. "Vuelta a la antigua esperanza." *Lanza y Letras* (1965), 8.
Fernández Retamar, Roberto. "Autocrítica de FR." *Signos* 21 (1978), 52-55.
Fossey, Jean Michel. "RFR," in *Galaxia latinoamericana* (Las Palmas de la Gran Canaria: Inventarios Provisionales, 1973), pp. 267-292.

García Flores, Margarita. "RFR." *Revista de la Universidad de México* 22: 7 (1968), 21-23.

García Gómez, Jorge. "'La poesía, la piadosa': introducción y apuntes a un poema de RFR." *Cuadernos Hispanoamericanos* 241 (1970), 176-183.

González Echeverría, Roberto. "Entrevista con RFR." *Sin Nombre* 10: 2 (1979), 14-28. Also as "Interview" in *Diacritics* 8: 4 (1978), 70-75.

Jiménez, José Olivio. "Sobre un poema de RFR ['Palacio cotidiano', de *Patrias*]." *Duquesne Hispanic Review* 2: 1 (1963), 1-19. Reproduced in *Estudios sobre poesía cubana contemporánea* (New York: Las Américas, 1967), pp. 95-112.

Leante, César. "Amistad reunida." *Unión* 5: 3 (1966), 175-176.

López Morales, Eduardo. "La historia es para vivirla." *Unión* 10: 1-2 (1971), 139-148.

Marinello, Juan. "Cartas a RFR." *Casa de las Américas* 103 (1977), 114-121.

Marré, Luis. "Alabanzas de FR." [*Alabanzas, conversaciones*] *Ciclón* 2: 4 (1956), 56-57.

Martínez Laínez, Fernando. "Entrevista con RFR," in *Palabra cubana* (Madrid: Akal, 1975), pp. 83-105.

Moro, Lilliam. "La historia nueva de Retamar." [*Historia antigua*] *Bohemia* 57: 31 (1965), 27.

Plaza, Galvarino. "*Circunstancia de poesía.*" *Cuadernos Hispanoamericanos* 335 (1978), 380-381.

Pogolotti, Graziella. "La poesía de RFR." *Unión* 2: 5-6 (1963), 111-117.

Prats Sariol, José. "Apuntes sobre la poesía de Retamar." *Caimán Barbudo* 121 (1977), 18-19.

——————. "Retamar: lucidez e insuficiencia," in *Estudios sobre poesía cubana* (Havana: Unión de Escritores y Artistas de Cuba, 1980), pp. 69-73.

Ramírez Rodríguez, Rómulo. "FR y su poesía comunicante." *Gaceta de Cuba* 152 (1977), 15-16.

Rostagno, Irene. "Arte poética de RFR: 'Que cualquier cosa sea posible'." *Dactylus* 6 (1986), 44-46.

Santos Moray, Mercedes. "Tres poetas y una isla." *Casa de las Américas* 90 (1975), 138-141.

Selva, Mauricio de la. "*Con las mismas manos.*" *Cuadernos Americanos* 130 (1963), 319-320.

Vitier, Cintio. "RFR," in *Crítica sucesiva* (Havana: Contemporáneos, Unión de Escritores y Artistas de Cuba, 1971), pp. 235-242.

Wong, Oscar. "FR y la conciencia crítica." *Plural* 6: 1 (1976), 61-63.

ROSARIO FERRE
(Puerto Rico, 1942)

Poetic Works

Papeles de Pandora . [Poems and short stories] Mexico: Joaquín Mortiz, 1976. 2nd. ed. expanded, 1979.
Fábulas de la garza desangrada. Mexico: Joaquín Mortiz, 1982.

Other Works

Fiction

El medio pollito. Río Piedras, Puerto Rico: Huracán, 1976.
La caja de cristal. Mexico: La Máquina de Escribir, 1978.
La mona que le pisaron la cola. Río Piedras, Puerto Rico: Huracán, 1980.
Los cuentos de Juan Bobo. Río Piedras, Puerto Rico: Huracán, 1981.
Maldito amor. Mexico: Joaquín Mortiz, 1986.
Sonatinas. Río Piedras, Puerto Rico: Huracán, 1989.

Essay

Sitio a eros. Mexico: Joaquín Mortiz, 1980. 2nd. expanded ed., 1986.
El acomodador: una lectura fantástica de Felisberto Hernández. Mexico: Fondo de Cultura Económica, 1986.
El árbol y sus sombras. Mexico: Fondo de Cultura Económica, 1989.
El coloquio de las perras. Río Piedras, Puerto Rico: Editorial Cultural, 1990.

Bibliographies

Fernández Olmos, Margarite. "RF," [bio-bibliography] in Diane E. Marting (ed.), *Spanish American Women Writers. A Bio-Bibliographical Source Book* (Westport, Connecticut: Greenwood Press, 1990), pp. 165-175.

Critical Studies

Agosín, Marjorie. "Génesis de 'La bailarina', un poema de RF." *Mairena* 13 (1983), 19-28.
Barradas, Efraín. *"Papeles de Pandora." Sin Nombre* 9: 1 (1978), 96-97.
—————. *"Fábulas de la garza desangrada." Hispamérica* 11: 33 (1982), 116-119.
Davis, Lisa E. "La puertorriqueña dócil y rebelde en los cuentos de RF." *Sin Nombre* 9: 4 (1979), 82-88.
Escalera Ortiz, Juan. "Perspectivas del cuento 'Mercedes Benz 220SL'." *Revista/ Review Interamericana* 12: 3 (1982), 407-417.
Fernández Olmos, Margarite. "Luis Rafael Sánchez and RF: Sexual Politics and Contemporary Puerto Rican Narrative." *Hispania* 70: 1 (1987), 40-46.
Ferré, Rosario. "La cocina de la escritura." *Fem* 49 (1986-1987), 36-42.

Gautier, Marie-Lise Gazarian. "RF," [interview] in *Interviews with Latin American Writers* (Elmwood Park, Illinois: Dalkey Archive Press, 1989), pp. 79-92.

Gelpi, Juan. "Especulación, especularidad y remotivación en *Fábulas de la garza desangrada* de RF," in *La Chispa '85. Selected Proceedings* (The Sixth Louisiana Conference on Hispanic Languages and Literatures; New Orleans: Tulane University, 1985), pp. 125-132.

González, Rubén. "RF: el ars combinatoria," in *Crónica de tres décadas: poesía puertorriqueña actual, de los sesenta a los ochenta* (San Juan: Editorial de la Universidad de Puerto Rico, 1989), pp. 70-80.

Guerra-Cunningham, Lucía. "Tensiones paradójicas de la femineidad en la narrativa de RF." *Chasqui* 13: 2-3 (1984), 13-25.

Heinrich, María Elena. "Entrevista a RF." *Prismal/ Cabral* 7-8 (1982), 98-103.

Huerta, David. "Una obra de RF." *El Mundo* (18 July 1982), 12B.

Lagos-Pope, María Inés. "Sumisión y rebeldía: el doble o la representación de la alienación femenina en narraciones de Marta Brunet y RF." *Revista Iberoamericana* 132-133 (1985), 731-749.

Long, Sheri Spaire. "Entrevista breve con RF." *Mester* 15: 2 (1986), 43-45.

López Adorno, Pedro. "Coordenadas matafórico-feministas en *Fábulas de la garza desangrada*." *Cupey* 4: 1 (1987), 25-30.

López Jiménez, Ivette. "*Papeles de Pandora*: devastación y ruptura." *Sin Nombre* 14: 1 (1983), 41-52.

————. "'La muñeca menor': ceremonias y transformaciones en un cuento de RF." *Explicación de Textos Literarios* 11: 1 (1982-1983), 49-58.

Martínez Capó, J. "Libros de Puerto Rico. RF, *Papeles de Pandora*." *El Mundo* (27 February 1977), 7B.

————. "Libros de Puerto Rico. RF, *Fábulas de la garza desangrada*." *El Mundo* (8 August 1982), 8B.

Méndez-Clark, Ronald. "La poesía y la marginalidad en (de) la escritura: RF," in Patricia Elena González and Eliana Ortega (eds.), *La sartén por el mango* (Río Piedras, Puerto Rico: Huracán, 1984), pp. 119-130.

Oviedo, José Miguel. "RF." *Review* 33 (1984), 53.

————. "La palabra apasionada de RF." [*Fábulas de la garza desangrada*.] *La Gaceta del Fondo de Cultura Económica* 161 (1984), 18-20. Reproduced in *Escrito al margen* (2nd. ed., Mexico: Premiá Editora, 1987), pp. 310-317.

Rivera de Alvarez, Josefina. "RF," in *Literatura puertorriqueña. Su proceso en el tiempo* (Madrid: Ediciones Partenón, 1980), pp. 731-732 and 762-765.

Román Riefköhl, Raúl A. "*Fábulas de la garza desangrada*." *Chasqui* 11: 2-3 (1982), 59-60.

Solá, María. "Habla femenina e ideología feminista en *Papeles de Pandora* de RF." *Alero* 1 (1982), 19-26.

Sotomayor Miletti, Aurea María. "RF: el revés del bordado," in *De lengua, razón y cuerpo: nueve poetas contemporáneas puertorriqueñas. Abntología y ensayo crítico* (San Juan: Instituto de Cultura Puertorriqueña, 1987), pp. 64-69.

Umpierre Herrera, Luz María. "Un manifiesto literario: *Papeles de Pandora* de RF." *Bilingual Review/ Revista Bilingüe* (Eastern Michigan University) 9: 2 (1982), 120-126.

————. "Los cuentos ¿infantiles? de RF —estrategias subversivas," in *Nuevas aproximaciones críticas a la literatura puertorriqueña contemporánea* (Madrid: Edit. Cultural, 1983), pp. 89-101.

————. "De la protesta a la creación: una nueva visión de la mujer puertorriqueña en la poesía." *Imagine: International Chicano Poetry Journal* 2: 1 (1985), 134-142.

Vega Carney, Carmen. "Sexo y texto en RF." *Confluencia: Revista Hispánica de Cultura y Literatura* 4: 1 (1988), 119-127.

Vélez, Diana L. "Power and the Text: Rebellion in RF's Papeles de Pandora." *Journal of the Midwest Modern Language Association* 17: 1 (1984), 70-80.

Zapata, Miguel Angel. "RF: La poesía de narrar." [Interview] *Inti* 26-27 (1987-1988), 133-137.

ENRIQUE FIERRO
(Uruguay, 1941)

Poetic Works

De la invención. Montevideo: Siete Poetas Hispanoamericanos, 1964.
Entonces jueves. Montevideo, 1972.
Mutaciones I, 1963-1966. Montevideo: Siete Poetas Hispanoamericanos, 1972.
Impedimenta, 1966-1968. Montevideo: Alfa, 1973.
Capítulo aparte, 1966-1968. Montevideo: Talleres Gráficos Unidos, 1974.
Breve suma: 1966-1969. Mexico: El Mendrugo, 1976.
Trabajo y cambio. Montevideo: Géminis, 1977.
Textos/ Pretextos, 1966-1970. Xalapa: Universidad Veracruzana, 1979.
Ver para creer. Causa perdida. Estaba escrito: para una crítica de la razón poética: 1972-1973. Mexico: El Mendrugo, 1980.
Fuera de lugar: 1973-1975. Mexico: Premiá Editora, 1982.
Contrahierba. Mexico: La pájina del día, 1982.
Ristra. Mexico: Oasis, 1984.
Calca. Montevideo: Mario Zanocchi, 1986.
Quiero ver una vaca (1978). Montevideo: Vinten Editor, 1989.

Compilations and Anthologies

Las oscuras versiones. Poesía, 1966-1973. Mexico: Universidad Nacional Autónoma de México, 1980.
 [Contents: Días con perro (1969-1973). Trabajo y cambio (1968-1971). 1/2 (1967). Textos/ pretextos (1966-1970). Breve suma (1966-1969). Capítulo aparte (1966-1968). Impedimenta (1966-1968).]
La entonces música. Mexico: Universidad Nacional Autónoma de México, 1983.
 [Contents: Mutaciones (1963-1966). Entonces jueves (1962-1963). De la invención (1962-1963).]

Other Works

Los poetas del 45. Montevideo: Centro Editor de América Latina, 1968. [Capítulo Oriental 32]

Bibliographies

"EF," in *Diccionario de literatura uruguaya* (Montevideo: Arca, 1987), pp. 233-235.

Critical Studies

Carignano, Dante and Saúl Yurkievich. "Detrás de toda fábula. Entrevista a EF." *Río de la Plata. Culturas* 7 (1988), 63-72.
Cruz, Ana Guadalupe. "Lenguaje y pretextos." [*Textos/ Pretextos*] *La Palabra y el Hombre* 33 (1980), 78-79.

Milán, Eduardo. *"Calca."* *Vuelta* 145 (1988), 42-43. Reproduced in *Una cierta mirada* (Mexico: Juan Pablos Editor, Universidad Autónoma Metropolitana, 1989), pp. 172-174.

————. *"Quiero ver una vaca."* *Vuelta* 170 (1991), 52.

Miranda Buranelli, Alvaro. *"Trabajo y cambio."* *Foro Literario* 4 (1978), 65-66.

Mirza, Roger. "Una contraescritura en busca del canto." [*Las oscuras versiones*] *Revista de la Universidad de México* 36: 7 (1981), 43-45.

Montes de Oca, Marco Antonio. *"Las oscuras versiones."* *Vuelta* 47 (1980), 44.

Montiel Toledo, Rocío. "Un libro plural." [*Fuera de lugar*] *Revista de la Universidad de México* 39: 26 (1983), 42-43.

Olivera-Williams, María Rosa. "Poesía del exilio: el Cono Sur." [on EF, Gonzalo Millán and Juan Gelman] *Revista Hispánica Moderna* 41: 2 (1988), 125-141.

Ortega, Julio. "La poesía de EF." [*Las oscuras versiones*] *Maldoror* 16 (1981), 70-73.

Sada, Daniel. *"Fuera de lugar."* *Vuelta* 82 (1983), 38-40.

Verani, Hugo. "El fragmento como texto: la poesía de EF." *Studi di Letteratura Ispano-Americana* 13-14 (1983), 131-140.

JORGE GAITAN DURAN
(Colombia, 1924-1962)

Poetic Works

Insistencia en la tristeza. Bogotá, 1946.
Presencia del hombre. Bogotá: Ediciones Espiral Colombia, 1947.
Asombro. Bogotá, 1950.
El libertino. Bogotá, 1954.
Amantes. Bogotá: Fundación Simón y Lola Guberek, 1958. Other ed., Bogotá: Fundación Simón y Lola Guberek, 1984.
Si mañana despierto. Bogotá: Ediciones Mito, 1961. Other ed., Bogotá: Instituto Colombiano de Cultura, 1983.

Compilations and Anthologies

Poemas de la muerte by JGD and Eduardo Cote Lamus. Selection and prologue by Andrés Holguín. Bogotá: Ediciones Tercer Mundo, 1965.
Obra literaria: Poesía y prosa. Prologue and compilation by Pedro Gómez Valderrama. Bogotá: Instituto Colombiano de Cultura, 1975.
[Contents (poetry): Insistencia en la tristeza. Presencia del hombre. Asombro. China. El libertino. Amantes. Si mañana despierto. Poemas no incluidos en libro. Los hampones (opera).]

Critical Studies

Carranza, Eduardo. "Palabras funerales a JGD," in *Visión estelar de la poesía colombiana* (Bogotá: Banco Popular, 1986), pp. 177-180.
Charry Lara, Fernando. "JGD," in *Lector de poesía* (Bogotá: Instituto Colombiano de Cultura, 1975), pp. 43-56.
————. "JGD," in *Poesía y poetas colombianos* (Bogotá: Procultura, Presidencia de la República, 1985), pp. 130-141.
Cobo Borda, Juan Gustavo. "Notas sobre poesía colombiana." [*Si mañana despierto*] *Boletín Cultural y Bibliográfico* 14: 13 (¿1974?), 101-104.
————. "JGD," in *La alegría de leer* (Bogotá: Instituto Colombiano de Cultura, 1976).
————. "JGD," in *La tradición de la pobreza* (Bogotá: Carlos Valencia editores, 1980).
————. "JGD," in *La otra literatura latinoamericana* (Bogotá: El Ancora, Procultura, Colcultura, 1982), pp. 103-109.
————. "JGD," in *Poesía colombiana* (Medellín: Universidad de Antioquia, 1987), pp. 114-154.
Dupuy de Casas, Cecilia. "La poesía de JGD: una afirmación de la vida hasta en la muerte." *Razón y Fábula* 40-41 (1976), 161-163.
————. "JGD: inéditos." *Razón y Fábula* 42 (1976), 127-130.
Duque, Jaime. *Momentos y opciones de la poesía de Colombia* (Bogotá, 1980).
Liscano, Juan. "GD: entre el erotismo y la pulsión de la muerte." *Eco* 223 (1980), 16-39; and in *Vuelta* 39 (1980), 25-33. Reproduced in *Descripciones* (Buenos Aires: Ediciones de la Flor, 1983), pp. 103-128.

Romero, Armando. "Los poetas de *Mito*." *Revista Iberoamericana* 128-129 (1984), 689-755. [Fernando Charry Lara, Alvaro Mutis, JGD, Fernando Arbeláez, Rogelio Echeverría, Eduardo Cote Lamus, Héctor Rojas Herazo.]

————. "JGD," in *Las palabras están en situación. Un estudio de la poesía colombiana de 1940 a 1960* (Bogotá: Procultura, Presidencia de la República, 1985), pp. 142-149.

Sucre, Guillermo. "La poesía del cuerpo," in *La máscara, la transparencia* (2nd. ed., Mexico: Fondo de Cultura Económica, 1985), pp. 352-353.

JUAN GELMAN
(Argentina, 1930)

Poetic Works

Violín y otras cuestiones. Buenos Aires: Ediciones Gleizer, 1956.
El juego en que andamos. Buenos Aires: Ediciones Nueva Expresión, 1959.
Velorio del solo. Buenos Aires: Ediciones Nueva Expresión, 1961.
Gotán. Buenos Aires: Ediciones La Rosa Blindada, 1962.
Cólera buey. Havana: Ediciones La Tertulia, 1965.
Los poemas de Sidney West. Buenos Aires: Editorial Galerna, 1969.
Fábulas. Buenos Aires: Ediciones La Rosa Blindada, 1971.
Relaciones. Buenos Aires: Ediciones La Rosa Blindada, 1973.
Hechos y relaciones. Barcelona: Lumen, 1980.
Si dulcemente. Barcelona: Lumen, 1980.
Citas y comentarios. Madrid: Visor, 1982.
Hacia el Sur. Mexico: Marcha Ed., 1982.
Composiciones. Barcelona: Llibres del Mall, 1986.
Anunciaciones. Madrid: Visor, 1988.

Compilations and Anthologies

Poemas. [Anthology] Havana: Casa de las Américas, 1969.
Violín y otras cuestiones. El juego en que andamos. Velorio del solo. Gotán. Buenos Aires: Ediciones Calden, 1971.
Obra poética. Buenos Aires: Ediciones Corregidor, 1975.
    [Contents: Violín y otras cuestiones. El juego en que andamos. Velorio del solo. Gotán. Cólera buey. Los poemas de Sidney West. Traducciones. Fábulas. Relaciones.]
Poesía. Selection and prologue by Víctor Casaus. Havana: Casa de las Américas, 1985.
Interrupciones II. Buenos Aires: Libros de Tierra Firme, 1986.
    [Contents: Bajo la lluvia ajena. Hacia el Sur. Com/posiciones. Eso.]
Interrupciones I. Buenos Aires: Ediciones Ultimo Reino, 1988.
    [Contents: Relaciones. Hechos. Notas. Carta abierta. Si dulcemente. Comentarios. Citas.]

Critical Studies

Achugar Ferrari, Hugo. "La poesía de JG o la ternura desatada." *Hispamérica*, 41 (1985), 95-102.
Barros, Daniel. "Tres poetas de hoy: Teillier, Benedetti y Gelman," in *Poesía sudamericana actual* (Madrid: Miguel Castellote editor, 1972), pp. 57-88.
Benedetti, Mario. "*Hechos y relaciones*." *Revista de Crítica Literaria Latinoamericana* 14 (1981), 157-160.
————. "JG y su ardua empresa de matar la melancolía," [interview] in *Los poetas comunicantes* (Montevideo: Biblioteca de Marcha, 1972), pp. 223-249.
Borinsky, Alicia. "Interlocución y aporía: notas a propósito de Alberto Girri y JG." *Revista Iberoamericana* 125 (1983), 879-887.

Bullrich, Santiago. *Recreación y realidad en Pirandello, Gelman y Vallejo.* Buenos Aires:
    Jorge Alvarez Editor, 1963.
Ciechanower, Mauricio. "Agotar la obsesión poética: JG en México." *Plural* 219 (1989),
    22-26.
Cortázar, Julio. "Contra las telarañas de la costumbre," in *Interrupciones I* by JG, pp. 7-
    10.
Giordano, Eduardo. "JG: poeta comunicante." *Repertorio Latinoamericano* 22 (1977), 7.
————. "El forzoso exilio de JG." *Plural* 192 (1987), 36-40.
Giordano, Jaime. "JG o el dolor de los otros." *Inti* 18-19 (1983-1984), 169-180.
    Reproduced in *Dioses, Antidioses... Ensayos críticos sobre poesía hispanoamericana*
    (Concepción: Ediciones Lar, 1987), pp. 273-287.
Jiménez Emán, Gabriel. "JG: los disparos de la belleza incesante." *Quimera* 2 (1980),
    50-52. Reproduced in *Diálogos con la página* (Caracas: Academia Nacional de la
    Historia, 1984), pp. 63-75.
Mero, Roberto. *Conversaciones con JG: contraderrota, Montoneros y la revolución
    perdida.* Buenos Aires: Edit. Contrapunto, 1987. [Conversations mainly on politics.]
Olivera-Williams, María Rosa. "Poesía del exilio: el Cono Sur." *Revista Hispánica
    Moderna* 41: 2 (1988), 125-142. [On Enrique Fierro, JG and Gonzalo Millán.]
Rama, Angel. "La poesía en el tiempo de los asesinos." *Eco* 236 (1981), 219-223.
Yurkievich, Saúl. "La violencia estremecedora de lo real." [*Hechos y relaciones*] *Río de la
    Plata: Culturas* 7 (1988), 103-114.

VICENTE GERBASI
(Venezuela, 1913)

Poetic Works

Vigilia del náufrago. Prologue by Miguel Angel Queremel. Caracas: Elite, 1937.
Bosque doliente. Caracas: Tipografía La Nación, 1940.
Liras. Caracas: C. A. Artes Gráficas, 1943.
Mi padre, el inmigrante. Caracas: Suma, 1945.
Poemas de la noche y de la tierra. Prologue by Juan Liscano. Caracas: Tipografía
    Garrido, 1945.
Tres nocturnos. Bogotá: Prensas de la Universidad Nacional de Colombia, 1946.
Los espacios cálidos. Caracas: Ediciones Mar Caribe, 1952.
Círculos del trueno. Caracas: Dirección de Cultura y Bellas Artes, 1953.
Tirano de sombra y fuego. Caracas: Tipografía La Nación, 1955. Other ed., *Tirano de
    sombra y fuego; poema basado en la leyenda del Tirano Aguirre*. Caracas:
    Corporación Venezolana de Fomento, 1967.
Por arte de sol. Santiago, Chile: Ediciones del Grupo Fuego, 1958.
Olivos de eternidad. Jerusalem: Jerusalem Post Press, 1961.
Alegría del tiempo. Valencia: Ateneo de Valencia, 1966.
Poesía de viajes. Caracas: Monte Avila, 1968; 2nd. ed., 1972.
Retumba como un sótano del cielo. Caracas: Monte Avila, 1977.
Edades perdidas. Caracas: Monte Avila, 1981.
Los colores ocultos. Caracas: Monte Avila, 1985.
El solitario viento de las hojas. Caracas: Tierra de Gracia Editores, 1989.

Compilations and Anthologies

Poemas. Bogotá: Ediciones Librería Siglo XX, 1947.
Antología poética. Caracas: Ediciones del Ministerio de Educación, 1956.
Poemas. Selección de sus libros publicados. Prologue by Félix Guzmán. Caracas:
    Compañía Anónima de Divulgación Venezolana, 1965.
Antología poética, 1943-1968. Epilogue by Francisco Pérez Perdomo. Caracas: Monte
    Avila, 1970.
Antología poética, 1943-1978. Epilogue by Francisco Pérez Perdomo. Caracas: Monte
    Avila, 1980.
Obra poética. Prologue by Francisco Pérez Perdomo. Cronology and bibliography by Eli
    Galindo. Caracas: Biblioteca Ayacucho, 1986.
    [Contents: Vigilia del náufrago (1937). Bosque doliente (1940). Liras (1943).
    Poemas de la noche y de la tierra (1943). Mi padre, el inmigrante (1945). Tres
    nocturnos (1946). Los espacios cálidos (1952). Círculos del trueno (1953). Tirano
    de sombra y fuego (1955). Por arte de sol (1958). Olivos de eternidad (1961).
    Poesía de viajes (1968). Rememorando la batalla de Carabobo (1971). Retumba
    como un sótano del cielo (1977). Edades perdidas (1981). Los colores ocultos
    (1985).]
Antología poética. Madrid: Ediciones Cultura Hispánica, 1987.

Other Works

La rama del relámpago. Caracas: Ediciones de la Casa de Bello, 1984.

Bibliographies

Becco, Horacio Jorge. "Contribución a la bibliografía de VG," in *La rama del relámpago* by VG (Caracas: Ediciones de la Casa de Bello, 1984), pp. 207-220.
Galindo, Eli. "Bibliografía," in *Obra poética* by VG (Caracas: Biblioteca Ayacucho, 1986), pp. 299-303.

Critical Studies

Books and Dissertations

De Contreras, Cruz M. R. *Cuatro décadas en la poesía de VG*. Caracas: Ediciones del Departamento de Cultura y Publicaciones, Instituto Universitario Pedagógico, 1979.
Iribarren Borges, Ignacio. *La poesía de VG*. Caracas: Tiempo Nuevo, 1972.
Silva, Ludovico. *VG y la modernidad poética*. Valencia, Venezuela: Universidad de Carabobo, Dirección de Cultura, 1974.
————. *Ensayos sobre VG*. Caracas: Fundarte, 1985.

Essays, Reviews, Interviews

Aguirre, Raúl Gustavo. "*Retumba como un sótano del cielo*." *Revista Nacional de Cultura* 237 (1978), 192-194.
Cook, Guillermo Alfredo. "VG o el misticismo ascendente," in *Apuntes sobre tres poetas nuevos de Venezuela* (Caracas: Edit. Venezuela, 1940).
Díaz Casanueva, Humberto. "*Retumba como un sótano del cielo*." *Revista Nacional de Cultura* 236 (1978), 39-44.
Díaz Seijas, Pedro. "Mito, realidad y lenguaje en la obra poética de VG," in *Hacia una lectura crítica de la obra de VG y de otros poetas venezolanos* (Caracas: Academia Venezolana correspondiente de la Real Española, 1989), pp. 9-45.
Escalona Escalona, José Antonio. "*Mi padre, el inmigrante*, de VG," in *Angulo. Notas sobre crítica y poesía* (Caracas: Ministerio de Educación, 1954).
Fuentes, Guillermo. "Color y sonido de lo místico en la poesía de VG," in *Seis poetas venezolanos, 1935-1940* (Caracas: Impresores Unidos, 1941).
García Hernández, Marcial. "VG, poeta y crítico," in *Literatura venezolana contemporánea* (Buenos Aires: Edit. Argentina, 1945).
Garmendia, Hermann. "Un adelantado en el camino de su espiritualidad," in *Páginas* (El Tocuyo, Estado Lara: Tipografía Alcides Losada, 1946).
Guerrero, Luis Beltrán. "VG y su actitud ante la crítica," in *Palos de ciego. Ensayos de crítica y de historia literaria* (Caracas: Edit. Cecilio Acosta, 1944).
Insausti, Rafael Angel. "*Mi padre, el inmigrante*," in *Insinuaciones críticas* (Caracas: Gráficas Sitges, 1958).
Jiménez Emán, Gabriel. "*Retumba como un sótano del cielo*." *Revista Nacional de Cultura* 239 (1978), 189-190.
León, Eleazar. "La elegía como celebración." *Escritura* 11: 21 (1986), 49-80. [*Mi padre, el inmigrante*]
Liscano, Juan. "VG," in *Panorama de la literatura venezolana actual* (Caracas: Publicaciones Españolas, 1973), pp. 215-218.
Medina, José Ramón. "*Los espacios cálidos*, de VG" and "*Antología poética*, de VG," in *Razón de poesía* (Caracas: Ediciones Paraguachoa, 1960).
Padrón, Julián. "La poesía de VG," in *Obras completas*, XXIV (Madrid-Mexico: Aguilar, 1957).

Pérez Perdomo, Francisco. "Una posición frente a la poesía de VG," in *Antología poética, 1943-1968* by VG (Caracas: Monte Avila, 1970), pp. 323-333. Also reproduced in *Antología poética, 1943-1978* by VG (Caracas: Monte Avila, 1980), pp. 353-366.

————. "Prólogo" to *Obra poética* by VG (Caracas: Biblioteca Ayacucho, 1986), pp. IX-XXI.

Prats Sariol, José. "Gerbasi: alquimia de palabras." *Casa de las Américas* 27: 160 (1987), 114-117.

Sambrano Urdaneta, Oscar. "Ideario poético de VG," in *La rama del relámpago* by VG (Caracas: Ediciones de La Casa de Bello, 1984), pp. 9-26.

Sánchez Trincado, José Luis. "Disciplina del sueño," [*Bosque doliente*] in *Siete poetas venezolanos* (Caracas: Tipografía La Nación, 1944).

Sucre, José Francisco. "La poesía de VG," in *Búsqueda y símbolo* (Caracas: Ministerio de Educación, 1967).

Vargas, Vilma. *El devenir de la palabra poética. Venezuela, siglo XX* (Caracas: Universidad Central de Venezuela, 1980), pp. 45-60. [Includes other poets.]

Venegas Filardo, Pascual. "Armonía y transparencia en la voz lírica de VG," in *Estudios sobre poetas venezolanos* (Caracas: Edit. Elite, 1941).

"VG." *Poesía* (Valencia, Venezuela: Universidad de Carabobo) 62-63 (1984).
    [Includes a bio-bibliography by Enrique Hernández de Jesús; texts by Enrique Hernández de Jesús, Ludovico Silva, Ignacio Iribarren Borges, José Barroeta; and an interview by Carlos Ochoa, Reynaldo Pérez-So and Adheli Rivero.]

MAROSA DI GIORGIO
(Uruguay, 1932)

Poetic Works

Poemas. Salto, Uruguay, 1954.
Humo. Santa Fe, Argentina, 1955.
Druida. Caracas: Lírica Hispana, 1959.
Historial de las violetas. Montevideo: Aquí Poesía, 1965.
Magnolia. Caracas: Lírica Hispana, 1965.
Gladiolos de luz de luna. Caracas: Arbol de Fuego, 1974.
Clavel y Tenebrario. Prologue by Wilfredo Penco. Montevideo: Arca, 1979.
La liebre de marzo. Montevideo: Calicanto, 1981.
Mesa de esmeralda. Montevideo: Arca, 1985.
La falena. Montevideo: Arca, 1987.

Compilations and Anthologies

Los papeles salvajes. Montevideo: Arca, 1971.
[Includes all her poetic works to date and adds *La guerra de los huertos* and *Está en llamas el jardín natal*.]

Bibliographies

"MdG," in *Diccionario de literatura uruguaya* (Montevideo: Arca, 1987), pp. 193-194.

Critical Studies

Albistur, J. "Una casi dócil maravilla." *La Semana* (17 May 1985).
Estrázulas, Enrique. "El maleficio de la maravilla." *La Semana* (31 March 1979).
Migdal, A. "MdG: sus juegos y nacimientos (reportaje)." *La Semana* (21 April 1979).
————. "MdG: Resplandores y límites." *La Semana* (14 November 1981).
Pallares, Ricardo. "*Liebre de marzo* como en febrero." *Jaque* (16 March 1984).
Penco, Wilfredo. "Prólogo" to *Clavel y Tenebrario* by MdG (Montevideo: Arca, 1979).
————. "Con MdG. Inagotable mundo del deslumbramiento." *Correo de los Viernes* (20 November 1981).

ALBERTO GIRRI
(Argentina, 1919)

Poetic Works

Playa sola. Buenos Aires: Nova, 1946.
Coronación de la espera. Buenos Aires: Botella al Mar, 1947.
Trece poemas. Buenos Aires: Botella al Mar, 1949. Reprinted with *Coronación de la espera. La penitencia y el mérito. Propiedades de la magia*. Buenos Aires: Centro Editor de América Latina, 1967.
El tiempo que destruye. Buenos Aires: Botella al Mar, 1950.
Escándalo y soledades. Buenos Aires: Botella al Mar, 1952.
Línea de la vida. Buenos Aires: Sur, 1955.
Examen de nuestra causa. Buenos Aires: Sur, 1956.
La penitencia y el mérito. Buenos Aires: Sur, 1957.
Propiedades de la magia. Buenos Aires: Sur, 1959.
La condición necesaria. Buenos Aires: Sur, 1960.
Elegías italianas. Buenos Aires: Sur, 1962.
El ojo. Buenos Aires: Losada, 1964.
Envíos. Buenos Aires: Sudamericana, 1966.
Casa de la mente. Buenos Aires: Sudamericana, 1968.
Valores diarios. Buenos Aires: Sudamericana, 1970.
En la letra, ambigua selva. Buenos Aires: Sudamericana, 1972.
Poesía de observación. Buenos Aires: Sudamericana, 1973.
Quien habla no está muerto. Buenos Aires: Sudamericana, 1975.
Bestiario. "Con 13 grabados en madera de Luis Seoane." Buenos Aires: Ediciones La Garza, 1976.
El motivo es el poema. Buenos Aires: Sudamericana, 1976.
Arbol de la estirpe humana. Buenos Aires: Sudamericana, 1978.
Lo propio, lo de todos. Buenos Aires: Sudamericana, 1980.
Homenaje a W. C. Williams. Buenos Aires: Sudamericana, 1981.
Los Diez Mandamientos. "Con dibujos de Raúl Alonso." Buenos Aires: Ediciones Estudio Abierto, 1981.
Borradores. "Con 16 dibujos y collages de Raúl Alonso." Buenos Aires: Ediciones Galería Rubbers, 1982.
Lírica de percepciones. Buenos Aires: Sudamericana, 1983.
Monodias. Buenos Aires: Sudamericana, 1985.
Existenciales. Buenos Aires: Sudamericana, 1986.
Tramas de conflictos. Buenos Aires: Sudamericana, 1988.
1989/1990. Buenos Aires: Fraterna, 1990.

Compilations and Anthologies

Poemas elegidos. Prologue by Jorge A. Paita. Buenos Aires: Losada, 1965.
Antología temática. Buenos Aires: Sudamericana, 1969.
Galería personal. [Anthology with 22 drawings by Hermenegildo Sábat] Buenos Aires: Sudamericana, 1975.
Obra poética I. Buenos Aires: Corregidor, 1977. [Poetry, 1946-1962]

[Contents: Playa sola. Coronación de la espera. Trece poemas. El tiempo que destruye. Escándalo y soledades. Examen de nuestra causa. La penitencia y el mérito. Propiedades de la magia. La condición necesaria. Elegías italianas.]

Obra poética II. Buenos Aires: Corregidor, 1978. [Poetry, 1963-1972]
    [Contents: El ojo. Envíos. Casa de la mente. Valores diarios. En la letra, ambigua selva.]

Obra poética III. Buenos Aires: Corregidor, 1980. [Poetry, 1972-1978]
    [Contents: Diario de un libro. Poesía de observación. Quien habla no está muerto. El motivo es el poema. Arbol de la estirpe humana.]

Poemas, antología. Selection and prologue by Bárbara Crespo de Arnaud. Buenos Aires: Centro Editor de América Latina, 1982.

Páginas de AG seleccionadas por el autor. Preliminary study and bibliography by Horacio Castillo. Buenos Aires: Celtia, 1983.

Obra poética IV. Buenos Aires: Corregidor, 1984. [Poetry, 1980-1983]
    [Contents: Lo propio, lo de todos. Homenaje a W. C. Williams. Lírica de percepciones.]

Obra poética V. Buenos Aires: Corregidor, 1988. [Poetry, 1985-1987]
    [Contents: Monodias. Existenciales. Inéditos.]

Noventa y nueve poemas. Introduction, selection and notes by María Kodama. Madrid: Alianza Editorial, 1988.

Other Works

Prosas. Caracas: Monte Avila, 1977.

Notas sobre la experiencia poética. Buenos Aires: Losada, 1983.

Cuestiones y razones. Prologue by Jorge Cruz. Buenos Aires: Editorial Fraterna, 1987.
    [Interviews with AG. No bibliographical information on the sources.]

Bibliographies

Castillo, Horacio. "Bibliografía de y sobre AG," in *Páginas de AG seleccionadas por el autor* (Buenos Aires: Celtia, 1983), pp. 213-218.

Foster, David William. "AG," in *Argentine Literature. A Research Guide* (Metuchen, N.J.: Scarecrow Press, 1982), pp. 403-404.

Pascoe, Muriel Slade. "Bibliografía," in *La poesía de AG* (Buenos Aires: Sudamericana, 1986), pp. 281-285.

Critical Studies

Books and Dissertations

Bittor, Luis Alberto. *Simbolismo e iniciación en la poesía de AG*. Buenos Aires: Edit. Fraterna, 1990.

Cantarovici, Jaime. "El conflicto de los contrarios en la poesía de Alberto Girri." Doctoral dissertation. Tulane University, 1972.

Pascoe, Muriel Slade. *La poesía de Alberto Girri*. Buenos Aires: Sudamericana, 1986.

Suárez, María Victoria. *AG: existencia y lógica poética*. Buenos Aires: Corregidor, 1987.

Essays, Reviews, Interviews

Bianco, José and Alberto Girri. "Palabras a un poeta y su respuesta." *Revista de la Universidad de México* 8 (1981), 29-30.

Borinsky, Alicia. "Interlocución y aporía: notas a propósito de AG y Juan Gelman." *Revista Iberoamericana* 125 (1983), 879-887.

Brotherston, Gordon. *Latin American Poetry: Origins and Presence* (Cambridge: Cambridge University Press, 1975), pp. 194-199.

Bustos, Miguel Angel. "Un domingo de lluvia por la tarde." [Interview with AG] *La Opinión* (18 May 1975), 2-4.

Capello, Jorge A. "*Examen de nuestra causa.*" *Ficción* 6 (1957), 191-192.

————. "*La penitencia y el mérito.*" *Sur* 253 (1958), 77-80.

Castillo, Horacio. "Estudio preliminar," in *Páginas de AG seleccionadas por el autor* (Buenos Aires: Celtia, 1983), pp. 13-48.

Chavarri, Raúl. "AG," *La Estafeta Literaria* 405 (1968), 38-39.

Crespo de Arnaud, Bárbara. "Prólogo" to *Poemas, antología* by AG (Buenos Aires: centro Editor de América Latina, 1982).

————. "AG," in *Historia de la literatura argentina*. Vol. 5. *Los Contemporáneos* (Buenos Aires: Centro Editor de América Latina, 1982), pp. 232-238.

Debicki, Andrew P. "*Quien habla no está muerto.*" *Books Abroad* 50: 1 (1976), 126.

Deredita, John F. "*Valores diarios.*" *Books Abroad* 46 (1972), 86-87.

Dolan, Miguel E. "AG: una voz necesaria." [*Obra poética II*] *La Prensa* (15 July 1979), 3.

Driben, Lelia. "El acceso a lo real: entrevista a Alberto Girri." *Revista de la Universidad de México* 37: 8 (1981), 31-32.

Ghiano, Juan Carlos. "AG y la poesía." [*Examen de nuestra causa*] *Sur* 243 (1956), 88-92.

————. "AG," in *Poesía argentina del siglo XX* (Buenos Aires: Fondo de Cultura Económica, 1957), pp. 262-265.

————. "AG o el poeta en los poemas," in *Relecturas argentinas de José Hernández a Alberto Girri* (Buenos Aires: Ediciones del Mar de Solís, 1978), pp. 205-210.

Godino, Rodolfo. "La unidad necesaria." [*Antología temática*] *La Nación*, (1 March 1970).

————. "*Valores diarios.*" *La Nación* (28 February 1971).

————. "Acercamiento a la verdad." [*Poesía de observación*] *La Nación*, (10 December 1973).

————. "El que toma distancia." [*Homenaje a W. C. Williams*] *La Nación*, (15 November 1981).

Gómez, Fabio. "Esbozo del poeta AG." [Interview] *Zona Franca* 42 (1967), 14-16.

Gorbea, Federico. "Un organizador de la realidad." *Mundo Nuevo* 15 (1967), 64-67.

Ibáñez Langlois, José Miguel. "AG: *Antología temática,*" in *Poesía chilena e hispanoamericana actual* (Santiago: Nascimento, 1975), pp. 306-311.

Kovacci, Ofelia. "La poesía de AG." *Comentario* 28 (1961), 91-95.

Kovadloff, Santiago. "Alberto Girri: 'la poesía es el corazón de la literatura'." [Interview] *Crisis* 40 (1976), 40-44.

Liscano, Juan. "*Arbol de la estirpe humana.*" *Vuelta* 24 (1978), 43-44.

————. "Obra y obrar poéticos de AG," in *Descripciones* (Buenos Aires: Ediciones de la Flor, 1983), pp. 240-257.

Marimón, Antonio. "*Obra poética* de AG." *Vuelta* 51 (1981), 36-38.

Matamoros, Blas. "*Páginas seleccionadas por el autor* de Alberto Girri." *Cuadernos Hispanoamericanos* 396 (1983), 735-736.

Molinaro, Bruno. "*Elegías italianas.*" *Señales* 140 (1963), 56-58.

Murena, Héctor A. "La dialéctica del espíritu ante la soledad." *Sur* 168 (1948), 58-67.

————. "Prólogo" to *Línea de la vida* by AG (Buenos Aires: Sur, 1955), pp. 7-12.

Paita, Jorge A. "La poesía de AG: rigor de un intelecto exasperado." *Sur* 285 (1963), 92-99.

————. "Prólogo" to *Poemas elegidos* by AG (Buenos Aires: Losada, 1965), pp. 7-16.

Paschero, Celia H. "*Propiedades de la magia.*" *Ficción* 22 (1959), 131-133.

————. "*La condición necesaria.*" *Ficción* 27 (1960), 137-138.

Pezzoni, Enrique. "Prólogo" to *Antología temática* by AG (Buenos Aires: Sudamericana, 1969), pp. 7-13. Reproduced in *El texto y sus voces* (Buenos Aires: Sudamericana, 1986), pp. 99-106.

————. "AG," in *Enciclopedia de la literatura argentina* (Buenos Aires: Sudamericana, 1970), pp. 276-280.

Pizarnik, Alejandra. *"El ojo." Sur* 291 (1964), 84-87.
Revol, E. L. "Cocina de la poesía." [*Quien habla no está muerto*] *La Nación* (22 June 1975).
————. "Examen del poeta." [*El motivo es el poema*] *La Nación* (28 November 1976).
Salazar Bondy, Sebastián. *"Trece poemas." Sur* 185 (1950), 64-67.
Silvetti Paz, Norberto. *"Propiedades de la magia." Sur* 265 (1960), 42-47.
————. "Las *Elegías italianas* de AG." *La Nación*, literary supplement (25 November 1962).
————. "Proposición sobre la vida." [*En la letra, ambigua selva*] *La Nación* (23 July 1972).
————. "El poeta en su crítico." *Escandalar* 4 (1980), 78-87.
Solero, F. J. *"El tiempo que destruye." Sur* 198 (1951), 73-75.
Sosa López, Emilio. "Poesía de AG." *Cuadernos Hispanoamericanos* 209 (1967), 386-391.
————. "Prospectiva de literatura argentina." *Cuadernos Americanos* 175 (1971), 79-93.
————. "Tres poetas argentinos modernos: Molinari, Molina y Girri." *Sur* 348 (1981), 81-88.
Suárez, María Victoria. "Una poesía en pugna consigo misma," in *Obra poética V* by AG (Buenos Aires: Corregidor, 1988), pp. 5-17.
Sucre, Guillermo. *La máscara, la transparencia* (Caracas: Monte Avila, 1975), pp. 345-349. See also 2nd. ed. (Mexico: Fondo de Cultura Económica, 1985), pp. 298-301.
————. "Girri: la negación creadora." *Zona Franca* 7 (1978).
Torres Fierro, Danubio. "AG: repaso a una obsesión." [Interview] *Plural* 58 (1976), 48-51. Reproduced as "Poesía y conocimiento," in *Obra poética II* by AG (Buenos Aires: Corregidor, 1978), pp. 11-23. Also reproduced in *Memoria plural. Entrevistas a escritores latinoamericanos* by DTF (Buenos Aires: Sudamericana, 1986), pp. 167-181.
Viola Soto, Carlos. *"Escándalo y soledades." Sur* 215-216 (1952), 125-128.
Vitale, Ida. "AG, poeta de lo real; en torno a *Valores diarios" Sin Nombre* 3 (1975), 65-69.
Vittor, Luis Alberto. "AG: las materia del poema y la real realidad." *Tiempo Argentino* (9 September 1984), 2, 3, 5.
Yurkievich, Saúl. "La elocuencia de la lucidez," in *Confabulación con la palabra* (Madrid: Taurus, 1978), pp. 126-128. Reproduced in Cedomil Goic (ed.), *Historia crítica de la literatura hispanoamericana*, vol. III, *Epoca contemporánea* (Madrid: Crítica, 1988), pp. 223-226.
————. "AG: fases de su creciente." *Hispamérica* 29 (1981), 99-105. Reproduced in *A través de la trama* (Barcelona: Muchnik, 1984), pp. 191-199.
Zarate, Armando. *"El motivo es el poema." Revista Iberoamericana* 102-103 (1978), 304-305.

OSCAR HAHN
(Chile, 1938)

Poetic Works

Esta rosa negra. Santiago: Ediciones Alerce, 1961.
Agua final. Lima: Ediciones de la Rama Florida, 1967.
Arte de morir. Prologue by Enrique Lihn. Buenos Aires: Ediciones Hispamérica, 1977.
2nd. expanded ed., Santiago: Nascimento, 1979; 3rd. ed., Lima: Ruray, 1981.
Mal de amor. Santiago: Ediciones Ganymedes, 1981. 2nd. expanded ed., 1986.
Imágenes nucleares. Santiago: Edit. América del Sur, 1983.
Flor de enamorados. Santiago: F. Zagers Editor, 1987.
Estrellas fijas en el cielo blanco. Santiago: Editorial Universitaria, 1988.

Compilations and Anthologies

Poemas selectos. Prologue by Fernando Kri M. Santiago: Ediciones Tertulias Medinensis, 1989.

Other Works

El cuento fantástico hispanoamericano en el siglo XIX. Mexico: Premiá, 1978.
Texto sobre texto: aproximaciones a Herrera y Reissig, Huidobro, Borges, Cortázar, Lihn. Mexico: Universidad Nacional Autónoma de México, 1984.

Bibliographies

Lastra, Pedro and Enrique Lihn (eds.). "Bibliografía de OH," in *Asedios a OH* (Santiago: Editorial Universitaria, 1989), pp. 143-150.

Critical Studies

Books and Dissertations

Lastra, Pedro and Enrique Lihn (eds.). *Asedios a OH*. Santiago: Editorial Universitaria, 1989.

Essays, Reviews, Interviews

Beach-Viti, Ethel. "El paraíso al revés en un poema de OH." *Inti* 12 (1980), 72-74. Reproduced in Pedro Lastra and Enrique Lihn (eds.), *Asedios a OH* (Santiago: Editorial Universitaria, 1989), pp. 119-121.
Belli, Carlos Germán. "*Arte de morir*." *Hispamérica* 18 (1977), 100-101. Reproduced in Pedro Lastra and Enrique Lihn (eds.), *Asedios a OH* (Santiago: Editorial Universitaria, 1989), pp. 111-112.

Calderón, Gustavo Adolfo. "El vanguardismo apocalíptico-nuclear en la poesía de OH." *Confluencia: Revista Hispánica de Cultura y Literatura* 4: 1 (1988), 83-88.

―――――. "La tendencia apocalíptico-nuclear en la poesía de OH y de Ernesto Cardenal: la evolución de la poesía apocalíptica en Latinoamérica." *Dissertation Abstracts International* 49: 7 (1989), 1815A.

Campos, Javier. "La transformación de la visión de la muerte en la poesía de OH," in *La joven poesía chilena en el período 1961-1973: Gonzalo Millán, Waldo Rojas, OH* (Minneapolis, Minnesota: Institute for the Study of Ideologies and Literature; Concepción, Chile: Ediciones Literatura Americana Reunida, 1987), pp. 99-138.

Coddou, Marcelo. *"Arte de morir."* *Revista Iberoamericana* 108-109 (1979), 687-691.

Cortínez, Carlos. "Maestría en la limitación: presentación de dos poetas chilenos; Alberto Rubio y OH." *Chasqui* 5: 1 (1975), 5-14.

―――――. "OH," in *Poesía latinoamericana contemporánea* (Guatemala: Universidad de San Carlos, 1984).

Cumpiano, Ina. "El otro fantasma en la obra de OH," in Pedro Lastra and Enrique Lihn (eds.), *Asedios a OH* (Santiago: Editorial Universitaria, 1989), pp. 21-30.

Foxley, Carmen. "La imagen del amor en dos poemas de OH." *Revista Chilena de Literatura* 20 (1982), 165-166. Reproduced in Pedro Lastra and Enrique Lihn (eds.), *Asedios a OH* (Santiago: Editorial Universitaria, 1989), pp. 117-118.

Garabedian, Martha Ann. "Imagery and Experience in the Poetry of OH, José Emilio Pacheco and Heberto Padilla: A New Expression of Reality in Three Contemporary Spanish American Poets." *Dissertation Abstracts International* 45: 8 (1985), 2540A.

Giordano, Jaime. "Gonzalo Millán y OH: Integración de las formas escriturales," in *Dioses, Antidioses... Ensayos críticos sobre poesía hispanoamericana* (Concepción: Lar, 1987), pp. 309-323.

―――――. "Nota sobre OH y la poesía actual," in Pedro Lastra and Enrique Lihn (eds.), *Asedios a OH* (Santiago: Editorial Universitaria, 1989), pp. 95-98.

Góngora, María Eugenia and Luis Correa Díaz. *"Flor de enamorados."* *Revista Chilena de Literatura* 30 (1987), 219-221.

Guzmán, Jorge. "El amor del 1500 al 2000. *Flor de enamorados* de OH," in Pedro Lastra and Enrique Lihn (eds.), *Asedios a OH* (Santiago: Editorial Universitaria, 1989), pp. 125-127.

Hill, Nick. "OH o el arte de mirar." *Revista Chilena de Literatura* 20 (1982), 99-112. Reproduced in Pedro Lastra and Enrique Lihn (eds.), *Asedios a OH* (Santiago: Editorial Universitaria, 1989), pp. 39-50.

―――――. *"Mal de amor."* *World Literature Today* 56: 4 (1982), 660.

―――――. "OH: el espectro del amor y la poesía fantástica," in Ricardo Yamal (ed.), *La poesía chilena actual (1960-1984) y la crítica* (Concepción, Chile: Lar, 1988), pp. 87-107.

Lastra, Pedro. "OH," en "Muestra de la poesía hispanoamericana actual." *Hispamérica* 11-12 (1975), 96-107.

―――――. "Introduction to *Nuclear Images*." *Review* 33 (1984), 46.

―――――. "OH: poeta nuclear." *El Universal* (Caracas, Venezuela), (19 October 1986). Reproduced in Pedro Lastra and Enrique Lihn (eds.), *Asedios a OH* (Santiago: Editorial Universitaria, 1989), pp. 129-130.

―――――. and Enrique Lihn. "Los poemas de OH." *Hispamérica* 45 (1986), 179-184.

Legault, Christine. "Segunda edición de *Mal de amor*." *Revista Chilena de Literatura* 30 (1987), 205-206.

―――――. "OH: arte de sufrir y mal de amor," and "Segunda edición de *Mal de amor*," in Pedro Lastra and Enrique Lihn (eds.), *Asedios a OH* (Santiago: Editorial Universitaria, 1989), pp. 77-83 and 122-123.

Lihn, Enrique. "Arte del *Arte de morir*: primera lectura de un libro de OH." *Texto Crítico* 2: 4 (1976), 47-53. Reproduced in Cedomil Goic (ed.), *Historia y crítica de la literatura hispanoamericana*, vol. III, *Epoca contemporánea* (Barcelona: Crítica, 1988), pp. 276-280. Also reproduced in Pedro Lastra and Enrique Lihn (eds.), *Asedios a OH* (Santiago: Editorial Universitaria, 1989), pp. 99-104.

―――――. "Prólogo" to *Arte de morir* by OH (Buenos Aires: Hispamérica, 1977), pp. 11-21.

————. "Poetas fuera o dentro de Chile 77: Gonzalo Rojas, OH, Manuel Silva." *Vuelta* 15 (1978), 16-22. Reproduced in Pedro Lastra and Enrique Lihn (eds.), *Asedios a OH* (Santiago: Editorial Universitaria, 1989), pp. 105-110.

————. "Presentaciones de OH," in Pedro Lastra and Enrique Lihn (eds.), *Asedios a OH* (Santiago: Editorial Universitaria, 1989), pp. 131-138.

———— and Pedro Lastra. "Dos poemas de OH," in Pedro Lastra and Enrique Lihn (eds.), *Asedios a OH* (Santiago: Editorial Universitaria, 1989), pp. 139-142.

Montes, Hugo. *"Mal de amor." Atenea* 455 (1987), 261.

O'Hara, Edgar. *"Mal de amor." Revista de Crítica Literaria Latinoamericana* 17 (1983), 246-248. Reproduced in Pedro Lastra and Enrique Lihn (eds.), *Asedios a OH* (Santiago: Editorial Universitaria, 1989), pp. 113-116.

————. "OH en sus transformaciones," in Pedro Lastra and Enrique Lihn (eds.), *Asedios a OH* (Santiago: Editorial Universitaria, 1989), pp. 57-62.

Ortega, Julio. "OH y los fantasmas del eros," in Pedro Lastra and Enrique Lihn (eds.), *Asedios a OH* (Santiago: Editorial Universitaria, 1989), pp. 85-87.

Palau de Nemes, Graciela. "La 'poesía en movimiento' de OH." *Insula* 362 (1977), 10. Reproduced in Pedro Lastra and Enrique Lihn (eds.), *Asedios a OH* (Santiago: Editorial Universitaria, 1989), pp. 51-55.

————. "Entrevista a OH." *Prismal/Cabral* 1 (1977), 47-51.

Plaza, Galvarino. *"Arte de morir." Cuadernos Hispanoamericanos* 342 (1978), 707-708.

Rodríguez Padrón, Jorge. "OH: *Arte de morir*," and "OH: diálogos de la ausencia," in Pedro Lastra and Enrique Lihn (eds.), *Asedios a OH* (Santiago: Editorial Universitaria, 1989), pp. 31-34 and 35-38.

Rojas, Waldo. "Deploración amorosa y conjuro de la nada: sobre el sentido poético de *Mal de amor* de OH." *Acta Literaria* 13 (1988), 65-81. Reproduced in Pedro Lastra and Enrique Lihn (eds.), *Asedios a OH* (Santiago: Editorial Universitaria, 1989), pp. 63-75.

Rosado, Gabriel. "Paradoja del arco: la poesía de OH." *Inti* 18-19 (1983-1984), 191-199. Also in *Atenea* 455 (1987), 149-157. Reproduced in Pedro Lastra and Enrique Lihn (eds.), *Asedios a OH* (Santiago: Editorial Universitaria, 1989), pp. 13-19.

Valdés, Adriana. "Sobre *Flor de enamorados* de OH," in Pedro Lastra and Enrique Lihn (eds.), *Asedios a OH* (Santiago: Editorial Universitaria, 1989), pp. 89-93.

Valente, Ignacio. *"Imágenes nucleares." Atenea* 448 (1983), 272-275.

Zapata, Miguel Angel. "OH: La fuerza centrífuga y los planetas verbales de la poesía." [Interview] *Inti* 26-27 (1987-1988), 141-146.

JAVIER HERAUD
(Peru, 1942-1963)

Poetic Works

El río. Lima: Centro Federado de la Universidad Católica, 1960.
El viaje. Lima: Cuadernos Trimestrales de Poesía, 1961.

Compilations and Anthologies

Poesías completas y homenaje. Lima: Ediciones de La Rama Florida, 1964.
    [Contents: El río. El viaje. Estación reunida. Poemas de la tierra. Viajes
    imaginarios. Poemas dispersos. Cartas. Homenaje.]
Poesías completas. Edition by Hildebrando Pérez. 2nd. ed. expanded. Lima:
    Campodónico Ediciones, 1973.
    [Contents: El río. El viaje. Estación reunida. Poemas de la tierra. Viajes
    imaginarios. Varia invención. Poemas de Rodrigo Machado. Cartas. Homenaje.
    Bibliografía.]
Poesías completas y cartas. Lima: Ediciones Peisa, 1976.
    [Identical to the above.]

Bibliographies

Flores, Angel. "JH," in *Bibliografía de escritores hispanoamericanos (1609-1974)* (New
    York: Gordian Press, 1974), p. 239.
Foster, David William. "JH," in *Peruvian Literature. A Bibliography of Secondary
    Sources* (New York: Gordian, 1981), pp. 154-156.
Pérez, Hildebrando. "Bibliografía," in *Poesías completas* by JH (Lima: Campodónico
    Ediciones, 1973), pp. 369-382. Also in *Poesías completas y cartas* de JH (Lima:
    Ediciones Peisa, 1976), pp. 237-248.

Critical Studies

Books and Dissertations

Angeles Caballero, César Augusto (ed.). *JH y las voces panegíricas*. Huari, Peru: Huari,
    1964.
Corcuera, Arturo and Tomás G. Escajadillo. *Recuerdo y presencia de JH*. Lima:
    Federación Universitaria de San Marcos, 1963.
Delgado, Luis Humberto. *César Vallejo y JH*. Lima: Latinoamérica, 1969.
Heraud, Javier. *Poesías completas y homenaje*. Lima: Ediciones de la Rama Florida,
    1964. ["Homenaje" y "Reseñas críticas", pp. 193-242.]
    [The "Homenaje" includes texts by Wáshington Delgado, Mario Vargas Llosa, Tomás
    Gustavo Escajadillo, Elvio Romero, Fayad Jamís, Alejandro Romualdo, Arturo
    Corcuera, Julio Ramón Ribeyro, César Calvo, Javier Sologuren, Sebastián Salazar
    Bondy, José Miguel Oviedo, Manuel Baquerizo and Julio Ortega.]
————. *Poesías completas*. Edition by Hildebrando Pérez. Lima: Campodónico
    Ediciones, 1973.

[The "Homenaje" includes the texts from the previous edition and adds others by José Miguel Oviedo, Antonio Cornejo Polar and Gerardo María Goloboff.]

Essays, Reviews, Interviews

Belli, Carlos Germán. "Después de Heraud, ¿qué?" *Los libros* 22 (1971), 14.
Bulgakova, Nina. "Introducción a la poesía de JH." *Revista de Literatura Extranjera* 2 (1971), 3-7.
Cornejo Polar, Antonio. "Notas sobre la poesía de JH." *Homo* 3 (1966), 13-17.
Goloboff, Fernando M. "JH: la palabra en su límite." *Hispamérica* 4-5 (1973), 41-47.
Hildebrandt, César. "JH. Nueve años después." *Caretas* 457 (22 May 1972), 42-44.
Hinostroza, Rodolfo. "Reflexiones sobre el asunto poético," in Leonidas Cevallos Mesones, *Los nuevos* (Lima: Edit. Universitaria, 1967), pp. 66-70.
Mencia, Mario. "Los estudiantes en la vanguardia revolucionaria." *OCLAE* (Havana) 19 (1968), 29-33.
Oviedo, José Miguel. "Vida y muerte en la poesía de JH." *Revista Peruana de Cultura* 3 (1964), 94-112.
————. "Literatura peruana, hoy." *Casa de las Américas* 64 (1971), 21-27.
Pérez, Hildebrando. "JH y Edgardo Tello: Dos poetas, un destino." *Visión del Perú* 5 (1970), 13-18.
Rojas Sáenz, Segundo. "JH: poeta revolucionario." *Expresión* 2 (1971), 20-27.
Romualdo, Alejandro. "Poesía en el Perú contemporáneo," in *Panorama de la actual literatura latinoamericana* (Havana: Casa de las Américas, 1969), pp. 138-144.
Toledo Sande, Luis. "La voz interrumpida de JH." *Casa de las Américas* 108 (1978), 11-20.
Zegarra Díez Canseco, Gloria. "JH (1942-1963)." *Alpha* 6 (1966), 33-39.

DAVID HUERTA
(Mexico, 1949)

Poetic Works

El jardín de la luz. Mexico: Universidad Nacional Autónoma de México, 1972.
Cuaderno de noviembre. Mexico: Era, 1976.
Huellas del civilizado. Mexico: La Máquina de Escribir, 1977.
Versión. Mexico: Fondo de Cultura Económica, 1978.
El espejo del cuerpo. Mexico: Universidad Nacional Autónoma de México, 1980.
Lluvias de noviembre. Mexico: Multiarte, 1984. In collaboration with painter Vicente Rojo.
Incurable. Mexico: Era, 1987.
Historia. Mexico: Ediciones Toledo, 1990.

Other Works

Las intimidades colectivas. Mexico: Secretaría de Educación Pública, 1982. [Essay]

Critical Studies

Ahern, Maureen. "La poesía de DH: inscripción metalingüística." *Eco* 255 (1983), 248-269.
Asiain, Aurelio. "*Incurable*." *Vuelta* 138 (1988), 50-52.
Blanco, José Joaquín. *Crónica de la poesía mexicana* (2nd. ed., Culiacán: Universidad Autónoma de Sinaloa, 1978), p. 256.
Cross, Elsa. "Para una lectura de *Incurable*." *El Semanario Cultural* de *Novedades* 292 (22 November 1987), 4.
Domínguez Michael, Cristopher. "Una novela-poema en busca del amor perdido." [*Incurable*] *El Semanario Cultural* de *Novedades* 292 (22 November 1987), 6-7.
Manjarrez, Héctor. "Unas palabras medicinales sobre *Incurable*." *El Semanario Cultural* de *Novedades* 292 (22 November 1987), 5-6.
Milán, Eduardo. "*Incurable*: El arte del borde." *El Semanario Cultural* de *Novedades* 292 (22 November 1987), 3-4.
Ortega, Roberto Diego. "DH: en la espesura con toda deliberación." [*Cuaderno de noviembre*] *Revista de la Universidad de México* 31: 10 (1977), 43-44.
Ramírez, Josué. "*Incurable*." *La Orquesta* 12 (1988), 85.
Running, Thorpe. "*Incurable* de DH: una solución para la poesía de la postmodernidad." *Revista Iberoamericana* 150 (1990), 159-175.
Sheridan, Guillermo. "*Versión*." *Vuelta* 29 (1979), 41-42.
Tercero, Magali. "DH: Quiero que *Incurable* sea una criatura." [Interview] *Periódico de Poesía* 5-6 (1988), 35-36.
Tovar, Juan. "*Cuaderno de noviembre*." *Vuelta* 8 (1977), 44.
Vargas Portugal, Rubén. "*Historia*." *Vuelta* 166 (1990), 39-40.

EFRAIN HUERTA
(Mexico, 1914-1982)

Poetic Works

Absoluto amor. Mexico: Fábula, 1935.
Línea del alba. Mexico: Fábula, Taller Poético, 1936.
Poemas de guerra y esperanza. Mexico: Ediciones Tenochtitlan, 1943.
Los hombres del alba. Prologue by Rafael Solana. Mexico: Géminis, 1944.
    [Includes most of the poems from *Absoluto amor* and *Línea del alba*.]
La rosa primitiva. Mexico: Nueva Voz, 1950.
Los poemas del viaje, 1949-1953. Mexico: Litoral, 1956.
Estrella en alto y nuevos poemas. Mexico: Metáfora, 1956.
La raíz amarga. Mexico, 1962.
El Tajín. Mexico: Pájaro Cascabel, 1963.
Barbas para desatar la lujuria. Mexico: Bajo el signo del Cocodrilo, 1965.
Poemas prohibidos y de amor. Mexico: Siglo XXI Editores, 1973.
Los eróticos y otros poemas. Mexico: Joaquín Mortiz, 1974.
Circuito interior. Mexico: Joaquín Mortiz, 1977.
Cincuenta poemínimos. Mexico: Era, 1977.
Textos profanos. Mexico, 1978.
Amor, patria mía. Mexico: Ediciones de Cultura Popular, 1980.
Nueva estampida de poemínimos. Mexico: Era, 1980.
Transa poética. Mexico: Era, 1980.
Dispersión total. Mexico: Papeles Privados, 1986.

Compilations and Anthologies

Poesía, 1935-1968. Mexico: Joaquín Mortiz, 1968.
    [Contents: Absoluto amor. Línea del alba. Poemas de guerra y esperanza. Los hombres del alba. La rosa primitiva. Los poemas del viaje. Estrella en alto. El Tajín. Otros poemas. Responsos.]
EH. Study and selection by Carlos Montemayor. Mexico: SEP, Consejo Nacional de Recursos para la Atención de la Juventud, 1985.
Poesía completa. Edition by Martí Soler. Prologue by David Huerta. Mexico: Fondo de Cultura Económica, 1988.
    [Contents: Absoluto amor. Línea del alba. Poemas prohibidos y de amor [I]. Poemas de guerra y esperanza. Poemas prohibidos y de amor [II]. Los hombres del alba. Poemas prohibidos y de amor [III]. La rosa primitiva. Los poemas del viaje, 1949-1953. Estrella en alto. Poemas prohibidos y de amor [IV]. El Tajín y otros poemas. Responsos. Poemas prohibidos y de amor [V]. Los eróticos y otros poemas. Circuito interior. 50 poemínimos. Transa poética. Dispersión total. Poemas no coleccionados.]

Other Works

Prólogos de EH. Mexico: Universidad Nacional Autónoma de México, 1981.
Aquellas conferencias, aquellas charlas. Mexico: Universidad Nacional Autónoma de México, 1983.

Bibliographies

Aguilar, Ricardo D. "La poesía de EH." Doctoral dissertation (University of New Mexico, 1976), pp. 238-244.
Foster, David William. "EH," in *Mexican Literature. A Bibliography of Secondary Sources* (Metuchen, N.J.: Scarecrow Press, 1981), pp. 197-198.
Ocampo, Aurora and Ernesto Prado Velázquez. "EH," in *Diccionario de escritores mexicanos* (Mexico: Universidad Nacional Autónoma de México, 1967), pp. 176-177.
Soler, Martí. "Noticia bibliográfica," in *Poesía completa* by EH (Mexico: Fondo de Cultura Económica, 1988), pp. 567-575.

Critical Studies

Books and Dissertations

Aguilar, Ricardo D. "La poesía de EH." Doctoral dissertation. University of New Mexico, 1976.
————. *EH*. Mexico: Tinta Negra Editores, 1984.

Essays, Reviews, Interviews

Abreu Gómez, Ermilo. "EH," in *Sala de retratos* (Mexico: Leyenda, 1946), pp. 136-137.
Aguilar, Ricardo D. "La dualidad en la obra de EH." *La Palabra y el Hombre* 27 (1978), 32-42.
————. "EH y los poemínimos." *La Semana de Bellas Artes* 73 (1979), 2-5.
————. "La estructura en la poesía de EH." *Plural* 8: 96 (1979), 12-19.
————. "'Avenida Juárez': un poema comprometido." *Plural* 10: 119 (1981), 33-40.
————. "EH and the New School of Mexican Poets." *Latin American Literary Review* 11: 22 (1983), 41-55.
Arellano, Jesús. "Poesía mexicana en 1956." [*Estrella en alto*] *Metáfora* 14 (1957), 10-16.
————. "EH, el poeta proscrito." *Nivel* 43 (1962), 5.
Blanco, José Joaquín. "EH," in *Crónica de la poesía mexicana* (2nd. ed., Culiacán: Universidad Autónoma de Sinaloa, 1978), pp. 219-222.
Chumacero, Alí. "EH." [*Los hombres del alba*] *El Hijo Pródigo* 7: 24 (1945). Reproduced in *Los momentos críticos* (Mexico: Fondo de Cultura Económica, 1987), pp. 196-197.
Dauster, Frank. "EH: The Sword of Eros," in *The Double Strand. Five Contemporary Mexican Poets* (Lexington: The University Press of Kentucky, 1987), pp. 59-84.
Fernández, Angel José. "'Circuito interior,' nuevo jubileo y presagio." *La Palabra y el Hombre* 23 (1977), 71-72.
Flores Olague, Jesús. "*Circuito interior.*" *Comunidad* 60 (1977), 314-315.
González Pagés, Andrés. "EH: perfil del poeta vivo." *Plural* 67 (1977), 56-67.
Hernández P., Francisco and Pedro Orgambide. "EH, el poeta en el ojo del ciclón." *Casa de las Américas* 24: 139 (1983), 21-26.
Leiva, Raúl. "EH," in *Los sentidos y el mundo; textos de crítica literaria* (Guatemala: Ministerio de Educación Pública, 1952), pp. 217-223.
————. "EH," in *Imagen de la poesía mexicana contemporánea* (Mexico: Universidad Nacional Autónoma de México, 1959), pp. 227-238.
————. "El poeta EH." *Nivel* 72 (1968), 1-2, 10.
Luna Olivo, Andrés de and Guadalupe Valdés Fallis. "Elusiones y asperezas: una charla con EH." *Revista de la Universidad de México* 32: 5 (1978), 5-6.
Meléndez de Espinosa, Juana. "Tres plaquetas de Pájaro Cascabel." [*El Tajín*] *Letras Potosinas* 21, 14-15.
Millán, María del Carmen. "*Los hombres del alba.*" *Rueca* 14 (1945), 61-62.
Montemayor, Carlos. "La poesía de EH," in *EH* (Mexico: SEP, Consejo Nacional de Recursos para la Atención de la Juventud, 1985), pp. 11-23.

————. "Notas sobre la poesía de EH," in *El oficio literario* (Xalapa: Universidad Veracruzana, 1985), pp. 23-35. Reproduced in Norma Klahn and Jesse Fernández (comps.), *Lugar de encuentro. Ensayos sobre poesía mexicana actual* (Mexico: Katún, 1987), pp. 23-36.

Montoya Toro, Jorge. "EH y su mundo de violencia y ternura." *Arco* 49 (1964), 704-705.

Mora, Carlos; Eliseo Diego; Nancy Morejón; Lisandro Otero; Julio Valle Castillo. "Notas en torno a EH." *Casa de las Américas* 22: 132 (1982), 139-155.

Ortega, Julio. "La poesía de EH." *Revista de la Universidad de México* 23: 11 (1979), suplemento, 11.

Oviedo, José Miguel. "La gracia poética de EH." *Vuelta* 48 (1980). Reproduced in *Escrito al margen* (2nd. ed., Mexico: Premiá Editora, 1987), pp. 265-268.

Pacheco, José Emilio. "EH." *Revista de la Universidad de México* 22: 11 (1968), 6-7.

Paz, Octavio. "EH (1914-1982)," in *Sombras de obras* (Barcelona: Seix-Barral, 1983), pp. 310-312.

Rhodes, Robert Eugene. "Poems in Spanish and English of Alejandro Aura, Margarita Michelena and EH: Poets of the Dreamed Reality." *Dissertation Abstracts International* 34 (1974), 6604A.

Silva Villalobos, Antonio. "*Los poemas de viaje.*" *Metáfora* 11 (1956), 36-37.

————. "Los poemas políticos de EH." *Letras Potosinas* 141-142 (1961), 7-8.

Solana, Rafael. "EH." *Nivel* 26 (1961), 1, 4.

Trejo Villafuerte, Arturo. "EH: obscenamente amoroso y feliz." [*Circuito interior*] *Revista de la Universidad de México* 31: 10 (1977), 42.

————. "*Poesía completa.*" *Revista de la Universidad de México* 461 (1989), 48-49.

Vargas Portugal, Rubén. "*Poesía completa.*" *Vuelta* 165 (1990), 40-42.

Wong, Oscar. "Obra vial de poesía." [*Circuito interior*] *Plural* 73 (1977), 81-83.

ROBERTO JUARROZ
(Argentina, 1925)

Poetic Works

Poesía vertical. Buenos Aires: Ediciones Equis, 1958.
Segunda poesía vertical. Buenos Aires, 1963.
Tercera poesía vertical. Buenos Aires: Ediciones Equis, 1965.
Cuarta poesía vertical. Buenos Aires, 1969.
Quinta poesía vertical. Buenos Aires: Ediciones Equis, 1974.
Sexta poesía vertical. Buenos Aires, 1975.
Séptima poesía vertical. Caracas: Monte Avila, 1982.
Octava poesía vertical. Buenos Aires: Ediciones Carlos Lohlé, 1984.
Novena poesía vertical; Décima poesía vertical. Buenos Aires: Ediciones Carlos Lohlé, 1986.
Undécima poesía vertical. Valencia: Pre-Textos, 1988.

Compilations and Anthologies

Poesía vertical. [Anthology] Barcelona: Ocnos, 1974.
Poesía vertical 1958-1975. [Includes all his poetic works until then] Caracas: Monte Avila Editores, 1976.
Poesía vertical. Antología mayor. Liminary words by Roger Munier. Buenos Aires: Carlos Lohlé, 1978.
Poesía vertical: Nuevos poemas. Buenos Aires: Ediciones Mano de Obra, 1981.
Poesía vertical. Antología incompleta. Selection and prologue by Louis Bourne. Madrid: Playor, 1987.

Other Works

Poesía y creación. Diálogos con Guillermo Boido. Buenos Aires: Carlos Lohlé, 1980.

Bibliographies

Bourne, Louis. "Estudios sobre la obra de RJ," in *Antología incompleta* by RJ (Madrid: Playor, 1987), pp. 30-33.
Foster, David William. "RJ," in *Argentine Literature. A Research Guide* (Metuchen, N.J.: Scarecrow Press, 1982), p. 476.
Pollman, Leo. "Bibliographie," in *Argentinische Lyric im Latinamerikanischen Kontext: Der Fall Roberto Juarroz: Mit Einer Deutsch-Spanischen Anthologie* (Heidelberg: C. Winter, 1987), p. 191.

Critical Studies

Books and Dissertations

Pollman, Leo. *Argentinische Lyric im Latinamerikanischen Kontext: Der Fall Roberto Juarroz: Mit Einer Deutsch-Spanischen Anthologie.* Heidelberg: C. Winter, 1987.

Essays, Reviews, Interviews

Bassetti Cora Lohner, Katja. "Entrevista a RJ." *Letras* (Univ. Católica Argentina) 15-16 (1986), 17-21.

Boido, Guillermo. "Entrevista: RJ." *Hispamérica* 17 (1977), 47-59.

―――――. "Juicio crítico, in Fundación argentina para la poesía: *Poesía argentina contemporánea*, vol. I, 2nd. part, 1978, pp. 451-506.

―――――. *Poesía y creación.* Buenos Aires: Ediciones Carlos Lohlé, 1980. [Dialogues with RJ.]

Bourne, Louis. "Prólogo. Un buceador en el trasfondo del ser," in *Poesía vertical. Antología incompleta* by RJ (Madrid: Playor, 1987), pp. 9-29.

Brena, Tomás G. "RJ," in *Exploración estética.* Vol. II. *Estudio de 12 poetas de Uruguay y uno de Argentina* (Montevideo: Impresora Record, 1974), pp. 128-176.

Cabrera, Miguel. "La mano dentro del espejo: conversación con RJ." *Cuadernos Americanos* 246: 1 (1983), 214-222.

―――――. "La poesía de la totalidad: poesía y/o prosa vertical." *Cuadernos Americanos* 257: 6 (1984), 182-189.

Cohen, Sandro. "*Octava poesía vertical*." *Vuelta* 96 (1984), 43-45.

Cortázar, Julio. "Carta prólogo," in *Tercera poesía vertical* by RJ (Buenos Aires: Ediciones Equis, 1965), pp. 5-9.

Cuadra, Pablo Antonio. "Poetas de América: RJ." *La Prensa Literaria* (14 August 1982), 2-3.

Domínguez Rey, Antonio. "Diálogo con RJ." *Syntaxis* 8-9 (1985), 168-172.

Foffani, Enrique Abel. "La poesía de RJ y el Oriente: la otra lógica." *Cuadernos Hispanoamericanos* 471 (1989), 146-152.

González Dueñas, Daniel. "RJ. Hacia la casa más secreta del poema." *Periódico de Poesía* 3 (1987), 10-12.

González Dueñas, Daniel and Alejandro Toledo. "Antonio Porchia: hacia la obra última. Entrevista con RJ." *La Orquesta* 10 (1987), 24-37.

López Adorno, Pedro. "RJ: la experiencia vertical." *Enlace* 5-6 (1985).

Maturo, Graciela. "*Octava poesía vertical*." *Megafón* 15 (1985), 1371-38.

Meneses, Carlos. "*Poesía vertical* de RJ." *Insula* 362 (1977), 8.

Merwin, W.S. "Foreword" to*Vertical Poetry* by RJ (San Francisco: North Point Press, 1978), pp. IX-XIV.

Munier, Roger. "Palabras liminares" to *Poesía vertical. Antología mayor* (Buenos Aires: Carlos Lohlé, 1978), pp. 7-16.

―――――. "Préface" to *Poésie verticale* by RJ (París: Fayard, 1980), pp. 7-17.

Oviedo, José Miguel. "Dos de excepción: Gutiérrez y Juarroz." *Revista de la Universidad de México* 7 (1979), 38-39.

Piña, Cristina. "RJ: la odisea del ser en la palabra." *El Ornitorrinco* 5 (1979), 12-13.

Pizarnik, Alejandra. "Entrevista con RJ." *Zona Franca* 52 (1967), 10-13.

Plaza, Galvarino. "*Poesía vertical* de RJ." *Cuadernos Hispanoamericanos* 317 (1976), 485-486.

Pollman, Leo. "Los signos invertidos. Die Dichtung von RJ." *Khipu* 9 (1982), 37-43.

Ponzo, Alberto Luis. "Entre el despertar y la nada: Conversación con RJ." *Zona Franca* 3: 23 (1981), 36-40.

―――――. "Diálogo con el poeta RJ." *Hora de Poesía* 40-41 (1985), 128-136.

Puente, Graciela Susana. "La experiencia de lo absurdo en RJ," in *Borges, Molinari, Juarroz: noche, sed, absurdo* (Buenos Aires: Botella al Mar, 1984), pp. 55-65.

Quintana, Juan. "La *Séptima poesía vertical* de RJ." *Cuadernos Hispanoamericanos* 418 (1985), 161-165.

Rivera, Francisco. *"Poesía vertical* de RJ." *Vuelta* 2 (1977), 44-46. Reproduced in *Inscripciones* (Caracas: Fundarte, 1981), pp. 35-42.

————. "RJ o el descenso a las profundidades." *Cuadernos Hispanoamericanos* 420 (1985), 91-116.

Rodríguez Padrón, Jorge. "La aventura poética de RJ." *Nueva Estafeta* 54 (1983), 47-54.

Running, Thorpe. "RJ: Vertical Poetry and Structuralist Perspective." *Chasqui* 11: 2-3 (1982), 15-22.

————. "La poética explosiva de RJ." *Revista Iberoamericana* 125 (1983), 853-866.

Santiago, José Alberto. "RJ y las otras circunstancias." *Nueva Estafeta* 16 (1980), 50-56.

Silva, Ludovico. "Decir lo indecible: *Poesía vertical* de RJ." *Actual* 1: 2 (1968), 111-124.

Sola, Graciela de. "RJ y la nueva poesía argentina." *Cuadernos Hispanoamericanos* 193 (1966), 85-95.

Sucre, Guillermo. "Espacio rojo y espacio blanco." *Eco* 136 (1971), 356-382.

————. "RJ: Sino/Si no." *Plural* 27 (1973), 48-51.

————. "La metáfora incompleta." *Plural* 10 (1975), 70-72.

————. "Juarroz: sino/si no," in *La máscara, la transparencia* (Caracas: Monte Avila Editores, 1975), pp. 237-252.

Verhesen, Fernand. "Poésie verticale," in *Poésie verticale* by RJ (Bruxelles: Le Cormier, 1962), pp. 7-8.

————. "Préface" to *Poésie verticale II* by RJ (Bruxelles: Le Cormier, 1965), pp. 7-8.

————. "Préface" to *Poésie verticale IV* by RJ (Bruxelles: Le Cormier, 1972), pp. 7-9.

Xirau, Ramón. "RJ," in *Poesía iberoamericana contemporánea* (Mexico: SepSetentas, 1972), pp. 139-148. Reproduced in Cedomil Goic (ed.), *Historia y crítica de la literatura hispanoamericana*, vol. III, *Epoca contemporánea* (Barcelona: Crítica, 1988), pp. 263-266.

TAMARA KAMENSZAIN
(Argentina, 1947)

Poetic Works

De este lado del mediterráneo. Buenos Aires: Ediciones Noé, 1973.
Los no. Buenos Aires: Sudamericana, 1977.
La casa grande. Buenos Aires: Sudamericana, 1986.

Other Works

El texto silencioso. Tradición y vanguardia en la poesía sudamericana. Mexico:
Universidad Nacional Autónoma de México, 1983.

Critical Studies

Avellaneda, Andrés. "La experiencia del lenguaje." [*Los no*] *La Opinión* (31 August
1977), 20.
Bellessi, Diana. "La casa de un lenguaje." [*La casa grande*] *Diario de Poesía* 3 (1986), 32.
Carrera, Arturo. "Un libro planeado como un hogar." [*La casa grande*] *La Razón* (28
September 1986), 7.
Chitarroni, Luis. "*La casa grande.*" *Vuelta Sudamericana* 5 (1986), 45.
Levín, Alberto. "*De este lado del mediterráneo.*" *Revista 2001* (1973).
Libertella, Héctor. "Algo sobre la novísima literatura argentina." [*De este lado del
mediterráneo*] *Hispamérica* 6 (1974), 13-19.
Miguel, María Esther de. "El teatro y la escritura." [*Los no*] *El Cronista Comercial* (10
August 1977), 19.
Moreno, María. "Retrato de una joven poetisa argentina." [*Los no*] *La Opinión* (24
January 1978), 11.
Pezzoni, Enrique. "TK, cuerpo, deseo, poesía." [*La casa grande*] *Cultura y Nación* de *El
Clarín* (2 October 1986), 8.
Sánchez, Matilde. "TK, escribir sobre el desamparo." [*La casa grande*] *Cultura y Nación*
de *El Clarín* (2 July 1987).
Santana, Raúl. "Pasado y presente en un poemario." [*De este lado del mediterráneo*] *La
Opinión* (13 November 1973).
Stephens, Doris. "Argentine Literature 1973." *Hispania* (1974), 357.
Veiravé, Alfredo. "La máquina de leer." [*La casa grande*] *Diario Norte en Domingo* (5
October 1986). Chaco, Argentina.

JOSE KOZER
(Cuba, 1940)

Poetic Works

Padres y otras profesiones. New York: Ediciones Villamiseria, 1972.
De Chepén a La Habana. In collaboration with Isaac Goldemberg. New York: Bayú Menorah, 1973.
Este judío de números y letras. Tenerife, Canary Islands: Nuestro Arte, 1975.
Y así tomaron posesión en las ciudades. Barcelona: Ambito Literario, 1978. 2nd. ed., Mexico: Universidad Nacional Autónoma de México, 1979.
La rueca de los semblantes. León, Spain: Provincia, 1980.
Jarrón de las abreviaturas. Mexico: Premiá Editora, 1980.
La garza sin sombras. Barcelona: Llibres del Mall, 1985.
El carillón de los muertos. Buenos Aires: Ultimo Reino, 1987.
Carece de causa. Buenos Aires: Ultimo Reino, 1988.
De donde oscilan los seres en sus proporciones. La Laguna, Tenerife, Canary Islands: H. A. Editor, 1990.

Compilations and Anthologies

Antología breve. Santo Domingo, Dominican Republic: Luna Cabeza Caliente, 1981.
Bajo este cien. Mexico: Fondo de Cultura Económica, 1983.

Bibliographies

Foster, David William. "JK," in *Cuban Literature. A Research Guide* (New York: Garland, 1985), pp. 280-281.

Critical Studies

Books and Dissertations

Culasso, Elisabetta. "La sperimentazione dei mezzi espressivi nella poesia di JK." Tesi di Laurea. Università degli Studi di Firenze, 1990.

Essays, Reviews, Interviews

Alonso, Santos. "La intimidad narrativa de JK." *Nueva Estafeta* (1979), 172-173.
Alvarez Cáccamo, José María. "*Este judío de números y letras*, palabra familiar y mitológica." *Peñalabra* 17 (1975), 36-37.
Angel, Miguel Arnulfo. "JK: un luchador tenaz con las palabras." [Interview] *La Orquesta* 13-14 (1988), 65-68.
Aranguren, Jorge. "La poesía como cauterio." *Kurpil* 5 (1975), 35-37.
Borgeson Jr., Paul. "Lo confesional trascendido." [*Bajo este cien*] *Plural* 14: 166 (1985), 59-60.
Cabrera, Miguel. "La armonía (amor): los campos florecidos." *Códice* 1 (1987), 69-80.

Campos, Sérgio. "A cidadela das significações." *O Galo* 19 (1989), 4-5.
Cervantes, Francisco. *"Bajo este cien* de JK: objeto nuevo pero con vieja entonación racial." *Sábado* (4 February 1984), 10.
Céspedes, Diógenes. *"Antología breve*, de JK," in *Estudios sobre literatura, cultura e ideologías* (2nd. ed., Santo Domingo, Dominican Republic: Ediciones del Taller, 1983), pp. 101-103.
Delgado, Bernardo. *"La rueca de los semblantes." JcF* 10 (1980), 96-97.
Fernández, Fernando. "Un poema de JK." *Los Universitarios* 9 (1989), 26-27. [The poem is "Julio"]
García Ortega, Adolfo. "Comarca de la metáfora." [*La garza sin sombras*] *El País* (6 February 1986), 9.
Heredia, Aída. "Una conversación con JK." *Periódico de Poesía* 14 (1990), 8-13.
Homero, José. "Kozer: tradición y ruptura." *El Semanario de Novedades* 312 (10 April 1988), 11.
Liscano, Juan. "Poesía de JK." *Imagen* 100-21 (1986), 12.
López Adorno, Pedro. "Teoría y práctica de la arquitectura poética kozeriana: apuntes para *Bajo este cien* y *La garza sin sombras." Revista Iberoamericana* 135-136 (1986), 605-611.
Martín, Sabas. "JK: pasión y transfiguración de la palabra." *Chasqui* 13: 2-3 (1984), 60-66. Also in *Cuadenos Americanos* 258: 1 (1985), 141-147.
Matamoro, Blas. *"Y así tomaron posesión en las ciudades." Cuadernos Hispanoamericanos* 357 (1980), 748-749.
————. *"La rueca de los semblantes." Cuadernos Hispanoamericanos* 372 (1981), 703-704.
Milán, Eduardo. *"El carillón de los muertos." Vuelta* 129 (1987), 63-67. Reproduced in *Una cierta mirada* (Mexico: Juan Pablos Editor, Universidad Autónoma Metropolitana, 1989), pp. 71-75.
Minc, Rose S. "Convergencias judeo-cubanas en la poesía de JK." *Cuadernos Americanos* 240 (1980), 111-117.
————. "Revelación y consagración de lo hebraico en la poesía de JK." *Chasqui* 10: 1 (1980), 26-35. Also in English in *Yiddish* 4: 4 (1982), 65-73.
Morales, Andrés. "Bach, Siles, Kozer: tres poetas actuales." *Miradas* 3 (1989), 28-29.
Morales, José Jurado. *"Este judío de números y letras." Azor* 11 (n/d), 58-59.
Mutis, Alvaro. "Los primeros dos mil años de JK." *Sábado* (21 January 1984), 1.
O'Hara, Edgar. "JK, *Bajo este cien." Discurso Literario* 3: 2 (1986), 483-491.
Pedemonte, Hugo Emilio. *"De Chepén a La Habana." Poesía Hispánica* 252 (1973), 92-93.
Plaza, Galvarino. "Isaac Goldemberg y JK: *De Chepén a La Habana." Cuadernos Hispanoamericanos* 301 (1975), 251-252.
Reis, Roberto. "Entrevista: JK." *Chasqui* 6: 1 (1976), 95-99.
Riosalido, Jesús. "JK: *Este judío de números y letras." Arbol de Fuego* 107 (1977), 20-21.
Rodríguez Padrón, Jorge. "La rueca de los semblantes, de JK." *Hora de Poesía* 13 (1980), 31-36.
————. "La poesía de JK." *Eco* 223 (1980), 83-87. Also in *Cultura* (San Salvador) 71 (1981), 39-43.
————. "JK: El texto como teoría y como experiencia." *Cuadernos Hispanoamericanos* 399 (1983), 162-166.
————. "Cauce común: *Carece de causa* de JK" *Inti* 29-30 (1989), 89-99.
Romero, Alberto. "Padres y otras profesiones." *Envíos* 5 (1973), 40.
Santos Betanzos, Manuel. *"De Chepén a La Habana* y *Poemas de Guadalupe." Boreal* 2 (1974), 9-10.
Satue, Francisco. "El misterio del jarrón oriental." [*El jarrón de las abreviaturas*] *Cuadernos Hispanoamericanos* 380 (1982), 497-498.
Schwartz, Kessel. *"Bajo este cien." Hispania* 68: 4 (1985), 790.
Sheridan, Guillermo. *"Y así tomaron posesión en las ciudades." Vuelta* 45 (1980), 43-44.
"Tres jóvenes poetas latinoamericanos en Nueva York." *Papeles* 16 (1972), 66-70.
Zapata, Miguel Angel. "JK y la poesía como testimonio de la cotidianeidad." [Interview] *Inti* 26-27 (1987-1988), 171-186.

JOSE LEZAMA LIMA
(Cuba, 1910-1976)

Poetic Works

Muerte de Narciso. Havana: Ucar García, 1937.
Enemigo rumor. Havana: Ucar García, 1941.
Aventuras sigilosas. Havana: Orígenes, 1945.
La fijeza. Havana: Orígenes, 1949.
Dador. Havana, 1960.
Fragmentos a su imán. Poem-prologue by Octavio Paz. Mexico: Era, 1978. Other ed.,
    Barcelona: Lumen, 1978.

Compilations and Anthologies

Posible imagen de LL. [Anthology] Selection by J. A. Goytisolo. Barcelona: Ocnos,
    1969.
Poesías completas. Havana: Instituto del Libro, 1970.
Poesía completa. Barcelona: Barral Editores, 1975.
    [Contents: Muerte de Narciso. Enemigo rumor. Aventuras sigilosas. La fijeza.
    Dador. Poemas no publicados en libros.]
Obras completas. Mexico: Aguilar, 1975. Introduction by Cintio Vitier. Vol. I: Novela.
    Poesía completa.
    [Contents: Muerte de Narciso. Enemigo rumor. Aventuras sigilosas. La fijeza.
    Dador. Poemas no publicados en libros.]
El reino de la imagen. Selection, prologue and cronology by Julio Ortega. Caracas:
    Biblioteca Ayacucho, 1981.
    [Anthology. It includes poetry, short stories and essays.]
Poesía completa. Havana: Letras Cubanas, 1985.
    [Contents: Muerte de Narciso. Enemigo rumor. Aventuras sigilosas. La fijeza.
    Dador. Fragmentos a su imán. Otros poemas.]
Muerte de Narciso. Antología poética. Selection and prologue by David Huerta. Mexico:
    Era, 1988.

Other Works

Fiction

Short story

La cantidad hechizada. Havana: Unión de Escritores y Artistas de Cuba, 1970.
Relatos. Madrid: Alianza Editorial, 1976.
Cangrejos y golondrinas. Buenos Aires: Calicanto, 1977.
Juego de las decapitaciones. Barcelona: Montesinos, 1984.
Cuentos. Havana: Letras Cubanas, 1987.

Novel

Paradiso. Havana: Unión de Escritores y Artistas de Cuba, 1966.

Oppiano Licario. Mexico: Era, 1977.

Essay

Analecta de reloj. Havana: Orígenes, 1953.
La expresión americana. Havana: Instituto Nacional de Cultura, 1957.
Tratados en La Habana. Santa Clara, Cuba: Universidad Central de las Villas, 1958.
Esferaimagen: Sierpe de Don Luis de Góngora. Las imágenes posibles. Barcelona:
   Tusquets Editor, 1970.
Introducción a los vasos órficos. Barcelona: Barral Editores, 1971.
Las eras imaginarias. Madrid: Fundamentos, 1971.
Imagen y posibilidad. Havana: Letras Cubanas, 1981.
Confluencias: selección de ensayos. Havana: Letras Cubanas, 1988.
La dignidad de la poesía. Barcelona: Versal, 1989.

Letters

Cartas (1939-1976). Madrid: Orígenes, 1979.

Bibliographies

Bejel, Emilio. "Bibliography," in *JLL, Poet of the Image* (Gainesville: University of
   Florida Press, 1990), pp. 158-166.
Bhalla, Alok. "JLL," [bio-bibliography] in *Latin American Writers* (New Delhi: Sterling
   Publishers, 1987), pp. 106-110.
Chiampi, Irlemar. "JLL," [bio-bibliography] in Carlos A. Solé (ed.), *Latin American
   Writers* (New York: Scribner, 1989), vol. III, pp. 1125-1130.
Espinosa, Carlos (ed.). "Bibliografía," in *Cercanía de LL* (Havana: Letras Cubanas,
   1986), pp. 354-356.
Flores, Angel. "JLL," in *Diccionario de escritores hispanoamericanos (1609-1974)* (New
   York: Gordian Press, 1975), pp. 246-248.
Foster, David William. "JLL," in *Cuban Literature. A Research Guide* (New York:
   Gordian Press, 1985), pp. 287-300.
Simón, Pedro (ed.). *Recopilación de textos sobre JLL* (Havana: Casa de las Américas,
   1970), pp. 345-375.
Ulloa, Justo C. (ed.). "Bibliografía," in *JLL: textos críticos* (Miami: Ediciones Universal,
   1979), pp. 115-156.
————. *Sobre JLL y sus lectores: guía y compendio bibliográfico*. Boulder: Society
   of Spanish and Spanish American Studies, 1987.
Vitier, Cintio. "JLL," in *Diccionario de literatura cubana* (Havana: Academia de Ciencias
   de Cuba, Instituto de Literatura y Lingüística, 1968), pp. 49-55.

Critical Studies

Books and Dissertations

Alvarez Bravo, Armando. *LL*. Buenos Aires: Jorge Alvarez, 1968.
Bejel, Emilio. *JLL, Poet of the Image*. Gainesville: University of Florida Press, 1990.
Espinosa, Carlos (ed.). *Cercanía de LL*. Havana: Letras Cubanas, 1986.
   [Includes texts by José Antonio Portuondo, Eduardo Robreño Depuy, Nicolás
   Guillén, Angel Gaztelu, René Portocarrero, Raúl Milián, Virgilio Piñera, Mariano
   Rodríguez, Fina García Marruz, Cintio Vitier, Eliseo Diego, Cleva Solís, Manuel
   Moreno Fraginals, Loló de la Torriente, Roberto Fernández Retamar, Pablo Armando
   Fernández, Antón Arrufat, José Agustín Goytisolo, César López, Manuel Díaz
   Martínez, Julio Cortázar, María Luisa Rodríguez, Ofelia Gronlier, Antonia Soler,

Reynaldo González, Umberto Peña, Miguel Barnet, Julio Ortega, Ciro Bianchi Ross, Pedro Simón, Manuel Pereira and Roberto Pérez León.]

Fernández Sosa, Luis F (ed.). *JLL y la crítica anagógica.* Miami: Universal, 1976.

Hirshbein, Cesia Ziona. *Las eras imaginarias de LL.* Caracas: Academia Nacional de la Historia, 1984.

Junco Fazzolari, Margarita. *"Paradiso" y el sistema poético de LL.* Buenos Aires: García Cambeiro, 1979.

Pérez León, Roberto. *Lezama, en la desmesura de la imagen.* Havana: Departamento de Actividades Culturales, Universidad de La Habana, 1987.

Simón, Pedro (ed.). *Recopilación de textos sobre JLL.* Havana: Casa de las Américas, 1970.

Souza, Raymond D. *The Poetic Fiction of JLL.* Columbia: University of Missouri Press, 1983.

Suárez Galván, Eugenio (ed.). *LL.* Madrid: Taurus, 1987.

————— and Cristina Vizcaíno (comps.). *Coloquio Internacional sobre la obra de JLL.* 2 vol. (I: Poesía; II: Prosa). Madrid: Fundamentos, 1984.

[First volume includes texts by Margarita Fazzolari, Fina García Marruz, Ester Gimbernat de González, Dolores Koch, Benito Pelegrin, Abel Enrique Prieto, Rubén Ríos Avila, Enrico Mario Santí, Saúl Yurkievich.]

Ulloa, Justo C. (ed.). *JLL: textos críticos.* Miami: Universal, 1979.

Valdivieso, Jaime. *Bajo el signo de Orfeo: LL y Proust.* Madrid: Orígenes, 1980.

Essays, Reviews, Interviews

Bejel, Emilio F. "La dialéctica del deseo en *Aventuras sigilosas.*" *Texto Crítico* 13 (1979), 135-145.

—————. "La imagen de LL: Una subversión de la metafísica racionalista." *Cuadernos de Poética* 4: 12 (1987), 45-56.

Bianchi Ross, Ciro. "Asedio a LL." *Quimera* 30 (1983), 30-46.

Camacho-Gingerich, Alina. "Los parámetros del sistema poético lezamiano." *Revista Iberoamericana* 130-131 (1985), 47-72.

Carignano, Dante. "Lezama: Volubilidad electiva y deleite libidinal." *Texto Crítico* 11: 33 (1985), 100-108.

Cascardi, Anthony J. "Reference in LL's *Muerte de Narciso.*" *Journal of Spanish Studies; Twentieth Century* 5: 1 (1977), 5-11.

Chiampi, Irlemar. "Teoría de la imagen y teoría de la lectura en LL." *Nueva Revista de Filología Hispánica* 35: 2 (1987), 485-501.

Cortázar, Julio. "Para llegar a LL," in *La vuelta al día en ochenta mundos* (Mexico: Siglo XXI, 1967), pp. 135-155.

Cortez, Irlemar Chiampi. "LL: la imagen posible." *Revista de la Universidad de México* 38: 13 (1982), 29-31.

Cruz-Malave, Arnaldo. "LL y el 'insularismo': Una problemática de los orígenes." *Ideologies and Literature* 3: 2 (1988), 176-185.

Espinoza, Carlos. "Cintio Vitier evoca a JLL." *Plural* 13: 147 (1983), 23-30.

Fernández Retamar, Roberto. "Poesía trascendentalista," in *La poesía contemporánea en Cuba* (Havana: Orígenes, 1954), pp. 89-99.

—————. "La poesía de JLL," in *Recopilación de textos sobre JLL* (Havana: Casa de las Américas, 1970), pp. 90-99.

Fernández Sosa, Luis F. "Northrop Frye y unos poemas anagógicos de LL." *Hispania* 61: 4 (1978), 877-887.

Ferré, Rosario. "*Oppiano Licario,* o la resurrección por la imagen." *Escritura* 1: 2 (1976), 319-326.

Fossey, Jean-Michel. "Entrevista con JLL," in *Galaxia latinoamericana* (Las Palmas de Gran Canaria: Inventarios Provisionales, 1973), pp. 29-50.

—————. "Diálogos del fanatismo." [Interview] *Revista de la Universidad de México* 31: 12 (1977), 1-6.

Franco, Jean. "LL en el paraíso de la poesía." *Vórtice* 1 (1974), 30-48.

García Ponce, Juan. "La fidelidad a los orígenes," in *Recopilación de textos sobre JLL* (Havana: Casa de las Américas, 1970), pp. 127-129.

———. "Imagen posible de JLL." *Vuelta* 1 (1976), 18-21.

García Marruz, Fina. "La poesía es un caracol nocturno." *Casa de las Américas* 23: 134 (1982), 132-149.

Garrido-Bassanini, Christine. "De Eros y poética: Itinerarios de JLL y Luis Cernuda." *Dissertation Abstracts International* 49: 3 (1988), 516A-517A.

Gimbernat de González, Esther. "*Paradiso*: contracifra de un sistema poético." *Cuadernos Hispanoamericanos* 318 (1976), 671-686.

———. "El regreso de *Oppiano Licario*." *Eco* 222 (1980), 648-664.

González, Eduardo Gumersindo. "Lezama póstumo: navegaciones y regresos." *Escandalar* 3: 1 (1980), 73-79.

González Echevarría, Roberto. "Apetitos de Góngora y Lezama." *Revista Iberoamericana* 92-93 (1975), 479-491.

Goytisolo, José Agustín. "Prólogo" to *Posible imagen de JLL* (Barcelona: Llibres de Sinera, 1969), pp. 9-18.

———. "La espiral milagrosa," in *Fragmentos a su imán* by JLL (Barcelona: Lumen, 1978), pp. 7-21.

Goytisolo, Juan. "La metáfora erótica: Góngora, Joaquín Belda y LL." *Revista Iberoamericana* 42 (1976), 157-175.

Huerta, David. "Trece motivos para Lezama," prologue to *Muerte de Narciso. Antología poética* by JLL (Mexico: Era, 1988), pp. 9-30.

Lavín Cerda, Hernán. "JLL o la agonía verbal." *Texto Crítico* 5: 13 (1979), 126-134. Also in *Cuadernos Americanos* 250: 5 (1983), 84-94.

Lázaro, Felipe. "JLL: fundador de poesía." *Cuadernos Hispanoamericanos* 318 (1976), 713-719.

Lope, Monique de. "Narcisse ailé: étude sur *Muerte de Narciso*, 1937, de JLL." *Caravelle* 29 (1977), 25-44.

López Segrera, Francisco. "LL, figura central del grupo *Orígenes*." *Caravelle* 16 (1971), 87-97.

Lutz, Robyn Rothrock. "The Tribute to Everyday Reality in JLL's *Fragmentos a su imán*." *Journal of Spanish Studies; Twentieth Century* 8: 3 (1980), 249-266.

Matamoros, Blas. "*Oppiano Licario*: seis modelos en busca de una síntesis." *Texto Crítico* 5: 13 (1979), 112-125.

Ortega, Julio. "LL y la cultura hispanoamericana." *Inti* 5-6, (1977), 72-78.

———. "Prólogo" to *El reino de la imagen* by JLL (Caracas: Ayacucho, 1981), pp. IX-XXIX.

———. "La variable Lezama." *Hueso Húmero* 19 (1984), 145-148.

Paternain, Alejandro. "Hylen: a propósito de LL." *Revista Nacional de Cultura* 32: 204 (1972), 10-21.

Pellón, Gustavo. "Portrait of the Cuban Writer as French Painter: Henri Rousseau, JLL's Alter Ego." *Modern Language Notes* 103: 2 (1988), 350-373.

Prats Sariol, José. "El poema-abanico: lectura de JLL." *Diálogos* (Mexico) 17: 97 (1981), 35-40.

Prieto, Abel E. "Poesía póstuma de JLL." *Casa de las Américas* 112 (1979), 143-149.

Riccio, Alessandra. "Martí en JLL." *Annali Istituto Universitario Orientale*, Sezione Romanza (Napoli) 29: 2 (1987), 427-439.

Ríos-Avila, Rubén. "The Origin and the Island: Lezama and Mallarmé." *Latin American Literary Review* 16 (1980), 242-255.

———. "L, Carpentier y el tercer estilo." *Revista de Estudios Hispánicos* 10 (1983), 43-59.

Rodríguez Monegal, Emir. "Un punto de partida." *Mundo Nuevo* 16 (1967), 90-95.

Romero, Armando. "JLL o el epos de la imaginación." *Cuadernos Hispanoamericanos* 412 (1984), 133-140.

Ruiz Barrionuevo, Carmen. "Dos acercamientos a Julián del Casal en la obra de JLL, o la invención de la imagen." *Revista de Filología de la Universidad de La Laguna* 1 (1982), 49-58.

Sánchez Robayna, Andrés. "La imaginación como historia." *Revista de la Universidad de México* 39: 35 (1984), 38-40.

————. "Díptico póstumo de JLL," in *La luz negra* (Madrid: Júcar, 1985), pp. 65-73.

Santí, Enrico-Mario. "Lezama, Vitier y la crítica de la razón reminiscente." *Revista Iberoamericana* 92-93 (1975), 534-546.

————. "Hacia *Oppiano Licario*." *Revista Iberoamericana* 116-117 (1981), 273-279.

Sarduy, Severo. "Dispersión/ falsas notas." *Mundo Nuevo* 24 (1968), 5-17.

————. "*Oppiano Licario* de JLL." *Vuelta* 18 (1978), 32-35.

————. "*Oppiano Licario*: el libro que no podía concluir." *Punto de Contacto/ Point of Contact* 2: 3-4 (1981), 123-131.

Sucre, Guillermo. "LL, el logos de la imaginación." *Revista Iberoamericana* 92-93 (1975), 493-508. Reproduced in *La máscara, la transparencia* (Caracas: Monte Avila, 1975), pp. 181-206.

————. "*Fragmentos a su imán* de JLL." *Vuelta* 28 (1979), 37-39.

Torrriente, Lolo de la. "Epitafio para un poeta." *Cuadernos Americanos* 211: 2 (1977), 211-227.

Valender, James. "Cernuda y LL." *Vuelta* 144 (1988), 65-67.

Vitier, Cintio. "JLL," in *Lo cubano en la poesía* (Santa Clara: Universidad Central de las Villas, 1958), pp. 369-397.

————. "La obra de JLL," prologue to *Obras completas* by JLL (Mexico: Aguilar, 1975), pp. 11-64.

————. "Nueva lectura de Lezama," prologue to *Fragmentos a su imán* by JLL (Barcelona: Lumen, 1978), pp. 23-36.

————. "Martí y Darío en Lezama." *Casa de las Américas* 26: 152 (1985), 4-13.

Xirau, Ramón. "JLL: De la imagen y la semejanza," in *Poesía iberoamericana contemporánea* (Mexico: SepSetentas, 1972), pp. 97-111. Partially reproduced as "Hermetismo en la poesía de LL," in Cedomil Goic (ed.), *Historia y crítica de la literatura hispanoamericana*, vol. III, *Epoca contemporánea* (Barcelona: Crítica, 1988), pp. 220-223.

————. *Poesía y conocimiento: Borges, LL, Octavio Paz*. Mexico: Joaquín Mortiz, 1978.

Yurkievich, Saúl. "JLL: el eros relacionable o la imagen omnívoda y omnívora." *Eco* 194 (1977), 212-223. Reproduced in *La confabulación con la palabra* (Madrid: Taurus, 1978), pp. 116-125. Also reproduced in *Fundadores de la nueva poesía latinoamericana* (1st. expanded edition, Barcelona: Ariel, 1984), pp. 297-309.

Zambrano, María. "Cuba y la poesía de JLL." *Insula* 2602-61 (1968), 4.

ENRIQUE LIHN
(Chile, 1929-1988)

Poetic Works

Nada se escurre. Santiago: Colección Orfeo, 1949.
Poemas de este tiempo y de otro. Santiago: Ediciones Renovación, 1955.
La pieza oscura. 1955-1962. Santiago: Editorial Universitaria, 1963.
Poesía de paso. Havana: Casa de las Américas, 1966.
Escrito en Cuba. Mexico: Era, 1969.
La musiquilla de las pobres esferas. Santiago: Edit. Universitaria, 1969.
Por fuerza mayor. Barcelona: Ocnos-Editorial Llibres de Sinera, 1975.
París, situación irregular. Prologue by Carmen Foxley. Santiago: Ediciones Aconcagua, 1977.
A partir de Manhattan. Santiago: Ediciones Ganymedes, 1979.
Estación de los Desamparados. Mexico: Premiá Editora, 1982.
El Paseo Ahumada. Santiago: Ediciones Minga, 1983.
Al bello aparecer de este lucero. Hanover, New Hampshire: Ediciones del Norte, 1983.
Pena de extrañamiento. Santiago: Sinfronteras, 1986.
Diario de muerte. Santiago: Edit. Universitaria, 1989. [Compilation by Pedro Lastra and Adriana Valdés.]

Compilations and Anthologies

Algunos poemas. Barcelona: Ocnos-Editorial Llibres de Sinera, 1972.
[Anthology of the first four books. Adds the collection *Album de toda especie de poemas*.]
Antología al azar. Lima: Ruray/Poesía, 1981.
Mester de juglaría. Madrid: Hiperión, 1987.
La aparición de la Virgen. Santiago: Cuadernos de libre (e)lección, 1987.
Album de toda especie de poemas. Prologue by EL. Barcelona: Lumen, 1989.

Other Works

Fiction

Short Story

Agua de arroz. Buenos Aires: Centro Editor de América Latina, 1968.

Novel

La cultura en la vía chilena al socialismo. Santiago, Chile: Editorial Universitaria, 1971.
Batman en Chile; o, El ocaso de un ídolo; o, Solo contra el desierto rojo. Buenos Aires: Ediciones de la Flor, 1973.
La orquesta de cristal. Buenos Aires: Sudamericana, 1976.
El arte de la palabra. Barcelona: Pomaire, 1980.
La república independiente de Miranda. Buenos Aires: Sudamericana, 1989.

Bibliographies

Flores, Angel. "EL," in *Bibliografía de escritores hispanoamericanos (1609-1974)* (New York: Gordian Press, 1975), pp. 248-249.
Lastra, Pedro. *Conversaciones con EL* (Xalapa: Universidad Veracruzana, 1980), pp. 135-153.

Critical Studies

Books and Dissertations

Lastra, Pedro. *Conversaciones con EL.* Xalapa, Mexico: Universidad Veracruzana, 1980.

Essays, Reviews, Interviews

Agosin, Marjorie. *"París, situación irregular." American Hispanist* 34-35 (1979), 31.
Alomá, Orlando. "El premio de EL: *Poesía de paso." Cuadernos Hispanoamericanos* 36-37 (1966), 194-195.
Bocaz, Luis. "La poesía de EL," in *Poesía chilena,*1960-1965 (Santiago, 1966), pp. 50-72.
Borinski, Alicia. *"La pieza oscura." Revista Iberoamericana* 34 (1968), 169-170.
————. "Territorios de la historia." *Revista Chilena de Literatura* 24 (1984), 131-135. Also in *Inti* 18-19 (1983-1984), 147-152.
Brito, Juan Daniel. "Diálogo y anti-mito." [*Conversaciones con EL* by Pedro Lastra] *Inti* 12 (1980), 109-110.
Coddou, Marcelo. "Lihn: a la verdad por lo imaginario; entrevista con EL." *Texto Crítico* 11 (1978), 135-157.
Córdova, José Hernán. *"The Dark Room and Other Poems* by EL." *Chasqui* 8: 3 (1979), 98-100.
Daydi-Tolson, Santiago. *"Al bello aparecer de este lucero." World Literature Today* 59: 1 (1985), 60.
Díez-Martínez, Luis A. EL: poeta esclarecedoramente autocrítico (primera parte)." *Hispanic Journal* 1: 2 (1980), 105-115.
————. "La narrativa agenérica de EL (segunda parte)." *Hispanic Journal* 2: 1 (1980), 91-99.
————. "EL: la poética de la reconciliación (tercera parte)." *Hispanic Journal* 2: 2 (1981), 119-131.
Donoso, José. "Poemas de necesidad y sentido." *Ercilla* 1.480 (2 October 1963), 13.
————. "Five Chilean Poets." *AmerW* 16: 5 (1964), 15-20.
Duchesne, Juan Ramón. *"Conversaciones con EL* de Pedro Lastra." *Hispamérica* 31 (1982), 105-107.
Edwards, Jorge. "Un samizdat de EL." *Vuelta* 65 (1982), 51-52.
Elliot, Jorge. "Prólogo" to *La pieza oscura* by EL (Santiago: Edit. Universitaria, 1963), pp. 9-11.
Escobar, Alberto. "Indicios," in *La partida inconclusa. Teoría y método de interpretación literaria* (Santiago: Edit. Universitaria, 1970), pp. 108-114.
————. "Testing a Text." (Translated by Deborah Weinberger) *Review* 23 (1978), 35-37.
"Focus on EL." *Review* 23 (1978), 5-37. [Texts by EL, George Yúdice, Waldo Rojas, Héctor Libertella, Tamara Kamenszain and Alberto Escobar.]
Foxley, Carmen. "Prólogo" to *París, situación irregular* by EL (Santiago: Ediciones Aconcagua, 1977), pp. 11-29. Reproduced in Cedomil Goic (ed.), *Historia y crítica de la literatura hispanoamericana,* vol. III, *Epoca contemporánea* (Barcelona: Crítica, 1988), pp. 260-262.
————. *"Conversaciones con EL* de Pedro Lastra." *Revista de Crítica Literaria Latinoamericana* 17 (1983), 243-244.

Giordano, Jaime. "*A partir de Manhattan.*" *Araucaria de Chile* 10 (1980), 214-215.

Goic, Cedomil. "*La pieza oscura.*" *Anales de la Universidad de Chile* CXXI: 128 (1963), 194-197.

Gottlieb, Marlene Diane. "*The Dark Room and Other Poems.*" *Hispamérica* 25-26 (1980), 177-179.

──────. "Entrevista: EL." *Hispamérica* 36 (1983), 35-44.

Hahn, Oscar. "Los efectos de irrealidad en un cuento de EL." *Revista Chilena de Literatura* 22 (1983), 93-104.

──────. *Texto sobre texto: aproximaciones a Herrera y Reissig, Huidobro, Borges, Cortázar, Lihn* (Mexico: Universidad Nacional Autónoma de México, 1984). [On a short story by EL.]

Ibáñez Langlois, José Miguel. *Poesía chilena e hispanoamericana actual* (Santiago: Editorial Nascimento, 1975), pp. 344-353.

Kamenszain, Tamara. "Creo que me encuentro en un estado de regresión hacia adelante. De Pulgarcito a King Kong's City." *La Opinión Cultural* (27 July 1975), 10-11.

──────. "By the Beak of the Sonnet." (translated by Julia F. Willkie) *Review* 23 (1978), 33-34.

──────. "EL: por el pico del soneto," in *El texto silencioso. Tradición y vanguardia en la poesía sudamericana* (Mexico: Universidad Nacional Autónoma de México, 1983), pp. 37-44.

Laso Jarpa, Hugo. "*Poemas de este tiempo y de otro.*" *Anales de la Universidad de Chile* CXIV: 101 (1956), 165-167.

Lastra, Pedro. "Las actuales promociones poéticas," in *Estudios de lengua y literatura como humanidades* (Santiago: Seminario de Humanidades, 1960), pp. 115-126.

──────. "Conversaciones con EL: las novelas." *Dispositio* 3: 9 (1978), 395-407.

──────. "Conversaciones con EL: cambios de vida." *Revista de la Universidad de México* 33: 7 (1979), 9-15.

──────. "Contrapunto de sobrelibro." *Nueva Atenea* 441 (1980), 131-138.

──────. "Lihn: en los alrededores de *La pieza oscura.*" *Hueso Húmero* 10 (1981), 51-66.

──────. "*Pena de extrañamiento.*" *Hispamérica* 46-47 (1987), 221-222.

Lértora, Juan Carlos. "Sobre la poesía de EL." *Texto Crítico* 3: 8 (1977), 170-180.

Libertella, Héctor. "A Literary Hybrid." (Translated by Edith Grossman) *Review* 23 (1978), 31-32.

Loyola, Hernán. "*Poesía de paso.*" *El Siglo* (8 January 1967).

Marín, Germán. "EL: literatura no invoco tu nombre en vano." *Camp de l'Arpa* 55-56 (1978), 67-69.

Milán, Eduardo. "Al bello aparecer." [*Al bello aparecer de este lucero*] *Revista de la Universidad de México* 40 (1984), 42-43.

Muñoz Millanes, José. "'El fantasma de carne y hueso' de EL como lectura de las imágenes técnicamente reproducidas," in Miguel Angel Garrido Gallardo (ed.), *Teoría semiótica: Lenguajes y textos hispánicos* (Madrid: Consejo Superior de Investigaciones Científicas, 1985), pp. 199-213.

Muñoz, Rafael José. "*Poesía de paso.*" *El Universal* (Caracas), (2 July 1966), 6.

O'Hara, Edgar. "La poesía de EL," in *Desde Melibea* (Lima: Ruray, 1980), pp. 121-131.

──────. "EL o la perfección del estilo." [Interview] *Casa del Tiempo* 25 (1982), 22-28.

──────. "La palabra en el espectáculo," in *Cuerpo de reseñas* (Lima: Ediciones del Azahar, 1984), pp. 62-66.

──────. "*Estación de los desamparados.*" *Revista de Crítica Literaria Latinoamericana* 19 (1984), 194-197.

Oliphant, Dave. "On Translating the Poetry of EL." *Dactylus* 6 (1986), 61-67.

Ortega, Julio. "*A partir de Manhattan.*" *Vuelta* 43 (1980), 39-40.

──────. "*Al bello aparecer de este lucero.*" *Vuelta* 107 (1985), 49-50.

Ossa, Carlos. "Una visión panorámica de la obra del poeta chileno EL. Esta inmensa forma de estar." *La Opinión Cultural* (27 July 1975), 9-10.

Oviedo, José Miguel. "EL en la tierra baldía." *El Comercio* (12 March 1967), 26.

──────. "Poemas de EL y Armando Rojas." *Revista de la Universidad de México* 34: 8 (1980), 31-33.

"*París, situación irregular.*" *Atenea* 434 (n/d), 280-282.

Piña, Juan Andrés. "EL: impugnaciones sobre literatura y lenguaje. Un ejercicio retórico." *Mensaje* (Santiago) XXVI: 265 (1977), 748-751.

Plaza, Galvarino. "*Por fuerza mayor.*" *Cuadernos Hispanoamericanos* 300 (1975), 747-748.

————. "*París, situación irregular.*" *Cuadernos Hispanoamericanos* 325 (1977), 203-204.

Rebaza, Luis. "El poema de la miseria en la economía del libre mercado." [Interview] *Códice* 2 (1988), 138-147.

Rodríguez Padrón, Jorge. "La obra poética de EL: notas de acceso." *Hora de Poesía* 16-17 (1982).

————. "La palabra solidaria de EL." *Eco* 271 (1984), 51-58. Also in *Enlace* 1 (1984), 6-7.

Rojas, Waldo. "Lihn ¿aún poeta joven?" *Atenea* 417 (1967), 209-213.

————. "Prólogo" to *La musiquilla de las pobres esferas* by EL (Santiago: Edit. Universitaria, 1969), pp. 9-12.

————. "A Generation's Response to *The Dark Room.*" (Translated by Edith Grossman) *Review* 23 (1978), 25-30.

————. "A manera de prefacio: *La pieza oscura* en la perspectiva de una lectura generacional," in *La pieza oscura* by EL (2nd. ed., Madrid: Ediciones Lar, 1984), pp. 9-27.

Santibáñez Vivanco, Roger. "*París, situación irregular.*" *Revista de Crítica Literaria Latinoamericana* 3: 6 (1977), 155-157.

Schopf, Federico. "La ciudad en la poesía chilena: Neruda, Parra, Lihn." *Revista Chilena de Literatura* 26 (1985), 37-53.

Sucre, Guillermo. "Poesía crítica: lenguaje y silencio." *Revista Iberoamericana* 76-77 (1971), 575-597. [Includes other poets.]

————. "La trampa de la historia," in *La máscara, la transparencia* (Caracas: Monte Avila Editores, 1975), pp. 327-328.

Valdés, Adriana. "Escritura y silenciamiento." *Mensaje* 276 (1979), 41-44.

Yamal, Ricardo. "El diálogo intertextual en *Al bello aparecer de este lucero* de EL." *Revista Chilena de Literatura* 27-28 (1986), 109-119.

Yúdice, George. "The Poetics of the Breakdown." *Review* 23 (1978), 20-24.

JUAN LISCANO
(Venezuela, 1915)

Poetic Works

8 poemas. Caracas, 1939.
Contienda. Caracas: Elite, 1942.
Del alba al alba; poema. Caracas: Tipografía La Nación, 1943.
Humano destino. Buenos Aires: Nova, 1949.
Tierra muerta de sed. París: Librería Española de Ediciones, 1954.
Nuevo Mundo Orinoco. Caracas: Cordillera, 1959. Other ed., Buenos Aires: Alfa, 1976.
Rito de sombra. Caracas: Cordillera, 1961.
Cármenes. Buenos Aires: Losada, 1966.
Edad obscura. Caracas, 1969.
Los nuevos días. Caracas, 1971.
Animalancia. Caracas, 1976.
Rayo que al alcanzarme, 1974-1976. Caracas: Monte Avila, 1978.
El viaje. Mérida, Venezuela: Universidad de los Andes, 1978.
Fundaciones. Caracas: Monte Avila, 1981.
Myesis. Caracas: Fundarte, 1982.
Domicilios. Caracas: Fundarte, 1986.
Vencimientos. Caracas: Galería Durban, 1986.

Compilations and Anthologies

Nombrar contra el tiempo. [Anthology, 1942-1967] Caracas: Monte Avila, 1968.

Other Works

Essay

Folklore y cultura, ensayos. Caracas: Avila Gráfica, 1950.
Caminos de la prosa (comentarios). Caracas: Tall Civa, 1953.
Rómulo Gallegos y su tiempo; ensayo. Caracas: Universidad Central de Venezuela, 1961.
El aumento de la población. Caracas: Fundación Eugenio Mendoza, 1967.
Rómulo Gallegos por JL. Mexico: Novaro, 1968.
La Fiesta de San Juan el Bautista. Caracas: Monte Avila, 1973.
Panorama de la literatura venezolana actual. Caracas: Publicaciones Españolas, 1973.
Aproximación a Yugoslavia: notas de viaje. Caracas: Monte Avila, 1974.
Espiritualidad y literatura: una relación tormentosa. Barcelona: Seix-Barral, 1976.
El horror por la historia. Caracas: Editorial Ateneo de Caracas, 1980.
Testimonios sobre artes plásticas. Caracas: Consejo Nacional de la Cultura, 1981.
Descripciones. Prologue by Alberto Girri. Buenos Aires: Ediciones de la Flor, 1983.
Bolívar, el otro. Barquisimento, Venezuela: Fundacultura, 1985.
Lecturas de poetas y poesía. Caracas: Academia Nacional de la Historia, 1985.
Reflexiones para jóvenes capaces de leer. Caracas: Publicaciones Seleven, 1985.

Los mitos de la sexualidad en oriente y occidente: el amor es lo que ama y no lo amado. Barcelona: Laia, Alfadil Ediciones, 1988.
21 prólogos y un mismo autor. Caracas: Academia Nacional de la Historia, 1990.

Bibliographies

"Bibliografía de JL." *Poesía* (Universidad de Carabobo) 67 (1987), 25-27.

Critical Studies

Books and Dissertations

Machado, Arlette. *El apocalipsis según JL. Conversaciones.* Caracas: Publicaciones Seleven, 1987.
Silva, Ludovico. *Los astros esperan: Poesía y mito en Myesis de JL.* Caracas: Alfadil Ediciones, 1985.

Essays, Reviews, Interviews

Claudio, Iván. "JL, poesía en gris para un nuevo mundo," in *21 ensayos sobre poesía venezolana* (Caracas: Gráfica Americana, 1964), pp. 9-14.
Cobo Borda, Juan Gustavo. "JL: *Nombrar contra el tiempo,*" in *La otra literatura latinoamericana* (Bogotá: El Ancora, Procultura, Colcultura, 1982), pp. 17-19.
Cúneo, Dardo. "JL: Desde la raíz," in *Aventura y letra de América Latina* (Caracas: Monte Avila, 1975), pp. 315-318.
————. "Ensayo sobre un rescate: *Nuevo Mundo Orinoco,* de JL." *Revista Nacional de Cultura* 225 (1976), 69-92.
"Entrevista a JL." *Poesía* (Universidad de Carabobo) 67 (1987), 1-11.
García Robles, Hugo. "Noticia sobre *Nuevo Mundo Orinoco,*" in *Nuevo Mundo Orinoco* by JL (Buenos Aires: Alfa, 1976), pp. 7-20.
López Ruiz, Juvenal. "La inquisición apasionada." *Revista Nacional de Cultura* 199 (1971), 27-29.
Mendoza Pimentel, Juan. "Prólogo" to *Esto ya fue una vez* by JL (Caracas: Maraven, 1980), pp. 7-11.
Ruschi Crespo, María Julia de. "*El viaje.*" *Vuelta* 34 (1979), 31-33.
Santaella, Juan Carlos. "Sobre un libro de JL." [*Rayo que al alcanzarme*] *Eco* 221 (1980), 551-554.
Sucre, Guillermo. "La poesía del cuerpo," in *La máscara, la transparencia* (2nd. ed., Mexico: Fondo de Cultura Económica, 1985), pp. 351-352.
Vargas, Vilma. *El devenir de la palabra poética. Venezuela, siglo XX* (Caracas: Universidad Central de Venezuela, 1980), pp. 45-60. [Includes other poets.]
Volkow, Verónica. "*Rayo que al alcanzarme.*" *Vuelta* 36 (1979), 46-47.
Xirau, Ramón. "*Animalancia.*" *Vuelta* 4 (1977), 37.
Zapata, Miguel Angel. "La poesía de JL: Materia prima de la Gran Obra." [Interview] *Inti* 26-27 (1987-1988), 225-231.

EDUARDO LIZALDE
(Mexico, 1929)

Poetic Works

La furia blanca. Mexico, 1956.
La mala hora. Mexico: Los Presentes, 1956.
La tierra de Caín. Tres poemas [by EL, Enrique González Rojo and Raúl Leiva]. Mexico: Ideas de México, 1956.
Odesa y Cananea. Mexico: Cuadernos del Unicornio, 1958.
Cada cosa es Babel; poema. Mexico: Universidad Nacional Autónoma de México, 1966.
El tigre en la casa. Guanajuato, Mexico: Universidad de Guanajuato, 1970.
La zorra enferma: malignidades, epigramas, incluso poemas. Mexico: Joaquín Mortiz, 1975.
Caza mayor. Mexico, 1979.
Tercera Tenochtitlan: Poema. Mexico: Katún, 1983.
Tabernarios y eróticos. Mexico: Edit. Vuelta, 1988.

Compilations and Anthologies

Memoria del tigre, 1962-1982. Mexico: Katún, 1983.
 [Contents: Cada cosa es Babel. El tigre en la casa. La zorra enferma. Caza mayor. Poemas de la última época.]
Tigre, Tigre! Mexico: Fondo de Cultura Económica, 1985.
 [Contents: El tigre en la casa. Caza mayor.]
Antología impersonal. Mexico: SEP, Lecturas Mexicanas, 1986.

Other Works

Autobiografía de un fracaso: el poeticismo. Mexico: Martín Casillas, 1981.

Critical Studies

Arellano, Jesús. *"La mala hora."* *Metáfora* 10 (1956), 34-35.
Batis, Huberto. *"Cada cosa es Babel."* *La Cultura en México* 237 (1966), XVI.
Blanco, José Joaquín. "EL," in *Crónica de la poesía mexicana* (2nd. ed., Culiacán: Universidad Autónoma de Sinaloa, 1978), pp. 237-238.
Campos, Marco Antonio. "Doce preguntas a EL." *Revista de Bellas Artes* 24 (1975), 24-27.
————. "La garra y el corazón del tigre: EL entrevistado por Marco Antonio Campos." *Vuelta* 114 (1986), 46-50. Reproduced in *De viva voz* (Mexico: Premiá Editora, 1986), pp. 39-47.
Castañón, Adolfo. "Una palabra visionaria." [*La zorra enferma*] *Plural* 5: 3 (1975), 64-65.
Díaz Llanillo, Esther. *"La cámara."* *Casa de las Américas* 7 (1961), 70-72.
González Dueñas, Daniel and Alejandro Toledo. "La celebración del tigre. Entrevista de Dabiel González Dueñas y Alejandro Toledo." *Periódico de Poesía* 7 (1988), 4-7.

Martínez Torres, José and Alberto Vital. "Si hoy tuviéramos dioses (La poesía de EL)," in
    Norma Klahn and Jesse Fernández (comps.), *Lugar de encuentro. Ensayos sobre
    poesía mexicana actual* (Mexico: Katún, 1987), pp. 113-121.
Mendiola, Víctor Manuel. *"Memoria del tigre." Vuelta* 84 (1983), 50-51.
Milán, Eduardo. *"Tabernarios y eróticos." Vuelta* 138 (1988), 53-55. Reproduced in *Una
    cierta mirada* (Mexico: Juan Pablos Editor, Universidad Autónoma Metropolitana,
    1989), pp. 124-127.
Morales Caballero, Josué. "El arquetipo y sus predicados." [*Caza mayor*] *La Palabra y el
    Hombre* 36 (1980), 103-105.
Moreno Villarreal, Jaime. "Más le queda al tigre cuando envejece." [*Caza mayor*] *Revista
    de la Universidad de México* 34: 5 (1980), 41-42.
Sheridan, Guillermo. *"Caza mayor." Vuelta* 38 (1980), 35-37.
Xirau, Ramón. "EL en su *Caza mayor." Diálogos* 16: 92 (1980), 47-48.

FRANCISCO MADARIAGA
(Argentina, 1927)

Poetic Works

El pequeño patíbulo. Buenos Aires: Letra y línea, 1953.
Las jaulas del sol. Buenos Aires: 1960.
El delito natal. Buenos Aires: Sudamericana, 1963.
Los terrores de la suerte, 1963-1965. Rosario: Biblioteca Popular Constancio Vigil, 1967.
El asaltante veraniego. Buenos Aires: Ediciones del Mediodía, 1968. [Includes the first two books]
Tembladerales de oro. Buenos Aires: Interlínea, 1973.
Aguatrino. Buenos Aires: Edición del autor, 1976.
Llegada de un jaguar a la tranquera y otros poemas. Buenos Aires: Botella al Mar, 1980.
Una acuarela móvil. Buenos Aires: El Imaginero, 1985.
Resplandor de mis bárbaras (1967-1985). Buenos Aires: Libros de Tierra Firme, 1985.

Compilations and Anthologies

La balsa mariposa. Corrientes: Municipalidad de la Ciudad de Corrientes, 1982. [Includes all the poetic works until date.]
Poemas. [Anthology] Prologue by Juan Antonio Vasco. Caracas: Fundarte, 1983.
El tren casi fluvial. Obra reunida. Buenos Aires: Fondo de Cultura Económica, 1987. [Contents: Seis poemas de adolescencia (1942-1947). El pequeño patíbulo (1954). Las jaulas del sol (1960). El delito natal (1963). Los terrores de la suerte (1967). El asaltante veraniego (1967). Tembladerales de oro (1973). Aguatrino (1976). Llegada de un jaguar a la tranquera y otros poemas (1980). Una acuarela móvil (1985). Resplandor de mis bárbaras (1967-1985). Imagen del poeta (1985).]

Critical Studies

Cobo Borda, Juan Gustavo. "FM," in Juan Gustavo Cobo Borda, María Julia de Ruschi Crespo and Ricardo Herrera, *Usos de la imaginación* (Buenos Aires: El Imaginero, 1984), pp. 61-65.
————. "FM," in *Visiones de América Latina* (Bogotá: Tercer Mundo Editores, 1987), pp. 77-83.
Herrera, Ricardo. "Hacia la utopía sangrante. Un ensayo sobre FM," in Juan Gustavo Cobo Borda, María Julia de Ruschi Crespo and Ricardo Herrera, *Usos de la imaginación* (Buenos Aires: El Imaginero, 1984), pp. 144-158.
Kamenszain, Tamara. *"Llegada de un jaguar a la tranquera." Vuelta* 66 (1982), 31-33.
————. "FM o el domingo criollo de las palabras," in *El texto silencioso* (Mexico: UNAM, 1983), pp. 59-69.
Portella, Oscar. "Un delta en la poesía de FM," in *Llegada de un jaguar a la tranquera* by FM (Buenos Aires: Botella al Mar, 1980), pp. 9-11.
————. "El resplandor de la gracia poética." *Megafón* (Buenos Aires) 17-18 (1986), 139-142.
Vasco, Juan Antonio. "Prólogo" to *Poemas* by FM (Caracas: Fundarte, 1983), pp. 5-8.

CARLOS MARTINEZ RIVAS
(Nicaragua, 1924)

Poetic Works

El paraíso recobrado. Granada, Nicaragua: Cuadernos del Taller San Lucas, 1943.
La insurrección solitaria. Mexico: Edit. Guarania, 1953. 2nd. ed., San José, Costa Rica:
    EDUCA, 1973. 3rd. ed., Managua: Nueva Nicaragua, 1982.

Critical Studies

Arellano, Jorge Eduardo. "Dos poetas nicaragüenses de la generación del 40." *Cuadernos
    Hispanoamericanos* 285 (1974), 619-626.
Argueta, Manlio. "*La insurrección solitaria*." *Revista Histórico-Crítica de Literatura
    Centroamericana* 1 (1974), 89-92.
"CMR: un rebelde solitario." *Repertorio Latinoamericano* 2: 14 (1976).
Láscaris Comneno, Constantino. "CMR." *Cuadernos Hispanoamericanos* 299 (1975),
    474-476.
Morales, Beltrán. "*La insurrección solitaria*" and "La puesta en el sepulcro," in *Sin páginas
    amarillas* (Managua: Ediciones Nacionales, 1975), pp. 57-63 y 95-96.
Paz, Octavio. "Legítima defensa," in *Las peras del olmo* (Barcelona: Seix-Barral, 1974),
    pp. 180-182.
Plaza, Galvarino. "*La insurrección solitaria*." *Cuadernos Hispanoamericanos* 322-323
    (1977), 413.
White, Steven. "MR y Baudelaire: dos pintores de la vida moderna." *Cuadernos
    Hispanoamericanos* 469-470 (1989), 81-92.
————. "Entrevista con CMR." *Cuadernos Hispanoamericanos* 469-470 (1989), 93-
    104.

EDUARDO MILAN
(Uruguay, 1952)

Poetic Works

Secos y mojados. Montevideo: Ediciones de la Banda Oriental, 1974.
Estación, estaciones. Montevideo, 1975.
Nervadura. Barcelona: Llibres del Mall, 1985.

Other Works

Una cierta mirada. Mexico: Juan Pablos Editor, Universidad Autónoma Metropolitana, 1989. [Reviews on contemporary Latin American poetry]

Bibliographies

"EM," in *Diccionario de literatura uruguaya* (Montevideo: Arca, 1987), pp. 79-80.

Critical Studies

Achugar, Hugo. "Neo-vanguardia y poesía joven de Uruguay." *Eco* 193 (1977).
Appratto, Roberto. *"Nervadura." Jaque* (30 August 1985).
Estrázulas, Enrique. "Primer vuelo; camino abierto." *El Día* (15 September 1975).
Paternain, Alejandro. "Una palabra expresada en el momento justo." *El Día* (22 July 1976).
Quijano, Mauricio. "Entrevista a EM." *Revista de la Universidad de México* 450 (1988), 38-40.
Ulacia, Manuel. *"Nervadura." Vuelta* 110 (1986), 50-51.
Zapata, Miguel Angel. "EM: El poeta en el paisaje del texto." [Interview] *Inti* 26-27 (1987-1988), 245-250.

GONZALO MILLAN
(Chile, 1947)

Poetic Works

Relación personal. Santiago, Chile: Arancibia Hermanos, 1968.
La Ciudad. Québec: Les Éditions Maison Culturelle Québec-Amerique Latine, 1979.
Seudónimos de la muerte (*1973-1983*). Santiago, Chile: Ediciones Manieristas, 1984.
Vida (*1968-1972*). Ottawa: Ediciones Cordillera, 1984.
Virus. Santiago, Chile: Ganymedes, 1987.

Critical Studies

Boccanera, Jorge. "El infierno ha entrado a la ciudad." [*La Ciudad*] *Plural* 10: 112 (1981), 81-82.
Campos, Javier. "La visión de la infancia mutilada y su proyección a la mujer y a los espacios sociales en la poesía de GM," in *La joven poesía chilena en el período 1961-1973* (Minneapolis: Institute for the Study of Ideologies and Literature; Concepción: Lar, 1987), pp. 39-69.
Concha, Jaime. "Mi otra cara, hundida dentro de la tierra." [*Relación personal*] *Atenea* 421-422 (1969), 425-434.
————. "Exilio, conciencia; coda sobre la poesía de Millán." *Maize* V: 1-2 (1981-1982), 7-15.
Giordano, Jaime. "*La Ciudad*." *Araucaria de Chile* 11 (1980), 215-216.
————. "GM y Oscar Hahn: Integración de las formas escriturales," in *Dioses, Antidioses... Ensayos críticos de poesía hispanoamericana* (Concepción: Lar, 1987), pp. 309-323.
Lillo, G. "Entrevista a GM." *La ventana* (1981).
O'Hara, Edgar. "Millán: la convicción histórica." [*La Ciudad*] *Hueso Húmero* 9 (1981), 143-147.
Olivera-Williams, María Rosa. "Poesía del exilio: el Cono Sur." [On Enrique Fierro, GM and Juan Gelman] *Revista Hispánica Moderna* 41: 2 (1988), 125-141.
Quezada, Jaime. "El recurso del silabario." [*La Ciudad*] *Ercilla* (23 January 1980), 47.
Rojo, Grínor. "Poesía chilena del exilio: a propósito de *La Ciudad* de GM." *Ideologies and Literature* 4: 17 (1983), 256-278.
Skármeta, Antonio. "*Relación personal*." *Revista Chilena de Literatura* 1 (1970), 91-95.
Varas, José Miguel. "*Virus*." *Araucaria de Chile* 44 (1989), 212-213.
White, Steven. "Reconstruir la ciudad: dos poemas chilenos del exilio." *Literatura chilena* 23 (1983), 12-15. Reproduced in Ricardo Yamal (ed.), *La poesía chilena actual* (*1960-1984*) *y la crítica* (Concepción, Chile: Lar, 1988), pp. 167-180.

PEDRO MIR
(Dominican Republic, 1913)

Poetic Works

Hay un país en el mundo. Havana: Talleres de La Campaña Cubana, 1949. Other eds.,
   Santo Domingo: Ediciones Claridad, 1962; Santo Domingo: Editora Taller, 1976.
Contracanto a Walt Whitman; canto a nosotros mismos. Guatemala: Ediciones Saker-Ti,
   1952.
Amén de mariposas. Santo Domingo: Nuevo Mundo, 1969.
Poemas de buen amor y a veces de fantasía. Santo Domingo: Nuevo Mundo, 1969.
El huracán Neruda: elegía con una canción desesperada. Santo Domingo: Taller, 1975.

Compilations and Anthologies

Viaje a la muchedumbre. [Anthology] Santo Domingo: Ediciones Lucerna, 1971. Other
   ed., with a prologue by Jaime Labastida, Mexico: Siglo XXI, 1972.
Hay un país en el mundo y otros poemas. Santo Domingo: Taller, 1982.
   [Contains almost all his poetic works.]
Homenaje a PM. [Anthology] Santo Domingo: Editora Alfa & Omega, 1983.

Other Works

Fiction

Cuando amaban las tierras comuneras. Mexico: Siglo XXI, 1978.

Essay

*Tres leyendas de colores: ensayo de interpretación de las tres primeras revoluciones del
   Nuevo Mundo.* Santo Domingo: Editora Nacional, 1969.
Apertura a la estética. Santo Domingo: Universidad Autónoma de Santo Domingo, 1974.
El gran incendio: los balbuceos americanos del capitalismo mundial. 3rd. ed., Santo
   Domingo: Ediciones del Taller, 1978.
Fundamentos de teoría y crítica de arte. Santo Domingo: Universidad Autónoma de Santo
   Domingo, 1979.
La noción de periodo en la historia dominicana. Santo Domingo: Universidad Autónoma
   de Santo Domingo, 1981.
Buen viaje, Pancho Valentín!: memorias de un marinero. Santo Domingo: Taller, 1981.
Las raíces dominicanas de la Doctrina de Monroe. Santo Domingo: Taller, 1984.
Historia del hombre en la República Dominicana. Santo Domingo: Editora Corripio,
   1987.

Critical Studies

Books and Dissertations

Fernández-Fragoso, Víctor. "De la noche a la muchedumbre: los cantos épicos de PM." Doctoral dissertation. University of Connecticut, 1978.

Essays, Reviews, Interviews

Alcántara Almanzar, José. "PM," in *Estudios de poesía dominicana* (Santo Domingo, Dominican Republic: Edit. Alfa y Omega, 1979), pp. 219-242.

Arvelo, Alejandro. "Marxismo versus racionalismo en el capítulo sobre Hegel del libro *Apertura a la estética* de PM." *Cuadernos de Poética* 1: 2 (1984), 53-59.

Catalá, Rafael. "Una lectura de 'Autorretrato' de PM." *Caribe* 12 (1976), 95-108.

————. "Evolución del pensamiento en poetas del Caribe: Manuel Navarro Luna, Clemente Soto Vélez y PM." *Alcance* 1: 2 (1983), 18-22. Reproduced in Rose S. Minc (ed.), *Literatures in Transition: The Many Voices of the Caribbean Area: A Symposium* (Upper Montclair, NJ: Hispamérica, Montclair State College, 1982), pp. 97-106.

García Lorenzo, Orlando. "Historia y poesía en PM." *Bohemia* 76: 5 (1984), 16-19.

Gutiérrez, Franklin. "Estructura poética en la obra de PM." *Alcance: Revista Literaria* 1: 1 (1983), 3-4.

Hernández Rueda, Lupo. "PM," in *La generación del 48 en la literatura dominicana* (Santiago, Dominican Republic: Universidad Católica Madre y Maestra, 1981), pp. 130-134.

Inchaústegui Cabral, Héctor. "PM," in *Escritores y artistas dominicanos* (Santiago, Dominican Republic: Universidad Católica Madre y Maestra, 1978), pp. 173-174.

Labastida, Jaime. "El viaje de PM hacia la muchedumbre," prologue to *Viaje a la muchedumbre* by PM (Mexico: Siglo XXI, 1972), pp. IX-XIV.

Maldonado Denis, Manuel. "*Viaje a la muchedumbre*." *Claridad* (8 July 1973), 22.

Matos Moquete, Manuel. "Poética política en la poesía de PM." *Cuadernos de Poética* 5: 13 (1987), 5-21. Also in *Revista Iberoamericana* 142 (1988), 199-211.

Pérez-Montaner, Jaime. "Walt Whitman en mangas de camisa." *Chasqui* 3: 3 (1974), 50-55.

Piña Contreras, Guillermo. "PM," [interview] in *Doce en la literatura dominicana* (Santiago, Dominican Republic: Universidad Católica Madre y Maestra, 1982), pp. 91-111.

Rivera Martínez, Mildred. "Juan Bosch y PM: dos diálogos sobre la sociedad y la cultura dominicana (1885-1915)." *Nuevo Texto Crítico* 1: 1 (1988), 151-174.

Rosario Candelier, Bruno. "*Hay un país en el mundo* (Evocación de PM)." *Eme Eme: Estudios Dominicanos* 8: 47 (1980), 37-40. Reproduced in Bruno Rosario Candelier (ed.), *Ensayos críticos: análisis de textos dominicanos contemporáneos* (Santiago, Dominican Republic: Universidad Católica Madre y Maestra, 1982), pp. 159-163.

Santana, Joaquín. "PM: ¡Mi poesía es hija del exilio!" [Interview] OCLAE 4 (1978), 13.

Santos Moray, Mercedes. "Mir en primera plana." *Casa de las Américas* 15: 90 (1975), 138-141.

————. "Tres poetas de una isla." *Casa de las Américas* 15: 90 (1975), 138-141.

Schmidt-Rodríguez, Aileen. "Tras el secreto de la creación literaria: entrevista a PM." *Areito* 10: 38 (1984), 39-40.

Torres-Saillant, Silvio. "Caribbean Poetics: Aesthetics of Marginality in West Indian Literature." [PM, Edward Kamau Brathwaite, René Depestre] Doctoral dissertation. New York University, 1991.

EDUARDO MITRE
(Bolivia, 1943)

Poetic Works

Elegía a una muchacha. Cochabamba: Universidad Mayor de San Simón, 1965.
Morada. Caracas: Monte Avila, 1975.
Ferviente humo. Cochabamba: Portales, 1976. 2nd. ed. Cochabamba: Hipótesis, 1978.
Mirabilia. La Paz: Hipótesis, 1979.
Razón ardiente. La Paz: Ediciones Altiplano, 1983.
Desde tu cuerpo. La Paz: Ediciones Altiplano, 1984.
La luz del regreso. La Paz: Ediciones Portales, 1990.

Compilations and Anthologies

El peregrino y la ausencia. Antología poética. Madrid: Ediciones de Cultura Hispánica, 1988.

Other Works

Huidobro, hambre de espacio y sed de cielo. Caracas: Monte Avila, 1980.
El árbol y la piedra: poetas contemporáneos de Bolivia. Selection and critical study by EM. Caracas: Monte Avila, 1986.

Critical Studies

Antezana, Luis H. "Palabras, espacios y cuerpos." [*Morada*] *La Palabra y el Hombre* 24 (1977), 105-113. Reproduced in *Elementos de semiótica literaria* (La Paz: Instituto Boliviano de Cultura, 1977), pp. 94-108.
"*Desde tu cuerpo*." *Hipótesis. Revista boliviana de literatura* 20-21 (1984), 157-161. [Not signed]
García Pabón, Leonardo. "*Mirabilia*." *Hipótesis. Revista boliviana de literatura* 13 (1982), 173-178.
————. "Poesía boliviana 1960-1980: Entre la realidad y el lenguaje." *Hipótesis. Revista boliviana de literatura* 19 (1984), 318-327. [On Oscar Cerruto, Jaime Saenz, Pedro Shimose and EM.]
Milán, Eduardo. "*La luz del regreso*." *Vuelta* 173 (1991), 46.
Quinteros Soria, Juan. "La palabra 'dicha': sobre la poesía de EM." *Revista Iberoamericana* 134 (1986), 207-218.
"*Razón ardiente*." *Hipótesis. Revista boliviana de literatura* 18 (1983), 245-246. [Not signed]
Sheridan, Guillermo. "*Mirabilia*." *Vuelta* 43 (1980), 38-39.
Soto, Gustavo. "*Ferviente humo*." *Hipótesis. Revista boliviana de literatura* 8-9 (1978), 154-156.
Wiethüchter, Blanca. "El espacio del deseo. Lectura de *Morada* de EM," in *El paseo de los sentidos. Estudios de literatura boliviana contemporánea* (La Paz: Instituto Boliviano de Cultura, 1983), pp. 89-105.

ENRIQUE MOLINA
(Argentina, 1910)

Poetic Works

Las cosas y el delirio. Buenos Aires: Sudamericana, 1941.
Pasiones terrestres. Buenos Aires: Emecé, 1946.
Costumbres errantes o la redondez de la tierra. Buenos Aires: Botella al Mar, 1951.
Amantes antípodas. Buenos Aires: Losada, 1961.
Fuego libre. Buenos Aires: Losada, 1962.
Las bellas furias. Buenos Aires: Losada, 1966.
Monzón Napalm, ocho poemas. Buenos Aires: Ediciones Sunda, 1968.
Los últimos soles. Buenos Aires: Sudamericana, 1980.
El ala de la gaviota. Mexico: Universidad Autónoma Metropolitana, 1985. Other ed.,
   Barcelona: Tusquets, 1989.

Compilations and Anthologies

Hotel pájaro; antología, 1941-1966. Buenos Aires: Centro Editor de América Latina,
   1967.
Amantes antípodas y otros poemas. [Anthology] Prologue by André Coyné. Barcelona:
   Ocnos, 1974.
Obra poética. Caracas: Monte Avila, 1978.
   [Contents: Las cosas y el delirio. Pasiones terrestres. Costumbres errantes o la
   redondez de la tierra. Amantes antípodas. Fuego libre. Las bellas furias. Monzón
   Napalm. Poemas recientes.]
Páginas de EM seleccionadas por el autor. Preliminary study by Delfín Leocadio Garasa.
   Buenos Aires: Celtia, 1983.
Obras completas. 2 vol. Buenos Aires: Corregidor, 1984 and 1987.
   [Contents: Vol. 1: Una sombra donde sueña Camila O'Gorman. Ensayos.
   Vol. 2: *Obra poética*: Las cosas y el delirio. Pasiones terrestres. Costumbres
   errantes o la redondez de la tierra. Amantes antípodas. Fuego libre. Las bellas
   furias. Monzon Napalm. Los últimos soles. Poemas recientes.]

Other Works

Una sombra donde sueña Camila O'Gorman. Buenos Aires: Losada, 1973.
   [Novel. Poetic prose.]

Bibliographies

"Bibliografía de EM," in *Obras completas* by EM, vol. 1 (Buenos Aires: Corregidor,
   1984), pp. 355-356.
Foster, David William. "EM," in *Argentine Literature. A Research Guide* (2nd ed., New
   York: Garland, 1982), pp. 579-580.

Critical Studies

Books and Dissertations

Mendoza, Roseanne. "La poesía de EM: aventura del deseo." Doctoral dissertation. University of Pittsburgh, 1978.

Essays, Reviews, Interviews

Alifano, Roberto. "Escrito en el ala de una gaviota." [Interview] *Vuelta* 107 (1985), 40-43.

Alonso, Rodolfo. "La obra de EM." [*Obra poética*] *Plural* 109 (1980), 82.

Barnatán, Marcos Ricardo. "EM y el surrealismo argentino." *Insula* 337 (1974), 5.

Baumgart, Claudia. "EM," in *Historia de la literatura argentina*. Vol. 5. *Los Contemporáneos* (Buenos Aires: Centro Editor de América Latina, 1982), pp. 219-226.

Bayley, Edgar. "Sobre EM." *Zona Franca* 3: 13-14 (1979), 21.

Ceselli, Juan José. "*Amantes antípodas*, un libro de EM." *Clarín* (22 March 1962).

Cobo Borda, Juan Gustavo. "La poesía de EM." *Eco* 236 (1981), 127-138. Reproduced in *La otra literatura latinoamericana* (Bogotá: El Ancora, Procultura, Colcultura, 1982), pp. 73-83.

————. "Molina: el viaje que no cesa." *Eco* 268 (1984), 447-448.

————. "EM," in Juan Gustavo Cobo Borda, María Julia de Ruschi Crespo and Ricardo Herrera, *Usos de la imaginación* (Buenos Aires: El Imaginero, 1984), pp. 56-59.

Consté, Alberto. "Entrevista a EM." *Primera Plana* (6 June 1967).

Coyné, André. "Prólogo" to *Amantes antípodas y otros poemas* by EM (Barcelona: Ocnos, 1974).

Fernández Moreno, César. *La realidad y los papeles. Panorama y muestra de la poesía argentina contemporánea* (Madrid: Aguilar, 1967), pp. 260-262.

Ghiano, Juan Carlos. "EM," in *Poesía argentina del siglo XX* (Buenos Aires: Fondo de Cultura Económica, 1957), pp. 214-217.

Gorbea, Federico. "*Fuego libre.*" *Zona de la Poesía Americana* 1 (1963), 13-14.

Juarroz, Roberto. "Poesía, pasión y memoria." [*Las bellas furias*] *Encuentro* 6 (1967), 3-5.

Larrauri, Agustín O. "*Costumbres errantes.*" *Sur* 205 (1951), 70-77.

Malpartida, Juan. "EM o el lenguaje de la pasión." *Cuadernos Hispanoamericanos* 459 (1988), 107-113.

Martínez, David. "Trayectoria vital de un poeta, EM." *La Nación* (17 June 1962).

Matamoro, Blas. "EM: la sal y el sol del exilio." *Nueva Gaceta* (1981), 80-83.

Morán, Carlos Roberto. "*Obra poética.*" *Revista Nacional de Cultura* 243 (1980), 233-235.

Nicchi, Ubaldo. "EM, o viñas de fuego." *Macedonio* 6-7 (1970), 21-27.

O'Hara, Edgar. "EM: 'Soy un acompañante del surrealismo'." [Interview] *Plural* 146 (1983), 9-13.

Ortega, Julio. "Notas sobre EM." *Revista Iberoamericana* 69 (1969), 531-538. Reproduced in *Figuración de la persona* (Barcelona: Edhasa, 1971), pp. 235-244.

————. "La escritura de la vanguardia." *Revista Iberoamericana* 106-107 (1979).

Paz, Octavio. "*Amantes antípodas.*" *Zona de la Poesía Americana* 3 (1964), 3.

Pezzoni, Enrique. "Mito y poesía en EM." *Revista Iberoamericana* 78 (1972), 57-72; and *Revista Iberoamericana* 125 (1983), 767-782. Reproduced in *El texto y sus voces* (Buenos Aires: Sudamericana, 1986), pp. 107-127.

Ramírez, Josué. "Las alas de EM" [*El ala de la gaviota*]. *La Orquesta* 4 (1986), 47.

Rey, Elisa. "Prólogo" to *Obras completas* by EM, vol. 1 (Buebos Aires: Corregidor, 1984), pp. 7-17.

Roggiano, Alfredo. "El surrealismo en América y EM," in Instituto Internacional de Literatura Iberoamericana, *Surrealismo/ surrealismos, Latinoamérica y España* (Philadelphia: University of Pennsylvania, 1978), pp. 81-91.

Rosales, César. *"Costumbres errantes."* *Sur* 205 (1951), 70-77.
Running, Thorpe. "EM: an Argentine's dalliance with Dalí." *LAD* 15: 1 (1980), 4-5.
————. "Surrealists poetics in EM's *Una sombra donde sueña Camila O'Gorman.*"
    Chasqui 9: 2-3 (1980), 23-29.
Sosa López, Emilio. "Tres poetas argentinos modernos: Molinari, Molina y Girri." *Sur*
    348 (1981), 81-88.
Soto, Luis Emilio. "El primer libro de EM." *Argentina Libre* (19 March 1942).
Sucre, Guillermo. "Espacio rojo y espacio blanco." *Eco* 136 (1971), 356-382.
————. "La belleza demoniaca del mundo," in *La máscara, la transparencia* (Caracas:
    Monte Avila, 1975), pp. 413-421; 2nd. ed. (Mexico: Fondo de Cultura Económica,
    1985), pp. 359-366.
————. "Juicio crítico [Molina]," in *Poesía argentina contemporánea* (Buenos Aires:
    Fundación Argentina para la Poesía, 1978), pp. 537-544.
Torres Fierro, Danubio. "Un poeta en la intemperie, entrevista a EM." *Revista de la
    Universidad de México* 9 (1982). Reproduced in *Obras completas* by EM, vol. 1
    (Buenos Aires: Corregidor, 1984), pp. 341-351. Also in *Memoria plural.
    Entrevistas a escritores latinoamericanos* (Buenos Aires: Sudamericana, 1986), pp.
    183-195.
Valenzuela, Víctor M. "Don EM: un credo filosófico." *Nueva Democracia* 41: 2 (1961),
    55-57.
Vargas Portugal, Rubén. *"El ala de la gaviota."* *Vuelta* 170 (1991), 50-51.
Vera Ocampo, Raúl. "Un lenguaje nacido de la intuición y del asombro." *Zona Franca* 3:
    13-14 (1979), 22-23.
Verges, Pedro. "EM, un amante terrestre." *Camp de L"Arpa* 14 (1974), 17-18.
Viola Soto, Carlos. "Algunas reflexiones sobre *Amantes antípodas* y la poesía de EM."
    Sur 279 (1962), 64-69.
Vitale, Ida. "El sueño de la historia." [*Una sombra donde sueña Camila O'Gorman*] *Plural*
    4: 6 (1975), 73-75.
Zolezzi, Emilio. "EM," in *Poesía, conflicto y asentimiento. Estudios sobre poesía
    argentina* (Buenos Aires: Editorial Universitaria de Buenos Aires, 1986), pp. 61-68.

EUGENIO MONTEJO
(Venezuela, 1938)

Poetic Works

Humano paraíso. Valencia, Venezuela: Impresiones Clima, 1959.
Elegos. Caracas: Edit. Arte, 1967.
Muerte y memoria. Caracas: Ediciones de la Dirección de Cultura de la Universidad de Carabobo, 1972.
Algunas palabras. Caracas: Monte Avila, 1976.
Terredad. Caracas: Monte Avila, 1978.
Trópico absoluto. Caracas: Fundarte, 1982.
Alfabeto del mundo. Barcelona: Laia, 1987.

Compilations and Anthologies

Alfabeto del mundo. Prologue by Américo Ferrari. Mexico: Fondo de Cultura Económica, 1988.
[Anthology and last book.]

Other Works

Fiction

El cuaderno de Blas Coll. Caracas: Fundarte, 1981.

Essay

La ventana oblicua. Valencia, Venezuela: Ediciones de la Dirección de Cultura de la Universidad de Carabobo, 1974.
El taller blanco. Caracas: Fundarte, 1983.

Critical Studies

Aquebeque, Gladys. "Una mirada hacia la poética de EM." *Revista Nacional de Cultura* 258 (1985), 211-213.
Arraiz Lucca, Rafael. "Venezolanische poesie: un paseo para turistas." *Insula* 512-513 (1989).
Balza, José. "Orfeo y su cassette." *El Nacional* (5 September 1982).
————. "*Alfabeto del mundo*." *Vuelta* 135 (1988), 53-54.
Barrientos, Raúl. "Muestra parcial de poesía venezolana." *Extremos* 5 (1988).
Borges Iribarren, Ignacio. "El *Orfeo* de EM." *Imagen* (1987).
Castillo Buils, David. "El alfabeto de la época de EM." *Hora de Poesía* 55-56 (1988), 172-173.
Ferrari, Américo. "EM y el alfabeto del mundo," prologue to *Alfabeto del mundo* by EM (Mexico: Fondo de Cultura Económica, 1988), pp. 9-28.
Hohlfeldt, Antonio. "A sobrevivência da poesia," in *O poeta sem rio. El poeta sin río* by EM (Porto Alegre: Editora Movimento/ Carlos Tortolero Editor, 1985), pp. 7-12.

Lastra, Pedro. "El pan y las palabras: poesía de EM." *Inti* 18-19 (1983-1984), 211-215.

Milán, Eduardo. "El alfabeto del cuerpo." [*Alfabeto del mundo*] *Vuelta* 152 (1989), 52-53.

Rivera, Francisco. "La poesía de EM." *Eco* 232 (1981), 415-432. Reproduced in *Inscripciones* (Caracas: Fundarte, 1981), pp. 87-110.

Sucre, Guillermo. "La metáfora del silencio," in *La máscara, la transparencia* (2nd. ed., Mexico: Fondo de Cultura Económica, 1985), pp. 309-312.

MARCO ANTONIO MONTES DE OCA
(Mexico, 1932)

Poetic Works

Ruina de la infame Babilonia. Supplement to *Medio Siglo* (Mexico, 1953). 2nd. ed.,
   Mexico: Stylo, 1954.
Contrapunto de la fe. Prologue by José Enrique Moreno. Mexico: Los Presentes, 1955.
Pliego de testimonios. Mexico: Metáfora, 1956.
Cantos al sol que no se alcanza. Mexico: Fondo de Cultura Económica, 1961.
Fundación del entusiasmo. Mexico: Universidad Nacional Autónoma de México, 1963.
La parcela en el edén. Mexico: Pájaro Cascabel, 1964.
Vendimia del juglar. Mexico: Joaquín Mortiz, 1965.
Pedir el fuego. Mexico: Joaquín Mortiz, 1968.
Se llama como quieras. Mexico: Universidad Nacional Autónoma de México, 1974.
Lugares donde el espacio cicatriza. Mexico: Joaquín Mortiz, 1974.
Las constelaciones secretas. Mexico: Fondo de Cultura Económica, 1976.
En honor a las palabras. Mexico: Joaquín Mortiz, 1979.
Migraciones y vísperas. Mexico: Oasis, 1983.
Cuenta nueva y otros poemas. Mexico: Martín Casillas, 1983.
Tablero de orientaciones. Mexico: Premiá Editora, 1984.
Vaivén. Mexico: Joaquín Mortiz, 1986.

Compilations and Anthologies

Delante de la luz cantan los pájaros. Mexico: Fondo de Cultura Económica, 1959.
   [Contents: Ruina de la infame Babilonia. Contrapunto de la fe. Pliego de
   testimonios. Ofrendas y epitafios.]
Poesía reunida (1953-1970). Mexico: Fondo de Cultura Económica, 1971.
   [Contents: Ruina de la infame Babilonia. Contrapunto de la fe. Pliego de
   testimonios. Ofrendas y epitafios. Cantos al sol que no se alcanza. Fundación del
   entusiasmo. La parcela en el edén. Vendimia del juglar. Las fuentes legendarias.
   Autobiografía. El corazón de la flauta. Pedir el fuego.]
   [Note: The poems are in alphabetical order.]
Poesía, crimen y prisión. Antología. Mexico: Secretaría de Gobernación, 1975.
Comparecencias. Poesía, 1968-1980. Presentation by Octavio Paz. Prologue by Ramón
   Xirau. Barcelona: Seix-Barral, 1980.
   [Contents: El corazón de la flauta (1968). Soy todo lo que miro (1973). Se llama
   como quieras (1974). Las constelaciones secretas (1976). Poemas de la
   convalescencia (1979). Sistemas de buceo (1980).]
Altanoche. [Anthology] Mexico: SEP, Lecturas Mexicanas, 1986.
Pedir el fuego. Poesía, 1953-1987. Mexico: Planeta-Joaquín Mortiz, 1987.
   [Contents: I. Delante de la luz cantan los pájaros (1953-1970): Ruina de la infame
   Babilonia. Contrapunto de la fe. Pliego de testimonios. Razón de ser. Cantos al sol
   que no se alcanza. Bajo la tórrida ceremonia sin eclipse. Fundación del entusiasmo.
   La parcela en el edén. Vendimia del juglar. Las fuentes legendarias. La casa por la
   ventana.
   II. Comparecencias (1968-1980): El corazón de la flauta. Arena y viento. Soy todo
   lo que miro. Se llama como quieras. Constelaciones secretas. Poemas de la
   convalescencia. Sistemas de buceo.

III. Atado de viajero (1974-1987): Lugares donde el espacio cicatriza. En honor de las palabras. El cielo errante. Cuenta nueva. Los vitrales de la mariposa. Tablero de orientaciones. Vaivén. Copos de sol.]

Other Works

Autobiografía. Prologue by Emmanuel Carballo. Mexico: Empresas Editoriales, 1967.

Bibliographies

Foster, David William. "MAMO," in *Mexican Literature. A Bibliography of Secondary Sources* (Metuchen, N. J.: Scarecrow Press, 1981), pp. 237-239.
Ocampo, Aurora and Ernesto Prado Velázquez. "MAMO," in *Diccionario de escritores mexicanos* (Mexico: Universidad Nacional Autónoma de México, 1967), pp. 240-241.

Critical Studies

Books and Dissertations

Weller, Celia Elaine Richmond. "The Poetry of MAMO." Doctoral dissertation. University of Kansas, 1976. *Dissertation Abstracts International* 37 (1977), 5163A-5164A.

Essays, Reviews, Interviews

Alvarez, Federico. *"Vendimia del juglar." Revista de Bellas Artes* 4 (1965), 89-91.
Arana, María Dolores. "El torrencial lirismo de MAMO." *Papeles de Son Armadans* 245-246 (1976), 263-270.
Arellano, Jesús. *"Pliego de testimonios." Metáfora* 14 (1957), 10-16.
Brotherston, Gordon. "Montes de Oca in the light of the revised versions of *Pliego de testimonios." Bulletin of Hispanic Studies* 44 (1967), 28-40.
————. "MAMO and 'The Splendor of this World'." *Books Abroad* 45: 1 (1971), 36-41.
Carballo, Emmanuel. "Prólogo" to *Autobiografía* by MAMO (Mexico: Empresas Editoriales, 1967), pp. 5-13.
Castañon, Adolfo. "Sacrificio e inocencia." [*Lugares donde el espacio cicatriza* and *Se llama como quieras*] *Plural* 4: 11 (1975), 63-65.
Castellanos, Rosario. *"Pliego de testimonios." Metáfora* 13 (1957), 40.
Castro Leal, Antonio. "Notas sobre Montes de Oca." *Vida Literaria* 15-16 (1971), 8-11.
Castro Morales, Ma. Belén. "La poesía de MAMO: La 'inteligencia del lenguaje'." *Revista de Filología de la Universidad de La Laguna* (1981), 75-80.
Chumacero, Alí. *"Pliego de testimonios." México en la Cultura* 396 (1956), 2.
————. "Montes de Oca, enemigo del reposo o el canto solitario del poeta." *México en la Cultura* 555 (1959), 4. Reproduced in *Los momentos críticos* (Mexico: Fondo de Cultura Económica, 1987), pp. 205-207.
Cohen, J. M. "The Eagle and the Serpent." *The Southern Review* 1: 2 (1965), 361-374.
Durán, Manuel. "Jaime Sabines y MAMO: a study in contrast." *Mundus Artium* 3: 2 (1970), 44-55.
————. *"En honor de las palabras." World Literature Today* 55: 2 (1981), 283.
Elizondo, Salvador. "El poeta y su espacio." *Vida Literaria* 15-16 (1971), 12-13.
————. "Traducciones: la poesía transformada." [Aridjis and Montes de Oca] *Plural* 4: 8 (1975), 75-76.
Escalante, Evodio. "MAMO o el impulso romántico." *Revista de la Universidad de México* 455 (1988), 18-26.

Espejo y Díaz, Beatriz. *"Fundación del entusiasmo."* *El rehilete* 10 (1964), 52-53.
Flores, Miguel Angel. "MAMO: ese inmenso mar poético." *Revista Iberoamericana* 150 (1990), 225-233.
Forster, Merlin H. "Four contemporary Mexican poets: MAMO, Gabriel Zaid, José Emilio Pacheco, Homero Aridjis," in *Tradition and Renewal* (Urbana: University of Illinois Press, 1975), pp. 139-156.
González de León, Ulalume. "Montes de Oca: un balance." *Vuelta* 17 (1978), 25-27.
González Zamora, Ernesto. *"Ruina de la infame Babilonia."* *Ideas de México* 5 (1954), 224-225.
Guardia, Miguel. *"Contrapunto de la fe."* *Metáfora* 5 (1955), 34-36.
Hoeksema, Thomas. *"Twenty-One Poems."* *Hispania* 67: 1 (1984), 152-153.
Koch, Dolores M. *"Comparecencias."* *Hispamérica* 11: 31 (1982), 112-113.
————. "MAMO: Siempre el esplendor," in Norma Klahn and Jesse Fernández (comps.), *Lugar de encuentro. Ensayos sobre poesía mexicana actual* (Mexico: Katún, 1987), pp. 123-134.
Leal, Luis. "Conversando con MAMO." *Códice* 2 (1988), 151-155.
Lechner, Jan. "Hacia una poética de MAMO," in David Kossoff, José Amor y Vázquez, Ruth Kossoff and Geoffrey Ribbans (eds.), *Actas del VIII Congreso de la Asociación Internacional de Hispanistas*, II (Madrid: Istmo, 1986), pp. 129-136.
Leiva, Raúl. *"Cantos al sol que no se alcanza."* *Nivel* 38 (1962), 3.
————. "La poesía de MAMO." *Cuadernos del Congreso por la Libertad de la Cultura* 73 (1963), 45-47.
————. "La poesía de MAMO." *Cuadernos Americanos* 167 (1969), 174-193.
Marini, Claude. "Montes de Oca: algunos elementos de una arte poética." *Revista de la Universidad de México* 40: 43 (1984), 15-19.
Milán, Eduardo. "Apuntes sobre la nueva cuenta." [*Cuenta nueva y otros poemas*] *Revista de la Universidad de México* 39: 30 (1983), 44-45.
————. *"Vaivén."* *Vuelta* 126 (1987), 47-50. Reproduced in *Una cierta mirada* (Mexico: Juan Pablos Editor, Universidad Autónoma Metropolitana, 1989), pp. 39-43.
————. *"Pedir el fuego."* *Vuelta* 131 (1987), 49-51. Reproduced in *Una cierta mirada* (Mexico: Juan Pablos Editor, Universidad Autónoma Metropolitana, 1989), pp. 96-101.
Montemayor, Carlos. *"En honor de las palabras."* *Vuelta* 42 (1980), 40-41.
Montero, José Antonio. *"La parcela en el edén."* *Nivel* 23 (1964), 3.
Nandino, Elías. *"Pliego de testimonios."* *Estaciones* 2: 5 (1955), 94.
Pailler, Claire. *"Cuenta nueva y otros poemas."* *Caravelle* 42 (1984), 204-208.
————. *"Tablero de orientaciones."* *Caravelle* 45 (1985), 145-149.
Paredes, Alberto. *"Tablero de orientaciones."* *Vuelta* 100 (1985), 64-65.
Paz, Octavio. "Presentación" to *Comparecencias* by MAMO (Barcelona: Seix-Barral, 1980), pp. 5-6.
Pereira, Teresinha Alves. "A poesia de Montes de Oca." *Minas Gerais, Suplemento literário* (13 May 1972), 10.
Pieyre de Mandiargues, André. *"Sistemas de buceo,"* in *Comparecencias* by MAMO (Barcelona: Seix-Barral, 1980), pp. 195-197.
Poniatowska, Elena. "Montes de Oca y Juan Rulfo." *Mexico en la Cultura* 509 (1958), 2, 10.
Sánchez, Luis Alberto. "Sobre la nueva poesía mexicana." [*Delante de la luz cantan los pájaros*] *El Libro y el Pueblo* 2-3 (1959-1960), 109-112.
Selva, Mauricio de la. *"Delante de la luz cantan los pájaros."* *Revista Iberoamericana* 50 (1960), 364-368.
————. "Novela y poesía. III. MAMO." *Cuadernos Americanos* 109 (1960), 287-290.
Torres Fierro, Danubio. "Entrevista con MAMO." *Vuelta* 46 (1980), 22-28.
Velázquez, Jaime G. "Indicios del tiempo." [*Comparecencias*] *Revista de la Universidad de México* 36: 3 (1981), 42-43.
West, Paul. "A Propeller in the Hand." *Review* 24 (s/f), 100-103.
Xirau, Ramón. "The new poetry of Mexico —MAMO." *Recent Books in Mexico* 10: 4 (1963), 1-2.

————. "*Las constelaciones secretas.*" *Vuelta* 3 (1977), 37-38.

————. "*El lago de los signos* de Manuel Durán y *En honor de las palabras* de MAMO." *Diálogos* 16: 91 (1980), 52-53.

————. "Prólogo" to *Comparecencias* by MAMO (Barcelona: Seix-Barral, 1980), pp. 7-12.

————. "*Comparecencias.*" *Vuelta* 59 (1981), 34-35.

ALVARO MUTIS
(Colombia, 1923)

Poetic Works

La balanza. [In collaboration with Carlos Patiño] Bogotá: Talleres Gráficos, 1948.
Los elementos del desastre. Buenos Aires: Losada, 1953.
Memoria de los hospitales de Ultramar. In *Mito* 26 (1959).
Los trabajos perdidos. Mexico: Era, 1965.
Caravansary. Mexico: Fondo de Cultura Económica, 1981.
Los emisarios. Mexico: Fondo de Cultura Económica, 1984.
Crónica regia y Alabanza del reino. Madrid: Cátedra, 1985.
Un homenaje y siete nocturnos. Mexico: Ediciones El Equilibrista, 1986. Other ed.,
    Pamplona: Pamiela, 1987.

Compilations and Anthologies

Summa de Maqroll el Gaviero (*Poesía 1947-1970*). Prologue by Juan Gustavo Cobo
    Borda. Barcelona: Barral Editores, 1973.
Maqroll el Gaviero. [Anthology] Selection by Fernando Charry Lara and Juan Gustavo
    Cobo Borda. Prologue by Charry Lara. Bogotá: Instituto Colombiano de Cultura,
    1975.
Poemas. [Selection and note by the author] Mexico: Universidad Nacional Autónoma de
    México (Material de Lectura 24), n/d.
Poesía y prosa. (Complete works until 1981). Bogotá: Instituto Colombiano de Cultura,
    1982.
    [Includes interviews and critical studies on Mutis.]
Obra literaria. (Complete works until 1985). *I. Poesía (1947-1985) II. Prosas.* Bogotá:
    Procultura, Presidencia de la República, 1985.
Summa de Maqroll el Gaviero (*Poesía 1948-1988*). Mexico: Fondo de Cultura
    Económica, 1989.
    [Complete poetic works until 1988.]

Other Works

Fiction

Diario de Lecumberri. Xalapa, Mexico: Universidad Veracruzana, 1960.
La mansión de Araucaíma. Buenos Aires: Sudamericana, 1973. ["Novela gótica en tierra
    caliente"]
La verdadera historia del flautista de Hamelin. Mexico: Ediciones Penélope, 1982. [Short
    story]
La muerte del estratega. Mexico: Fondo de Cultura Económica, 1987. [Complete prose
    works until 1985]
La nieve del almirante. Madrid: Alianza Editorial, 1986.
Ilona llega con la lluvia. Mexico: Diana, 1988. [There are other editions]
Un bel morir. Mexico: Diana, 1989. [There are other editions]
La última escala del Tramp Steamer. Mexico: Ediciones El Equilibrista, 1988.
Amírbar. Madrid: Siruela, 1990. [There are other editions]

Bibliographies

Castillo, Ariel. "Bibliografía de y sobre AM," in Santiago Mutis Durán (ed.), *Tras las rutas de Maqroll el Gaviero* (Bogotá: Proartes, Revista Gradiva, 1988), pp. 383-413.

Critical Studies

Books and Dissertations

Cobo Borda, Juan Gustavo. *AM*. Bogotá: Procultura, 1989.
Hernández, Consuelo. "El poema: una fértil miseria." Masters Thesis. Universidad Simón Bolívar (Venezuela), 1984.
Ilian Kronfly, María Victoria. "AM: una conciencia de la desesperanza." Licenciatura Thesis. Universidad de los Andes (Venezuela), 1976.
Montiel Toledo, Rocío. "AM: Las metamorfosis de una poesía." Licenciatura Thesis. Universidad Nacional Autónoma de México, 1985.
Mutis Durán, Santiago (ed.). *Tras las rutas de Maqroll el Gaviero*. Bogotá: Proartes, Revista Gradiva, 1988.
[Includes poems by AM; articles by Alberto Zalamea, Ernesto Volkening, Miguel de Ferdinandy, Severo Sarduy, Ricardo Cano Gaviria, Alberto Ruy Sánchez, R.H. Moreno-Durán, Julio Olaciregui, Adolfo Castañón, Guillermo Sheridan, David Jiménez, Eduardo García Aguilar, Fernando Cruz Kronfly, Francisco Cervantes, Augusto Pinilla, Jaime García Terrés, Jaime Jaramillo Escobar, Roberto Burgos Cantor, Armando Romero and Louis Panabiere; interviews by Cristina Pacheco, Juan Gustavo Cobo Borda, Rosita Jaramillo, Ana María Cano, Bernardo Hoyos, Gonzalo Valdés Medellín, Eduardo García Aguilar and Umberto Valverde; and a bibliography by Ariel Castillo.]

Essays, Reviews, Interviews

Barnechea, Alfredo and José Miguel Oviedo. "La historia como estética," [interview] in *Poesía y prosa* by AM (Bogotá: Instituto Colombiano de Cultura, 1982), pp. 576-597.
Camacho, Eduardo. "AM," in *Sobre literatura colombiana e hispanoamericana* (Bogotá: Instituto Colombiano de Cultura, 1978), pp. 115-117.
Carlson, Lori M. "AM: Introduction to *Caravansary*." *Review* 33 (1984), 11.
Castillo, Ariel. "Las confirmaciones de un orden: los últimos poemas de Mutis." [*Un homenaje y siete nocturnos*] *La Orquesta* 13-14 (1988), 31-38.
Cervantes, Francisco. "*Los emisarios* de AM. La tenaz oposición del mundo." *Sábado* (27 April 1985), 10-11.
Charry Lara, Fernando. "*Los trabajos perdidos*." *Eco* 61 (1965), 111-115.
————. "AM," in *Lector de poesía* (Bogotá: Instituto Colombiano de Cultura, 1975), pp. 57-62.
————. "AM," in *Poesía y poetas colombianos* (Bogotá: Procultura, Presidencia de la República, 1985).
Cobo Borda, Juan Gustavo. "La poesía de AM." *Eco* 141-142 (1972), 155-204. Reproduced as prologue to *Summa de Maqroll el Gaviero* (Barcelona: Barral Editores, 1973), pp. 7-52.
————. "AM," in *La alegría de leer* (Bogotá: Instituto Colombiano de Cultura, 1976), pp. 25-44.
————. "Rescate de textos: el primer poema de AM." *Eco* 205 (1978), 100.
————. "AM: 'Soy gibelino, monárquico y legitimista'. Una entrevista de Juan Gustavo Cobo Borda." [Interview] *Eco* 237 (1981), 250-258.
————. "Dos poetas colombianos." *Diálogos* 20: 120 (1984), 24-31.
————. "Dos poetas de *Mito*: AM y Fernando Charry Lara." *Revista Iberoamericana* 130-131 (1985), 89-102.

————. "AM y su *Summa de Maqroll el Gaviero*," in *Poesía colombiana* (Medellín: Universidad de Antioquia, 1987), pp. 159-172.

Cros, Fernando. "Son muchos los mundos perdidos." [Interview] *Revista de la Universidad de Antioquia* 205 (1986), 113-119. Also in *Torre de Papel* 3 (1986), 24-32.

Eyzaguirre, Luis. "AM o la transitoriedad de la palabra poética." *Inti* 18-19 (1983-1984), 83-90.

Ferdinandy, Miguel de. "'El estratega': un cuento de AM." *Eco* 237 (1981), 266-270.

Ferguson, William. "*Crónica regia y alabanza del reino*." *World Literature Today* 60: 4 (1986), 608.

————. "*Los emisarios*." *World Literature Today* 60: 1 (1986), 79-80.

Flores, Miguel Angel. "AM: la saga de Maqroll." *Revista de la Universidad de México* 37: 10 (1982), 44-47.

García Márquez, Gabriel. "*Los elementos del desastre*." *Magazín Dominical de El Espectador* (21 March 1954). Reproduced in *Entre cachacos I. Obra periodística*. Vol. III (Bogotá: Oveja Negra, 1982), pp. 109-113.

Gimferrer, Pere. "La poesía de AM," in *Poesía y prosa* by AM (Bogotá: Instituto Colombiano de Cultura, 1982), pp. 702-705.

Giraldo, Leonel. "En mitad del sueño, en mitad del mar, en mitad de la vida," in *Poesía y prosa* by AM (Bogotá: Instituto Colombiano de Cultura, 1982), pp. 698-701.

Hill, Nick. "A Sketch-Map of AM. *Reseña de los Hospitales de Ultramar*." *University of Dayton Review* 18: 1 (1986), 69-81.

Jaramillo, Eduardo. "La poesía de AM: el trópico y la desesperanza." *Universitas Humanística* 18 (1982), 59-78.

Libreros, Beatriz. "AM, su mansión y el aire." *Magazín Dominical de El Espectador* (29 December 1985), 6-10.

López Colomé, Pura and Francisco Cervantes. "De la literatura y el destino I, II y III. Conversación con AM." *Sábado* (2, 9 and 16 August 1986).

Marco, Joaquín. "*Summa de Maqroll el Gaviero*," in *Literatura hispanoamericana: del modernismo a nuestros días* (Madrid: Espasa-Calpe, 1987), pp. 271-277.

Medellín, Arturo and Raúl Antonio Cota. "AM. La poesía es la más alta, la más definitiva, la más total protesta que se puede dar." [Interview] *Artimaña* 1 (1984), 20-25.

Milán, Eduardo. "Conversación con AM." *Vuelta* 128 (1987), 62-64.

————. "AM entrevisto." *La Orquesta* 13-14 (1988), 19-30.

O'Hara, Edgar. "*Caravansary* de AM." *Revista de Crítica Literaria Latinoamericana* 9: 17 (1983), 244-246. Reproduced in *Cuerpo de reseñas* (Lima: Ediciones del Azahar, 1984), pp. 103-104.

————. "*Los emisarios*: respuestas que son preguntas." *Casa del Tiempo* 57 (1985), 62-65.

Oviedo, José Miguel. "*Summa de Maqroll el Gaviero*." *Eco* 159 (1979), 329-331.

————. "*Caravansary* de AM. Hastío y fervor." *Vuelta* 67 (1982), 35-36.

Pacheco, José Emilio. "La fuerza original de AM," in *Poesía y prosa* by AM (Bogotá: Instituto Colombiano de Cultura, 1982), pp. 686-687.

Paz, Octavio. "*Los hospitales de Ultramar*," in *Puertas al campo* (Mexico: UNAM, 1967). Reproduced in *Poesía y prosa* by AM (Bogotá: Instituto Colombiano de Cultura, 1982), pp. 681-685.

Perales, Mely. "Conversación indiscreta con AM." *Hombre de Mundo* 10 (1979), 79-84. A fragment is reproduced as "La sola palabra intelectual me produce urticaria," in *Poesía y prosa* by AM (Bogotá: Instituto Colombiano de Cultura, 1982), pp. 658-659.

Pérez Luna, Elizabeth. "No soy muy optimista con relación a este continente," [interview] in *Poesía y prosa* by AM (Bogotá: Instituto Colombiano de Cultura, 1982), pp. 605-609.

Poniatowska, Elena. "Interview with AM." *Hispania* 61: 3 (1978), 539-541.

Rábago Palafox, Gabriela. "AM. El hombre se acabará el día que se acabe la poesía," [interview] in *Poesía y prosa* by AM (Bogotá: Instituto Colombiano de Cultura, 1982), pp. 610-616.

Reyes, Juan José. "AM: la inspiración, regreso a nuestras obsesiones." [Interview] *El Semanario de Novedades* (22 and 29 September 1985).

Romero, Armando. "Gabriel García Márquez, AM, Fernando Bolero: tres personas distintas, un objetivo verdadero." *Inti* 16-17 (1982-1983), 135-146.
Salas, Horacio. "*La mansión de Araucaíma.*" *Cuadernos Hispanoamericanos* 342 (1978), 710-711.
Sefamí, Jacobo. "Dos poetas y su tiempo." *Dactylus* 6 (1986), 55-60.
————. "Maqroll y sus relatos. Entrevista con AM." *Los Universitarios* 13 (1990), 4-7.
Sheridan, Guillermo. "*La mansión de Araucaíma.*" *Revista de la Universidad de México* 30: 10 (1976), 43.
————. "'La vida, la vida verdaderamente vivida...' Una entrevista con AM." *Revista de la Universidad de México* 31: 3 (1976), 25-37.
————. "AM: el río y la cifra." [Presentation of the record with the voice of AM, on the series "Voz viva de América Latina" by UNAM] *Casa del Tiempo* 97 (1990), 3-7.
Sucre, Guillermo. "AM; el poema: una fértil miseria." *Plural* 4: 7 (1975), 17-22. Reproduced in *La máscara, la transparencia* (Caracas: Monte Avila Editores, 1975), pp. 367-379.
Téllez, Hernando. "*Los trabajos perdidos.*" *Eco* 61 (1965), 111-115.
Valdés Medellín, Gonzalo. "Crónica regia. Entrevista con AM." *Sábado* (16 November 1985), 6-7.
Vargas Portugal, Rubén. "*Summa de Maqroll el Gaviero. Poesía 1948-1988.*" *Vuelta* 164 (1990), 37-39.
Valencia Goelkel, Hernando. "*Los trabajos perdidos*" y "Sobre unas líneas de AM," in *Crónicas de libros* (Bogotá: Instituto Colombiano de Cultura, 1976), pp. 51-64.
Volkening, Ernesto. "El mundo ancho y ajeno de AM." *Eco* 237 (1981), 259-265.
Xirau, Ramón. "Mutis, Maqroll el Gaviero." *Plural* (1974), 37-38.
Zapata, Miguel Angel. "AM: Pensando con los dedos, con las manos." [Interview] *Inti* 26-27 (1987-1988), 255-266.

OLGA OROZCO
(Argentina, 1920)

Poetic Works

Desde lejos. Buenos Aires: Losada, 1946.
Las muertes. Buenos Aires: Losada, 1952.
Los juegos peligrosos. Buenos Aires: Losada, 1962.
Museo salvaje. Buenos Aires: Losada, 1974.
Cantos a Berenice. Buenos Aires: Sudamericana, 1977.
Mutaciones de la realidad. Buenos Aires: Sudamericana, 1979.
La noche a la deriva. Mexico: Fondo de Cultura Económica, 1984.
En el revés del cielo. Buenos Aires: Sudamericana, 1987.

Compilations and Anthologies

Las muertes. *Los juegos peligrosos*. Buenos Aires: Losada, 1972.
Veintinueve poemas. Prologue by Juan Liscano. Caracas: Monte Avila, 1975.
Obra poética. Buenos Aires: Corregidor, 1979.
    [Contents: Desde lejos. Las muertes. Los juegos peligrosos. Museo salvaje.
    Cantos a Berenice. Otros poemas.]
Poesía: antología. Prologue by Telma Luzzani. Buenos Aires: Centro Editor de América
    Latina, 1982.
Páginas de OO seleccionadas por la autora. Preliminary study by Cristina Piña. Buenos
    Aires: Celtia, 1984.
Poemas. Medellín: Depto. de Bibliotecas, Univ. de Antioquía, 1984.
Antología poética. Madrid: Ediciones de Cultura Hispánica, 1985.

Other Works

La oscuridad es otro sol. Buenos Aires: Losada, 1967. [Short stories]

Bibliographies

Piña, Cristina. "Bibliografía sobre la autora," in *Páginas de OO seleccionadas por la autora*
    (Buenos Aires: Celtia, 1984), pp. 290-291.
Torres de Peralta, Elba. "Bibliografía," in *La poética de OO: desdoblamiento de Dios en
    máscara de todos* (Madrid: Playor, 1987), pp. 191-193.
————. "OO," [bio-bibliography] in Diane E. Marting (ed.), *Spanish American
    Women Writers. A Bio-Bibliographical Source Book* (Westport, Connecticut:
    Greenwood Press, 1990), pp. 407-414.

Critical Studies

Books and Dissertations

Colombo, Stella Maris. *Metáfora y cosmovisión en la poesía de OO*. Rosario: Cuadernos Aletheia de Investigación y Ensayo, 1983.
Gómez Paz, Julieta. *Dos textos sobra la poesía de OO*. Buenos Aires: Ediciones Tekné, 1980.
Torres de Peralta, Elba. *La poética de OO: desdoblamiento de Dios en máscara de todos*. Madrid: Playor, 1987.

Essays, Reviews, Interviews

Alifano, Roberto. "OO: Reflexiones para un ars poética." *Proa* 2 (1988-1989), 77-81.
Ara, Guillermo. *Suma de la poesía argentina* (Buenos Aires: Guadalupe, 1970), pp. 140-142.
Campanella, Hebe N. "La voz de la mujer en la joven poesía argentina: cuatro registros." *Cuadernos Hispanoamericanos* 300 (1975), 543-564.
Castro Olivera, Raúl J. "*Museo salvaje*." *Criterio* 1757-1758 (24 February 1977), 87.
Cobo Borda, Juan Gustavo. "OO," in Juan Gustavo Cobo Borda, María Julia de Ruschi Crespo and Ricardo Herrera, *Usos de la imaginación* (Buenos Aires: El Imaginero, 1984), pp. 59-61.
Cohen, Sandro. "*La noche a la deriva*." *Vuelta* 91 (1984), 35-37.
Dujovne Ortiz, Alicia. "Entrevista a OO." *La Opinión* (22 January 1978). Reproduced in *Páginas de OO seleccionadas por la autora* (Buenos Aires: Celtia, 1984), pp. 273-280.
Fernández, Ruth. "El mundo de OO." *Clarín* (22 November 1980).
Ghiano, Juan Carlos. "OO," in *Poesía argentina del siglo XX* (Buenos Aires: Fondo de Cultura Económica, 1957), pp. 217-219.
Gómez Paz, Julieta. "Nostalgia del paraíso," in *Cuatro actitutes poéticas. Alejandra Pizarnik, OO, Amelia Biagioni y María Elena Walsh* (Buenos Aires: Edit. Conjunta, 1977), pp. 49-59.
Hermes Villordo, Oscar. "Entrevista a OO." *La Nación* (7 October 1979). Reproduced in *Páginas de OO seleccionadas por la autora* (Buenos Aires: Celtia, 1984), pp. 281-286.
"Juicios críticos," [by Guillermo Sucre, Alejandra Pizarnik, Enrique Molina and Juan Liscano] in *Páginas de OO seleccionadas por la autora* (Buenos Aires: Celtia, 1984), pp. 295-301.
Lindstrom, Naomi. "OO: la voz poética que llama entre mundos." *Revista Iberoamericana* 132-133 (1985), 765-775.
Liscano, Juan. "OO y su trascendente juego poético," prologue to *Veintinueve poemas* (Caracas: Monte Avila, 1975), pp. 7-35.
————. "OO y sus juegos peligrosos," in *Descripciones* (Buenos Aires: Ediciones de la Flor, 1983), pp. 73-101.
Lojo, María Rosa. *OO: la poesía como viaje heroico*. Buenos Aires: Centro Editor de América Latina, 1988. [Chapbook. Series: Los Grandes Poetas 46.]
————. "La poesía de OO, música de la memoria." *Revista Cultura* 29 (1988).
Loubet, Jorgelina. "Lo cotidiano, el fulgor y el signo en la obra de actuales escritoras argentinas." *Zona Franca* 20 (1980).
————. "Tres miradas en trascendencia." *Boletín de la Academia Argentina de Letras* 51: 201-202 (1986), 343-358. [On OO, Elvira Orphee and Sara Gallardo.]
Luzzani, Telma. "OO," in *Historia de la literatura argentina. Vol. 5. Los Contemporáneos* (Buenos Aires: Centro Editor de América Latina, 1982), pp. 227-231.
————. "Prólogo" to *Poesía: antología* de OO (Buenos Aires: Centro Editor de América Latina, 1982), pp. I-X.
————. "*La oscuridad es otro sol*." *Vuelta Sudamericana* 8 (1987).

Martínez Cuitiño, Luis. "OO: la exploración de los abismos." [*La noche a la deriva*] *Letras* (1986). Reproduced in *La Gaceta del Fondo de Cultura Económica* 192 (1986), 28-29.

Milán, Eduardo. "Donde la noche ya ocurrió." [*La noche a la deriva*] *Revista de la Universidad de México* 40: 43 (1984), 42-43.

Molina, Enrique. "La poesía de OO." *Testigo* 8 (1972).

Mujica, Hugo. "OO: *En el revés del cielo*." *Revista Iberoamericana* 144-145 (1988).

————. "La rebelión que revela." *Revista Cultura* 30 (1988).

Orphée, Elvira. "La poética en la obra de OO." *América en Letras* 2 (1984).

Pellarolo, Silvia. "La imagen de la estatua de sal: Síntesis y clave en el pensamiento poético de OO." *Mester* 18: 1 (1989), 41-49.

Pichon Rivière, Marcelo. "Múltiples formas de la transparencia." [*Museo salvaje*] *Plural* 4 (1976), 68-69.

Piña, Cristina. "*Carina* de OO: un análisis estilístico." *Explicación de Textos Literarios* 12: 2 (1983-1984), 59-78.

————. "Estudio preliminar," in *Páginas de OO seleccionadas por la autora* (Buenos Aires: Celtia, 1984), pp. 13-55.

Pizarnik, Alejandra. "OO o la poesía como juego peligroso." [Interview] *Zona Franca* 7-8 (1964).

Rebok, María Gabriela. "Finitud, creación poética y sacralidad en la obra de OO." *Revista de la Sociedad Argentina de Filosofía* 3 (1985).

————. "OO y su anhelo de la unidad perdida." *Pliego de Poesía* (1985).

Rivero, Eliana. "*Cantos a Berenice*." *World Literature Today* 52: 2 (1978), 262-263.

Roque Pitt, Héctor and María Cristina Sirimarco. "Primera antología española de OO." *Cuadernos Hispanoamericanos* 445 (1987), 65-70.

Ruano, Manuel. "*Veintinueve poemas*." *Sin Nombre* 8: 3 (1977), 89-92.

Running, Thorpe. "Imagen y creación en la poesía de OO." *Letras Femeninas* 13: 1-2 (1987), 12-20.

Ruschi Crespo, María Julia de. "La misma sustancia del abismo." *La Opinión Cultural* (25 January 1981).

Serra, Edelweis. "Exploración de la realidad y estrategia textual en la poesía de OO." *Anales de Literatura Hispanoamericana* 14 (1985), 93-101.

Sucre, Guillermo. "OO: *Los juegos peligrosos*." *Revista Nacional de Cultura* XXV (1963).

Tacconi, María del Carmen. "Para una lectura simbólica de OO." *Sur* 348 (1981), 115-123.

Torres de Peralta, Elba. "Algunas consideraciones sobre la poética de OO." *Río de la Plata: Culturas* 7 (1988), 31-40.

Torres Fierro, Danubio. "OO: hacia el verso primordial." [Interview] *Revista de la Universidad de México* 36: 3 (1981), 19-20. Reproduced in *Memoria plural. Entrevistas a escritores latinoamericanos* (Buenos Aires: Sudamericana, 1986), pp. 197-202.

Vitale, Ida. "*Cantos a Berenice*." *Vuelta* 13 (1977), 37-39.

Zolezzi, Emilio. "OO o la creación incesante." *Clarín* (22 May 1975).

————. "OO. *Museo salvaje*," in *Poesía, conflicto y asentimiento. Estudios sobre poesía argentina* (Buenos Aires: Editorial Universitaria de Buenos Aires, 1986), pp. 51-54.

JOSE EMILIO PACHECO
(Mexico, 1939)

Poetic Works

Los elementos de la noche. Mexico: Universidad Nacional Autónoma de México, 1963.
El reposo del fuego. Mexico: Fondo de Cultura Económica, 1966.
No me preguntes cómo pasa el tiempo. Mexico: Editorial Joaquín Mortiz, 1969.
Irás y no volverás. Mexico: Fondo de Cultura Económica, 1973.
Islas a la deriva. Mexico: Siglo XXI Editores, 1976.
Desde entonces. Mexico: Ediciones Era, 1980.
Los trabajos del mar. Mexico: Ediciones Era, 1983. Other ed., Madrid: Cátedra, 1983.
Miro la tierra. Mexico: Ediciones Era, 1986.
Ciudad de la memoria. Mexico: Ediciones Era, 1989.

Compilations and Anthologies

Ayer es nunca jamás. Introduction by José Miguel Oviedo. Caracas: Monte Avila, 1978.
    [Anthology of the first five books.]
Tarde o temprano. Mexico: Fondo de Cultura Económica, 1980.
    [Contents: Los elementos de la noche. El reposo del fuego. No me preguntes cómo
    pasa el tiempo.   Irás y no volverás.   Islas a la deriva.   Desde entonces.
    Aproximaciones (1958-1978).]
Album de zoología. [Anthology] Guadalajara, Mexico: Ediciones Cuarto Menguante,
    1985.
Aproximaciones. Mexico: Editorial Penélope, 1984.
    [Includes translations not compiled in *Tarde o temprano*.]
Alta traición: antología poética. Selection and prologue by José María Guelbenzu.
    Madrid: Alianza Editorial, 1985.

Other Works

Fiction

Short Story

La sangre de Medusa. Mexico: Cuadernos del Unicornio, 1958
El viento distante y otros relatos. Mexico: Era, 1963; 2nd. expanded ed., 1969.
El principio del placer. Mexico: Joaquín Mortiz, 1972.

Novel

Morirás lejos. Mexico: Joaquín Mortiz, 1967.
Las batallas en el desierto. Mexico: Era, 1981.

Bibliographies

Foster, David William. "JEP," in *Mexican Literature. A Bibliography of Secondary Sources* (Metuchen, N. J.: Scarecrow Press, 1981), pp. 262-265.
Ocampo, Aurora M. and Ernesto Prado Velázquez. "JEP," in *Diccionario de escritores mexicanos* (Mexico: Universidad Nacional Autónoma de México, 1967), pp. 270-271.
Verani, Hugo. "Hacia la bibliografía de JEP," in *JEP ante la crítica* (Mexico: Universidad Autónoma Metropolitana, 1987), pp. 247-307.
[Contents: Obras de JEP. Crítica sobre la obra de JEP.]

Critical Studies

Books and Dissertations

Topletz, Judith Roman. "Time in the Poetry of JEP." Doctoral dissertation. The University of Texas at Austin, 1983.
Verani, Hugo (ed.). *JEP ante la crítica.* Mexico: Universidad Autónoma Metropolitana, 1987.
Villena, Antonio de. *JEP.* Madrid: Júcar, 1986.

Essays, Reviews

Aguilar Melantzán, Ricardo and Mimi R. Gladstein. "'El reposo del fuego': anteproyecto de Pacheco para *Morirás lejos*." *Plural* 14: 157 (1984), 55-60.
Alvarez, Federico. "*Los elementos de la noche*." *La Cultura en México* 58 (1963), XX.
Blanco, José Joaquín. "JEP," in *Crónica de la poesía mexicana* (2nd. ed., Culiacán: Universidad Autónoma de Sinaloa, 1978), pp. 239-241.
Carballo, Emmanuel. "Nuestra poesía cuando es mexicana nunca es poesía y cuando es poesía casi nunca es mexicana." *La Cultura en México* 174 (1965), XIV-XV.
Castellanos, Rosario. "El libro de la semana. El ámbito de la imaginación." [*Los elementos de la noche*] *La Cultura en México* 58 (1963), XVI-XVII.
————. "JEP." *Revista de la Universidad de México* 20: 11 (1966), 31-32.
Chumacero, Alí. "La destrucción y el canto." [*Los elementos de la noche*] *Ovaciones*, supplement 62 (3 March 1963), 5.
Cobo Borda, Juan Gustavo. "Sobre la poesía de JEP." *Eco* 131-132 (1971), 653-657.
Cortínez, Carlos. "*Islas a la deriva*." *World Literature Today* 51: 4 (1977), 596.
Debicki, Andrew P. "Perspectiva, distanciamiento y el tema del tiempo: la obra lírica de JEP", in *Poetas hispanoamericanos contemporáneos* (Madrid: Gredos, 1976), pp. 212-238. Reproduced in Hugo Verani (ed.), *JEP ante la crítica* (Mexico: Universidad Autónoma Metropolitana, 1987), pp. 47-71.
Doudoroff, Michael J. "JEP: An Overview of the Poetry, 1963-86." *Hispania* 72: 2 (1989), 264-276.
Forster, Merlin H. "Four Contemporary Mexican Poets: Marco Antonio Montes de Oca, Gabriel Zaid, JEP, Homero Aridjis," in *Tradition and Renewal: Essays on Twentieth Century Latin American Literature and Culture* (Urbana: University of Illinois Press, 1975), pp. 139-156.
————. "La poesía reciente de JEP: *Desde entonces*." XX Congreso del IILI, Austin, Texas, marzo 1981. Reproduced in Merlin H. Forster and Julio Ortega (eds.), *De la crónica a la nueva narrativa mexicana* (Mexico: Oasis, 1986), pp. 215-225.
Fraire, Isabel. "Una promesa que sí se cumple." [*El reposo del fuego*] El *H. C.* 28 (22 May 1966), 13.
Garabedian, Martha Ann. "Imagery and Experience in the Poetry of Oscar Hahn, JEP, and Heberto Padilla: A New Expression of Reality in Three Contemporary Spanish American Poets." *Dissertation Abstracts International* 45: 8 (1985), 2540A.
García Rey, J. M. "La poesía reciente de JEP o las palabras que dicta el tiempo." *Cuadernos Hispanoamericanos* 380 (1982), 472-484.

Gordon, Samuel. "Los poetas ya no cantan ahora hablan." *Revista Iberoamericana* 150 (1990), 255-266.

Guerrero, Gustavo. *"Tarde o temprano." Vuelta* 54 (1981), 39-41.

Gullón, Agnes M. "Dreams and Distance in Recent Poetry by JEP." *Latin American Literary Review* 6: 11 (1977), 36-42. Reproduced in Spanish as "Sueños y distancia en la poesía de JEP," in Hugo Verani (ed.), *JEP ante la crítica* (Mexico: Universidad Autónoma Metropolitana, 1987), pp. 123-132.

Hoeksema, Thomas. "An anthology of three contemporary Mexican poets: a bilingual edition with critical introduction." [Isabel Fraire, JEP, Juan Bañuelos] *Dissertation Abstracts International* 32 (1971), 2690A-2691A.

—————. "JEP: Signals from the Flames." *Latin American Literary Review* 3: 5 (1974), 143-146. Published in Spanish as "Señal desde la hoguera: la poesía de JEP." *Texto Crítico* 3: 7 (1977), 91-109. Reproduced in Hugo Verani (ed.), *JEP ante la crítica* (Mexico: Universidad Autónoma Metropolitana, 1987), pp. 73-99.

—————. "A Poetry of Extremes." *Review* 23 (1978), 38-47. Published as a prologue to *Signals from the Flames* by JEP (Pittsburgh, Pennsylvania: Latin American Review Press, 1980), pp. 1-15.

—————. *"Islas a la deriva." Latin American Literary Review* 6: 12 (1978), 86-87.

Lerín, Manuel. *"Los elementos de la noche." Revista Mexicana de Cultura* 842 (19 May 1963), 15.

—————. "Alrededor del fuego poético." [*El reposo del fuego*] *Revista Mexicana de Cultura* 1003 (19 June 1966), 5.

Mata Sandoval, Roberto. *"Los trabajos del mar." México en el Arte* 10 (1985), 86-87.

Melo, Juan Vicente. *"Los elementos de la noche." Revista Mexicana de Literatura* 3-4 (1963), 65-67.

Milán, Eduardo. "Pacheco: la letra del mar." [*Los trabajos del mar*] *Revista de la Universidad de México* 39: 34 (1984), 46-47.

Monsiváis, Carlos. "JEP: 'no tengo respuestas, sólo interrogaciones'." *Sábado* 135 (7 June 1980), 3.

O'Hara, Edgar. "Pacheco: un monumento a lo efímero." *Plural* 12: 133 (1982), 15-22. Reproduced in *Cuerpo de reseñas* (Lima: Ediciones del Azahar, 1984), pp. 50-57.

—————. *"Los trabajos del mar,"* in *Cuerpo de reseñas* (Lima: Ediciones del Azahar, 1984), pp. 92-96.

Ortega, Julio. "Poemas de JEP", in *Figuración de la persona* (Barcelona: Edhasa, 1970), pp. 263-269. Reproduced in Hugo Verani (ed.), *JEP ante la crítica* (Mexico: Universidad Autónoma Metropolitana, 1987), pp. 101-108.

Oviedo, José Miguel. "JEP: la poesía como *ready made.*" *Hispamérica* 5: 15 (1976), 39-55. Reproduced as "Introducción" to *Ayer es nunca jamás* by JEP (Caracas: Monte Avila, 1978), pp. 13-41. Also in his *Escrito al margen* (2nd. ed., Mexico: Premiá, 1987), pp. 96-112. Also in Hugo Verani (ed.), *JEP ante la crítica* (Mexico: Universidad Autónoma Metropolitana, 1987), pp. 21-45. Also in Cedomil Goic (ed.), *Historia y crítica de la literatura hispanoamericana*, vol. III, *Epoca contemporánea* (Barcelona: Crítica, 1988), pp. 272-276.

—————. *"Los trabajos del mar." Vuelta* 89 (1984), 33-35. Reproduced as "Una voz en medio de la crisis," in his *Escrito al margen* (2nd. ed., Mexico: Premiá, 1987), pp. 113-117.

Rivera, Francisco. *"Islas a la deriva." Vuelta* 2 (1977), 42-44. Reproduced in *Inscripciones* (Caracas: Fundarte, 1981), pp. 43-48.

Rodríguez Alcalá, Hugo. "Sobre la poesía última de JEP." *Hispamérica* 5: 15 (1976), 57-70.

—————. "Hacia una crítica más sincera." *Hispamérica* 7: 20 (1978), 51-53.

—————. "Sobre JEP y 'la poesía que sí se entiende'." *Hispamérica* 7: 20 (1978), 45-48.

Rubman, Lewis. "A Sample of JEP, Young Mexican Poet." *Romance Notes* XIII: 3 (1972), 432-440.

Sefamí, Jacobo. "Dos poetas y su tiempo." *Dactylus* 6 (1986), 55-60.

Soto-Duggan, Lilvia. "Realidad de papel: máscaras y voces en la poesía de JEP." *Insula* 414 (1981), 1 and 10. Also in *Inti* 18-19 (1983-1984), 245-254. Reproduced in Hugo Verani (ed.), *JEP ante la crítica* (Mexico: Universidad Autónoma

Metropolitana, 1987), pp. 109-121. Also reproduced in Jesse Fernández and Norma Klahn (eds.), *Lugar de encuentro. Ensayos críticos sobre poesía mexicana actual* (Mexico: Katún, 1987), pp. 167-177.

Sucre, Guillermo. "La trampa de la historia," in *La máscara, la transparencia* (Caracas: Monte Avila, 1975), pp. 330-331.

Vargas Llosa, Mario. "La poesía de JEP." *Expreso* (Lima) (5 September 1969), 12. Reproduced in Hugo Verani (ed.), *JEP ante la crítica* (Mexico: Universidad Autónoma Metropolitana, 1987), pp. 15-20.

Vargas Portugal, Rubén. *"Ciudad de la memoria."* *Vuelta* 167 (1990), 34-35.

Villena, Antonio de. "JEP: Entre el 'yo total' y el 'yo robado'." *Quimera* 4 (1981), 47-49.

Xirau, Ramón. *"Los elementos de la noche."* *Revista de la Universidad de México* 17: 12 (1963), 30.

————. *"El reposo del fuego."* *Diálogos* 4 (1966), 43.

————. *"No me preguntes cómo pasa el tiempo."* *Diálogos* 30 (1969), 38-39.

————. "Carta a JEP a propósito de *Islas a la deriva*." *Diálogos* 12: 72 (1976), 37-38.

————. *"Ayer es nunca jamás."* *Vuelta* 21 (1978), 34-35.

Zaid, Gabriel. *"El reposo del fuego."* *Revista de Bellas Artes* 8 (1966), 89. Reproduced in *Leer poesía* (Mexico: Joaquín Mortiz, 1972), pp. 72-74.

————. "El problema de la poesía que sí se entiende." *Hispamérica* 6: 18 (1977), 89-92.

HEBERTO PADILLA
(Cuba, 1932)

Poetic Works

Las rosas audaces. Havana: Los Nuevos, 1948.
El justo tiempo humano. Havana: Unión de Artistas y Escritores de Cuba, 1962.
Fuera de juego. Havana: Unión de Artistas y Escritores de Cuba, 1969. Other eds.,
    Buenos Aires: Aditor, 1969; Barcelona: El Bardo, 1970; Lima: Ecoma, 1971.
Provocaciones. Introduction by José Mario. Madrid: Ediciones La Gota de Agua, 1973.
El hombre junto al mar. Barcelona: Seix-Barral, 1981.
A Fountain, a House of Stone: Poems. Translated by Alistair Reid and Alexander
    Coleman. New York: Farrar Straus Giroux, 1991. [Bilingual ed.; 1st ed. in
    Spanish]

Compilations and Anthologies

Poesía y política: poemas escogidos de HP. Madrid: Playor, 1974.

Other Works

En mi jardín pastan los héroes. Barcelona: Argos Vergara, 1981. [Novel]
Mala memoria. Barcelona: Plaza & Janés, 1989. [Autobiography]

Bibliographies

Foster, David William. "HP," in *Cuban Literature. A Research Guide* (New York:
    Garland, 1985), pp. 422-423.

Critical Studies

Anhalt, Nedda G. de. "HP dentro del juego." *Vuelta* 155 (1989), 54-58.
Avila, Leopoldo. "Las provocaciones de Padilla." *Verde Olivo* 9: 45 (1968), 17-18.
    Reproduced as "Le provocazioni di Padilla," in *Cuba: letteratura e rivoluzione. Le
    correnti della critica e della letteratura cubana* (Milano: Libreria Feltrinelli, 1969), pp.
    5-14.
Benedetti, Mario. "Las prioridades del escritor." *Casa de las Américas* 68 (1971), 70-79.
Casal, Lourdes (comp.). *El caso Padilla: literatura y revolución en Cuba; documentos*.
    Introduction, selection, notes, guide and bibliography by Lourdes Casal. Miami:
    Universal, 1971.
Cohen, J. M. "Introduction," in *Sent off the Field* by HP (London: Ardré Deutsch,
    1972), pp. 9-14.
————. "Prophet," [*Legacies. Selected Poems*] *New York Review of Books* 30: 11
    (1983), 32-35.
Condini, Nereo E. "*Legacies. Selected Poems*." *Review* 31 (1982), 65-67.
Droguett, Carlos. "El escritor y su pasión necesaria." *Casa de las Américas* 68 (1971),
    60-68.

"'Der Fall' Padilla und die Intellektuellen." *Latinamerika Heute* 5 (1970), 97-104.

Edwards, Jorge. "Un hueco para HP." *Vuelta* 38 (1980), 44-45.

Garabedian, Martha Ann. "Imagery and Experience in the Poetry of Oscar Hahn, José Emilio Pacheco, and HP: A New Expression of Reality in Three Contemporary Spanish American Poets." *Dissertation Abstracts International* 45: 8 (1985), 2540A.

"El 'affaire' Padilla. ¿Por qué se exilian los escritores latinoamericanos?" *Indice* 292-295 (1971), 41-77.

"El 'caso Padilla'." *Mensaje* 199 (1971), 229-239.

"El caso Padilla. Documentos." *Libre* 1 (1971), 95-145.

Macklin, Elizabeth. "Paperweight." *Parnassus* [Poetry in Review] 10: 1 (1982), 125-139.

Marco, Joaquín. "HP. *En mi jardín pastan los héroes* [novel]," in *Literatura hispanoamericana; del modernismo a nuestros días* (Madrid: Espasa-Calpe, 1987), pp. 459-463.

Mario, José. "Introducción" to *Provocaciones* by HP (Madrid: Ediciones La Gota de Agua, 1973), pp. 9-25.

Mulisch, Harry. *Over de affaire Padilla. Nawoord bij "Het woord bij de daad."* Amsterdam: De Bezige Bij, 1971.

"O la revolución o nada." *Indice* 288-289 (1971), 19-36.

Otero, Lisandro. "Del otro lado del Atlántico: una actitud." *CB* 21 (1968).

"Posiciones" [Answers to the case Padilla by Haydée Santamaría, Luigi Nono, *Casa de las Américas*, UNEAC, Julio Cortázar, et. al.] *Casa de las Américas* 11: 67 (1971), 139-167.

Quesada, Luis Manuel. "*Fuera de juego*: a poet's appraisal of the Cuban revolution." *Latin American Literary Review* 6 (1975), 89-98.

―――――. "Temas y estilo en *Fuera de juego*," in Instituto Internacional de Literatura Iberoamericana, *Otros mundos otros fuegos: fantasía y realismo mágico en Iberoamérica* (East Lansing: Michigan State Universirty, Latin American Studies Center, 1975), pp. 409-416.

Rogachevsky, Jorge Reuben. "Nicolás Guillén and HP: The Revolutionary and the Romantic." *Dissertation Abstracts International* 48: 10 (1988), 2640A-2641A.

Simó, Ana María. "El justo tiempo humano." *Unión* 4: 1 (1965), 143-148.

Sucre, Guillermo. "La trampa de la historia," in *La máscara, la transparencia* (2nd. ed., Mexico: Fondo de Cultura Económica, 1985), pp. 278-280.

Skytte, Göran. "Fallit HP: en paminnelse om en aktuell debatt." *Ord Och Bild* 82 (1973), 292-296.

Yglesias, José. "The case of HP." *New York Review of Books* 16: 10 (1971), 3-8.

Zapata, Miguel Angel. "Entre la épica y la lírica de HP." [Interview] *Inti* 26-27 (1987-1988), 273-278.

NICANOR PARRA
(Chile, 1914)

Poetic Works

Cancionero sin nombre. Santiago: Nascimento, 1937.
Poemas y antipoemas. Santiago: Nascimento, 1954. Other eds., 1956, 1967, 1971. Also
    see edition by René de Costa, Madrid: Cátedra, 1988.
La cueca larga. Santiago: Edit. Universitaria, 1958. Other ed., *La cueca larga y otros
    poemas*. Prologue by Margarita Aguirre and Juan Agustín Palazuelos. Buenos Aires:
    Edit. Universitaria de Buenos Aires, 1964.
Versos de salón. Santiago: Nascimento, 1962.
Canciones rusas. Santiago: Edit. Universitaria, 1967.
Sermones y prédicas del Cristo de Elqui. Santiago: Estudios Humanísticos, Universidad
    de Chile, 1977.
Nuevos sermones y prédicas del Cristo de Elqui. Valparaíso: Ganymedes, 1979.
Poema y antipoema a Eduardo Frei. Santiago: Edit. América del Sur, 1982.
Chistes para despistar a la (policía) poesía. Santiago: Ediciones Galería Epoca, 1983.
Hojas de Parra. Edition and notes by David Turkeltaub. Santiago: Ganymedes, 1985.
Chistes para desorientar a la poesía. Madrid: Visor, 1989.

Compilations and Anthologies

Poemas. Havana: Casa de las Américas, 1969.
Obra gruesa. Santiago: Edit. Universitaria, 1969. Other ed., *Obra gruesa: texto
    completo*. Santiago: Edit. Andrés Bello, 1983.
Antipoemas: antología (1944-1969). Edition by José Miguel Ibáñez Langlois. Barcelona:
    Seix-Barral, 1972.
Poesía política. Santiago: Bruguera, 1983. Other ed., Santiago: Ganymedes, 1985.

Other Works

Discursos de Pablo Neruda y NP. Santiago: Nascimento, 1962.
    ["Discurso de incorporación de Pablo Neruda a la Facultad de Filosofía y Educación
    de la Universidad de Chile, en calidad de Miembro Académico, y de recepción de
    NP".]

Bibliographies

Escudero, Alfonso M. "Fuentes de consulta sobre NP." *Aisthesis* 5 (1970), 307-312.
Fernández F., Maximino. "Fichas bibliográficas sobre NP." *Revista Chilena de Literatura*
    15 (1980), 107-131.
————. "Fichas bibliográficas sobre NP (II)." *Revista Chilena de Literatura* 23
    (1984), 140-147.
Flores, Angel. "NP," in *Diccionario de escritores hispanoamericanos (1609-1974)* (New
    York: Gordian Press, 1975), pp. 150-152.
Foster, David William. "NP," in *Chilean Literature, a Working Bibliography of secondary
    sources* (Boston: G. K. Hall, 1978), pp. 188-193.

Gottlieb, Marlene. "Bibliografía," in *No se termina nunca de nacer: la poesía de NP* (Madrid: Playor, 1977), pp. 147-167.

Grossmann, Edith. "Bibliography," in *The Antipoetry of NP* (New York: New York University Press, 1975), pp. 191-195.

Montes, Hugo and Mario Rodríguez. "Bibliografía," in *NP y la poesía de lo cotidiano* (Santiago: Edit. Pacífico, 1970), pp. 139-148.

Skármeta, Antonio. "NP," [bio-bibliography] in Carlos A. Solé (ed.), *Latin American Writers* (New York: Scribner, 1989), vol. III, pp. 1195-1200.

Critical Studies

Books and Dissertations

Alvarez, Alberto. *Lo popular en la obra de NP*. Santiago, Chile: Seminario de Título de la Universidad Técnica del Estado, 1981.

Brons, Thomas. *Die Antipoesía Nicanor Parras Versuch einer Deutung aus weltanschaulicher Sicht*. Göttingen: Verlag Alfred Kümmerle, 1972.

Dávila, Luis. "The Antipoetry of NP." Thesis. Ohio State University, 1970.

Flores, Angel (comp.). *Aproximaciones a NP*. Barcelona: Ocnos, 1973.

Gottlieb, Marlene Diane. *No se termina nunca de nacer: la poesía de NP*. Madrid: Playor, 1977.

Grossmann, Edith. *The Antipoetry of NP*. New York: New York University Press, 1975.

Jofré, Alvaro Salvador. *Para una lectura de NP: el proyecto ideológico y el inconsciente*. Sevilla: Universitaria, 1976.

Malverde Disselkoen, Norma Ivette. "Los *Sermones y prédicas del Cristo de Elqui* de NP: Discurso carnavalesco." *Dissertation Abstracts International* 46: 11 (1986), 3367A.

Montes, Hugo and Mario Rodríguez (eds.). *NP y la poesía de lo cotidiano*. Santiago: Edit. Pacífico, 1970. 2nd. ed., 1974.

Morales, Leónidas. *La poesía de NP*. Santiago: Edit. Andrés Bello, 1972.

Rein, Mercedes. *NP y la antipoesía*. Montevideo: Universidad de la República, 1970.

Salvador Jofre, Alvaro Luis. *Para una lectura de NP: el proyecto ideológico y el inconsciente*. Sevilla: Universidad de Sevilla, 1976.

Yamal, Ricardo. *Sistema y visión de la poesía de NP*. Valencia, España: Albatros-Hispanófila, 1985.

Essays, Reviews, Interviews

Alegría, Fernando. "NP: Antipoeta." *Cuadernos Americanos* 19 (1960), 209-221. Reproduced in *Literatura chilena del siglo XX* (Santiago: Zig-Zag, 1962), pp. 267-283.

————. "NP," in *Las fronteras del realismo* (Santiago: Zig-Zag, 1962), pp. 196-211.

————. "Parra anti-Parra" and "La antipoesía," in *Literatura y revolución* (Mexico: Fondo de Cultura Económica, 1971), pp. 173-189 and 203-241.

Alonso Martínez, María Nieves. "El Cristo de Elqui: nueva voz para la antipoesía." *Atenea* 438 (1978), 133-142.

————. "El espejo y la máscara en la antipoesía." *Revista Chilena de Literatura* 33 (1989), 47-60.

Barros, Daniel. "Apuntes para la poesía de NP," in *Poesía sudamericana actual* (Madrid: Miguel Castelote editor, 1972), pp. 89-96.

Benedetti, Mario. "NP descubre y mortifica su realidad," in *Letras del continente mestizo* (Montevideo: Arca, 1967), pp. 77-87.

————. "NP o el artefacto con laureles," [interview] in *Los poetas comunicantes* (Montevideo: Biblioteca de Marcha, 1972), pp. 41-63.

Borgeson, Paul W., Jr. "Lenguaje hablado/lenguaje poético: Parra, Cardenal y la antipoesía." *Revista Iberoamericana* 118-119 (1982), 383-389.

Calderón Squadrito, Alfonso. "NP, un ejercicio respiratorio." *Aisthesis* 5 (1970), 255-260.
Campos, Javier F. "NP: prédica del antipueblo." *Plural* 144 (1983), 24-25.
Carrasco, Iván. "El antipoema, una escritura transgresora." *Estudios Filológicos* 13 (1978), 7-19.
————. "La antipoesía: escritura de la impotencia expresiva." *Estudios Filológicos* 17 (1982), 67-76.
————. "El proyecto del texto absoluto en la poesía hispanoamericana." *Estudios Filológicos* 20 (1985), 97-108.
————. "La antipoesía y la lírica moderna." *Estudios Filológicos* 21 (1986), 69-89.
————. "Antipoesía y neovanguardia." *Estudios Filológicos* 23 (1988), 35-53.
Cecereu Lagos, Luis. "NP. Bases de la antipoesía," in *Aproximación estética a la literatura chilena* (Santiago: Aisthesis, 1981), pp. 49-64.
———— and Beatriz Monckeberg P. "Concepciones de la poesía, desde la obra de NP." *Aisthesis* 12 (1979), 62-75.
Cortínez, Carlos. "*Sermones y prédicas.*" *Revista Chilena de Literatura* 24 (1984), 137-143.
Costa, René de. "Para una poética de la (anti)poesía." *Revista Chilena de Literatura* 32 (1988), 7-29. Reproduced as the "Introducción" to *Poemas y antipoemas* by NP (edition by René de Costa, Madrid: Cátedra, 1988), pp. 7-40.
Debicki, Andrew. "La distancia psíquica y la experiencia del lector en la poesía de NP," in *Poetas hispanoamericanos contemporáneos* (Madrid: Gredos, 1976), pp. 159-190.
De Shazo, Mary Z. "NP: una poesía comunicativa." *Chasqui* 3: 1 (1973), 26-30.
Di Domenico, María Eugenia. *Hojas de Parra.* "Anuario del teatro chileno 1977". Santiago: edición mimeografiada, 1977.
Durán, Manuel. "Conversación con NP." *Plural* 6 (1972), 10-13.
Edwards, Jorge. "Homenaje a NP." *Vuelta* 87 (1984), 16-19.
Escobar, Alberto. "Lenguaje literario y lenguaje común," in *La partida inconclusa* (Santiago, Chile: Edit. Universitaria, 1970), pp. 53-62.
Fernández Retamar, Roberto. *Panorama actual de la literatura latinoamericana* (Caracas: Edit. Fundamento, 1971), pp. 331-347.
Fernández, Teodosio. "De la antipoesía," in *La poesía hispanoamericana en el siglo XX* (Madrid: Taurus, 1987), pp. 102-113.
Fischer, Ma. Luisa. "Escenario para una lectura: la muerte y los muertos en Parra y Borges." *Revista Chilena de Literatura* 29 (1987), 157-160.
Foxley, Carmen. "El discurso de NP y las presuposiciones." *Estudios Filológicos* 20 (1985), 109-114.
García, Pablo. "Contrafigura de NP." *Atenea* 355-356 (1955), 1501-63.
Goic, Cedomil. "L'Antipoesie." *Etudes Littéraires* 3 (1973), 377-392.
————. "La antipoesía de NP," in Cedomil Goic (ed.), *Historia y crítica de la literatura hispanoamericana*, vol. III, *Epoca contemporánea* (Barcelona: Crítica, 1988), pp. 215-220.
Goldemberg, Isaac. "Visión del antihéroe en la poesía de NP." *Exilio* 6 (1970), 35-44.
Gottlieb, Marlene Diane. "La evolución poética de NP: anticipación de las *Canciones rusas.*" *Cuadernos Americanos* 168: 1 (1970), 160-170.
————. "Del antipoema al artefacto al... : la trayectoria poética de NP." *Hispamérica* 2: 6 (1974), 21-38.
Grossmann, Edith. "The Technique of Antipoetry." *Review* 72 (1971-1972), 72-83.
Ibáñez Langlois, José Miguel. "Introducción" to *Antipoemas* by NP (Barcelona: Seix-Barral, 1972), pp. 9-66.
————. "Sobre un poema de Parra", "¿Qué es la antipoesía?", "Ironía y parodia poética" and "El sentido religioso de los antipoemas," in *Poesía chilena e hispanoamericana actual* (Santiago: Nascimento, 1975), pp. 256-278.
Lago, Tomás. "Luz en la poesía," in *Tres poetas chilenos: NP, Victoriano Vicario, Oscar Castro* (Santiago, Chile: Cruz del Sur, 1942), pp. 7-25.
Lagos B., Ramona. "La ruptura: ley estructural de 'Preguntas a la hora del té' de NP." *La Palabra y el Hombre* 18 (1976), 26-32.
Lastra, Pedro. "Introducción a la poesía de NP." *Revista del Pacífico* 5 (1968), 197-202.

Lefebvre, Alfredo. "NP," in *Poesía española y chilena* (Santiago: Edit. del Pacífico, 1958), pp. 181-191.

Lerzundi, Patricio. "In Defense of Antipoetry. An Interview with NP." *Review* 72 (1971-1972), 65-71.

Lihn, Enrique. "Introducción a la poesía de NP." *Anales de la Universidad de Chile* CIX (1951), 276-309.

Malverde Disselkoen, N. Ivette. "La interacción escritura-oralidad en el discuso carnavalesco de los *Sermones y prédica del Cristo de Elqui*." *Acta Literaria* 10-11 (1985-1986), 77-89.

————. "El discurso del carnaval y la poesía de NP." *Acta Literaria* 13 (1988), 83-92.

Marco, Joaquín. "NP. *Antipoemas*," in *Literatura hispanoamericana: del modernismo a nuestros días* (Madrid: Espasa-Calpe, 1987), pp. 421-427.

Melnykovich, George. "NP: Antipoetry, Retraction and Silence." *Latin American Literary Review* 3: 6 (1975), 65-70.

Milán, Eduardo. "'Entradas' a la poesía de NP." *Revista de la Universidad de México*, 39: 25 (1983), 34-37.

————. "*Hojas de Parra*." *Vuelta* 137 (1988), 45-47. Reproduced in *Una cierta mirada* (Mexico: Juan Pablos Editor, Universidad Autónoma Metropolitana, 1989), pp. 113-117.

Montes, Hugo. "Rubén Darío y la antipoesía." *Revista Chilena de Literatura* 30 (1987), 191-194.

Moody, Michael. "Entrevista con NP." *Hispania* 68: 2 (1985), 352-354.

Morales, Leónidas. "Fundaciones y destrucciones de Pablo Neruda y NP." *Revista Iberoamericana* 72 (1970), 407-423.

Ortega, Julio. "Sobre la poesía de NP," in *Figuración de la persona* (Madrid: Edhasa, 1970), pp. 253-262.

Rodríguez Monegal, Emir. "Encuentros con NP." *Mundo Nuevo* 23 (1968), 75-83.

Rodríguez Rivera, Guillermo. "Prólogo" to *Poemas* by NP (Havana: Casa de las Américas, 1969), pp. VII-XVI.

Schopf, Federico. "La escritura de la semejanza en NP." *Revista Chilena de Literatura* 2-3 (1970), 43-132.

————. "Prólogo" to *Poemas y antipoemas* (Santiago: Nascimento, 1971), pp. 7-52.

————. "Parra: arqueología del antipoema." *Texto Crítico* 10: 28 (1984), 13-33.

————. "La ciudad en la poesía chilena: Neruda, Parra, Lihn." *Revista Chilena de Literatura* 26 (1985), 37-53.

————. "La antipoesía y el vanguardismo." *Acta Literaria* 10-11 (1985-1986), 33-76.

————. "Introducción a la antipoesía de NP," in *Del vanguardismo a la antipoesía* (Roma: Bulzoni, 1986), pp. 89-188.

Sepúlveda Llanos, Fidel (et al). *Aproximación estética a la literatura chilena: Donoso, Anguita, Parra, Huidobro*. Santiago: Pontificia Universidad Católica de Chile, 1983.

Solotorevsky, Myrna. "La ironía en 'Hay un día feliz' de NP." *Explicación de Textos Literarios* 3: 2 (1974-1975), 119-126.

Szmulewicz, Efraim. "Biografía emotiva de NP, capítulo décimocuarto: sermones para el mundo." *Atenea* 437 (1978), 159-166.

Valenzuela, Víctor. "NP: An Antipoet Poet," in *Contemporary Latin American Writers* (New York: Las Américas, 1971), pp. 37-98.

Van Hooft, Karen S. "The *Artefactos* of NP: The Explosion of the Antipoem." *Bilingual Review/Revista Bilingüe* 1: 1 (1974), 67-87.

————. "Vipers, Victims, and Virgins: Women and their Relationship with Men in the Poetry of NP," in Gabriela Mora and Karen Van Hooft (eds.), *Theory and Practice of Feminist Literary Criticism* (Ypsilanti, MI: Bilingual, 1982), pp. 256-278.

Villegas, Juan. "La iniciación y el mar en un poema de NP," in *Interpretación de textos poéticos chilenos* (Santiago: Nascimento, 1977), pp. 183-206.

Wallenstein, Barry. "Chile: Poetry and Anti-Poetry." *Caribbean Review* 5: 1 (1973), 4-9.

Werneck, Vânia Chaves. "Mário de Andrade e NP: um paralelo." *Vozes* 65: 7 (1971), 39-44.

Williams, Miller. "A Talk with NP." *Shenandoah* 18: 1 (1966), 71-78.

Yamal, Ricardo. "La ironía antipoética: del chiste y el absurdo al humor negro." *Revista Chilena de Literatura* 21 (1983), 63-91.

————. "Antipoesía o antropofagia: 'Los vicios del mundo moderno' de NP." *Inti* 20 (1984), 17-27.

————. "NP: metonimia y antipoesía; lenguaje de la fragmentación." *Cuadernos Americanos* 253: 2 (1984), 227-243.

————. "Antipoesía y misogenia: 'La mujer' de NP." *Explicación de Textos Literarios* 14: 1 (1985-1986), 65-77.

————. "Entrevista con NP." *Discurso Literario* 3: 2 (1986), 275-288.

————. "La antipoesía y su deuda con el surrealismo." *Chasqui* 16: 1 (1987), 25-35.

JOAQUIN PASOS
(Nicaragua, 1914-1947)

Compilations and Anthologies

Breve suma. Introduction by Pablo Antonio Cuadra. Managua: Nuevos Horizontes, 1947.

Poemas de un joven. Edition and prologue by Ernesto Cardenal. Mexico: Fondo de Cultura Económica, 1962. 2nd. ed., Managua: Nueva Nicaragua, 1983.

Poesía. San Salvador: Departamento Editorial del Ministerio de Cultura, 1966.

Poesías escogidas. Note and selection by Julio Valle-Castillo. Mexico: Comunidad Latinoamericana de Escritores, 1974.

Critical Studies

Benedetti, Mario. "JP o el poema como crimen perfecto," in *Letras del continente mestizo* (Montevideo: Arca, 1969), pp. 78-84.

Borgeson, Paul W. "Los pobres ángeles de Gabriel García Márquez y JP." *Crítica Hispánica* 3: 2 (1981), 111-123.

Cardenal, Ernesto. "Prólogo" to *Poemas de un joven* by JP (Mexico: Fondo de Cultura Económica, 1962), pp. 7-20.

Cuadra, Pablo Antonio. "Introducción" to *Breve suma* by JP (Managua: Nuevos Horizontes, 1947).

————. "JP," in *Torres de Dios* (Managua: Ediciones El Pez y la Serpiente, 1985), pp. 29-34. Also in 2nd. ed. (San José, Costa Rica: Libro Libre, 1986), pp. 37-44.

"Homenaje a JP en el veinticinco aniversario de su muerte." *Cuadernos Universitarios* (León, Nicaragua: Universidad Nacional Autónoma de Nicaragua) 2: 7 (1972). [Includes texts by Ernesto Cardenal, Pablo Antonio Cuadra, Mario Benedetti, Giuseppe Bellini, Jorge Eduardo Arellano, Franco Cerutti, José Francisco Borgen, Carlos Jiménez, José Miguel Oviedo, Alberto Ordóñez Argüello, Napoleón Fuentes, Ernesto Gutiérrez, Mario Cajina Vega, Eduardo Zepeda-Henríquez, Alejandro Hurtado Chamorro and Sergio Ramírez; it also includes an anthology of poems by JP, selected by Ernesto Gutiérrez.]

Unruch, Vicky. "The Chinfonía burguesa: A Linguistic Manifesto of Nicaragua's Avant-Garde." *Latin American Theatre Review* 20: 2 (1987), 37-48.

White, Steven. "Breve retrato de JP." *Inti* 21 (1985), 67-73.

Yúdice, George. "Poemas de un joven que quiso ser otro." *Inti* 18-19 (1983-1984), 1-10.

OCTAVIO PAZ
(Mexico, 1914)

Poetic Works

Luna silvestre. Mexico: Fábula, 1933.
¡No pasarán! Mexico: Simbad, 1936.
Raíz del hombre. Mexico: Simbad, 1937.
Bajo tu clara sombra. Valencia, España: Héroe, 1937. 2nd. ed., Mexico: Librería Ars, 1941.
Entre la piedra y la flor. Mexico: Nueva Voz, 1941.
A la orilla del mundo. Mexico: Poesía Hispanoamericana, 1942.
Libertad bajo palabra. Mexico: Fondo de Cultura Económica, 1949.
¿Aguila o sol?, poemas en prosa. Mexico: Fondo de Cultura Económica, 1951.
Semillas para un himno. Mexico: Fondo de Cultura Económica, 1954.
Piedra de sol. Mexico: Fondo de Cultura Económica, 1957.
La estación violenta. Mexico: Fondo de Cultura Económica, 1958.
Agua y viento. Bogotá: Ediciones Mito, 1959.
Dos y uno tres. Palma de Mallorca: Papeles de Son Armadans, 1961.
Viento entero. Nueva Delhi, 1966.
Blanco. Mexico: Joaquín Mortiz, 1967.
Discos visuales. Mexico: Era, 1968.
Topoemas. Mexico: Era, 1971.
Renga. [In collaboration with Jacques Roubaud, Edoardo Sanguineti and Charles Tomlinson] Mexico: Joaquín Mortiz, 1972.
El mono gramático. Barcelona: Seix-Barral, 1974.
Pasado en claro. Mexico: Fondo de Cultura Económica, 1975.
Vuelta. Barcelona: Seix-Barral, 1976.
Arbol adentro. Barcelona: Seix-Barral, 1987.

Compilations and Anthologies

Libertad bajo palabra. Obra poética, 1935-1958. Mexico: Fondo de Cultura Económica, 1960.
[Contents: Bajo tu clara sombra. Condición de nube. Puerta condenada. ¿Aguila o sol? A la orilla del mundo.]
Salamandra (1958-1961). Mexico: Joaquín Mortiz, 1962; 2nd. ed., 1969.
Ladera este (1962-1968). Mexico: Joaquín Mortiz, 1969; 2nd. ed., 1970.
La centena (1935-1968). Barcelona: Barral Editores, 1969; 2nd. ed., 1972.
Poemas (1935-1975). Barcelona: Seix-Barral, 1979.
[Contents: Libertad bajo palabra (1935-1957): I. Bajo tu clara sombra (1935-1944). II. Calamidades y milagros (1937-1947). III. Semillas para un himno (1943-1955). IV. ¿Aguila o sol? (1949-1950) V. La estación violenta (1948-1957).
La hija de Rappacini (1956, teatro). Días hábiles (1958-1961). Homenaje y profanaciones (1960). Salamandra (1958-1961). Sólo a dos voces (1961). Ladera este (1962-1968). Hacia el comienzo (1964-1968). Blanco (1966). Topoemas (1968). El mono gramático (1970). Vuelta (1969-1975). Pasado en claro (1974).]

Other Works

Essay

El laberinto de la soledad. Mexico: Fondo de Cultura Económica, 1950.
El arco y la lira. Mexico: Fondo de Cultura Económica, 1956. [On poetry]
Las peras del olmo. Mexico: Universidad Nacional Autónoma de México, 1957.
Cuadrivio. Mexico: Joaquín Mortiz, 1965. [On Rubén Darío, Ramón López Velarde, Luis Cernuda and Fernando Pessoa.]
Los signos en rotación. Buenos Aires: Sur, 1965.
Puertas al campo. Mexico: Universidad Nacional Autónoma de México, 1966.
Claude Lévi-Strauss o El nuevo festín de Esopo. Mexico: Joaquín Mortiz, 1967.
Corriente alterna. Mexico: Siglo XXI, 1967.
Marcel Duchamp o El castillo de la pureza. Mexico: Era, 1969.
Posdata. Mexico: Siglo XXI, 1970.
Los signos en rotación y otros ensayos. Madrid: Alianza Editorial, 1971.
Apariencia desnuda: la obra de Marcel Duchamp. Mexico: Era, 1973.
El signo y el garabato. Mexico: Joaquín Mortiz, 1973.
La búsqueda del comienzo. Madrid: Fundamentos, 1974. [On surrealism]
Los hijos del limo. Del romanticismo a la vanguardia. Barcelona: Seix-Barral, 1974.
Xavier Villaurrutia en persona y en obra. Mexico: Fondo de Cultura Económica, 1978.
In/Mediaciones. Barcelona: Seix-Barral, 1979.
El ogro filantrópico: Historia y política, 1971-1978. Mexico: Joaquín Mortiz, 1979.
México en la obra de OP. Mexico: Promexa, 1979.
Sor Juana Inés de la Cruz o Las trampas de la fe. Mexico: Fondo de Cultura Económica, 1982.
Sombras de obras. Barcelona: Seix-Barral, 1983.
Tiempo nublado. Barcelona: Seix-Barral, 1983.
Hombres en su siglo y otros ensayos. Barcelona: Seix-Barral, 1984.
México en la obra de OP. 3 vol. Mexico: Fondo de Cultura Económica, 1987.
    [Contents: vol. 1: *El peregrino en su patria: Historia y política de México*; vol. 2: *Generaciones y semblanzas: Escritores y letras de México*; vol. 3: *Los privilegios de la vista: Arte de México*.]
Primeras letras. Mexico: Editorial Vuelta, 1987.
Pequeña crónica de grandes días. Mexico: Fondo de Cultura Económica, 1990.
La otra voz. Poesía y fin de siglo. Barcelona: Seix-Barral, 1990.

Translation

Versiones y diversiones. Mexico: Joaquín Mortiz, 1974.

Play

La hija de Rapaccini. *Revista Mexicana de Literatura* 2: 7 (1956), 3-26.

Interview

Pasión crítica. Conversaciones con OP. Prologue, selection and notes by Hugo Verani. Barcelona: Seix-Barral, 1985.

Bibliographies

Bhalla, Alok. "OP," [bio-bibliography] in *Latin American Writers* (New Delhi: Sterling Publishers, 1987), pp. 130-142.

Flores, Angel. "OP," in *Bibliografía de escritores hispanoamericanos (1609-1974)* (New York: Gordian Press, 1975), pp. 154-158.
Foster, David William. "OP," in *Mexican Literature. A Bibliography of Secondary Sources* (Metuchen, N. J.: Scarecrow Press, 1981), pp. 266-288.
Juzyn, Olga. "Bibliografía actualizada sobre OP." *Inti* 15 (1982), 98-144.
Ocampo, Aurora M. and Ernesto Prado Velázquez. "OP," in *Diccionario de escritores mexicanos* (Mexico: Universidad Nacional Autónoma de México, 1967), pp. 278-280.
Roggiano, Alfredo A. "Bibliografía de y sobre OP." *Revista Iberoamericana* 74 (1971), 269-297.
——— (ed.). *OP* (Madrid: Fundamentos, 1979), pp. 371-397.
Ruy Sánchez, Alberto. "OP," [bio-bibliography] in Carlos A. Solé (ed.), *Latin American Writers* (New York: Scribner, 1989), vol. III, pp. 1163-1176.
Valencia, Juan and Edward Coughlin. *Bibliografía selecta y crítica de OP*. Mexico: Universidad Autónoma de San Luis Potosí, 1973.
Verani, Hugo. "Hacia la bibliografía de OP." *Cuadernos Hispanoamericanos* 343-345 (1979), 752-791.
———. *OP: Bibliografía crítica*. Mexico: Universidad Nacional Autónoma de México, 1983. 260 p.

Critical Studies

Books and Dissertations

Acerca de OP. [Texts by Alejandro Paternain, Guillermo Sucre, Ida Vitale, Saúl Yurkievich.] Montevideo: Fundación de Cultura Universitaria, 1974.
Céa, Claire. *OP*. París: Pierre Seghers, 1965. [Prologue in pp. 9-99.]
Chantikian, Kosrofed (ed.). *OP, Homage to the Poet*. San Francisco: Kosmos, 1980.
Chiles, Frances. *OP, the Mythic Dimension*. New York: Peter Lang, 1987.
Fein, John. *Toward OP. A Reading of his Major Poems, 1957-1976*. Lexington: The University Press of Kentucky, 1986.
Feustle, Joseph A. *Poesía y mística: Rubén Darío, Juan Ramón Jiménez y OP*. Xalapa: Universidad Veracruzana, 1978.
Flores, Angel (comp.). *Aproximaciones a OP*. Mexico: Joaquín Mortiz, 1974.
Gimferrer, Pere. *Lecturas de OP*. Barcelona: Anagrama, 1980.
——— (ed.). *OP*. Madrid: Taurus, 1982.
Ivask, Ivar (comp.). *The Perpetual Present; the Poetry and Prose of Octavio Paz*. Norman: University of Oklahoma Press, 1972.
Lemaître, Monique. *OP: Poesía y poética*. Mexico: Universidad Nacional Autónoma de México, 1976.
Magis, Carlos H. *La poesía hermética de OP*. Mexico: El Colegio de México, 1978.
Martínez Torrón, Diego. *Variables poéticas de OP*. Madrid: Hiperión, 1979.
Ojeda, Jorge Arturo. *La cabeza rota: la poética de OP*. Mexico: Premiá Editora, 1983.
Perdigó, Luisa M. *La estética de OP*. Madrid: Playor, 1975.
Phillips, Rachel. *The Poetic Modes of OP*. Londres: Oxford University Press, 1972. Translated to Spanish by Tomás Segovia, *Las estaciones poéticas de OP*. Mexico: Fondo de Cultura Económica, 1976.
Rodríguez Padrón, Jorge. *OP*. Madrid: Júcar, 1975.
Roggiano, Alfredo (ed.). *OP*. Madrid: Fundamentos, 1979.
Rojas Guzmán, Eusebio. *Reinversión de la palabra: la obra poética de OP*. Mexico: Costa-Amic, 1979.
Ruy Sánchez, Alberto. *Introducción a OP*. Mexico: Joaquín Mortiz, 1990.
Schärer-Nussberger, Maya. *OP. Trayectorias y visiones*. Mexico: Fondo de Cultura Económica, 1989.
Stillman, Ronni L. "OP y la generación de Taller." Doctoral dissertation. Rutgers University, 1974.
Tizzoni, Julia L. M. *La palabra, el amor y el tiempo en OP*. Paraná, Argentina: Editorial de la autora, 1973.

Valencia, Juan and Edward Coughlin (eds.). *Homenaje a OP*. Cincinnati: University of
    Cincinnati; San Luis Potosí, Mexico: Universidad Autónoma de San Luis Potosí,
    1976.
Wilson, Jason. *OP: A Study of his Poetics*. Cambridge: Cambridge University Press,
    1979. Translated to Spanish, *OP: un estudio de su poesía*. Bogotá: Pluma, 1980.
Wing, George G. "OP: Poetry, Politics, and the Myth of the Mexican." Doctoral
    dissertation. University of California, Berkeley, 1961.
Xirau, Ramón. *OP: el sentido de la palabra*. Mexico: Joaquín Mortiz, 1970.

Monographical Journals dedicated to OP

Revista Iberoamericana 74 (1971).
Review 72 (1972).
Gradiva 6-7 (1975).
Cuadernos Hispanoamericanos 343-345 (1979).
Peñalabra 38 (1980-1981).
World Literature Today 56 (1982).
Gaceta del Fondo de Cultura Económica 241 (1991).

Essays, Reviews, Interviews

Alazraqui, Jaime. "Para una poética del silencio." *Cuadernos Hispanoamericanos* 343-345
    (1979), 157-184.
————. "Tres formas del ensayo contemporáneo: Borges, Paz, Cortázar." *Revista
    Iberoamericana* 118-119 (1982), 9-20.
Andújar, Manuel. "OP y nuestros candentes mestizajes." *Cuadernos Hispanoamericanos*
    343-345 (1979), 97-101.
Aparicio, Frances R. "Epistemología y traducción en la obra de OP." *Hispanic Journal* 8:
    1 (1986), 157-167.
Arcelus Ulibarrena, Juana Mary. "Metáfora y sinestesia en *Ladera este* de OP." *Thesaurus*
    37: 2 (1982), pp. 299-377.
Aridjis, Homero. *Seis poetas latinoamericanos de hoy* (New York: Harcourt, Brace,
    Jovanovich, Inc., 1972), pp. 145-187.
Armand, Octavio. "OP o el traductor no traiciona." *Cuadernos Hispanoamericanos* 343-
    345 (1979), 732-738.
Aronne-Amestoy, Lida Beatriz. "El umbral prohibido: relectura de OP." *Quaderni Ibero-
    Americani* 8: 59-60 (1985-1986), 93-104.
Bareiro-Saguier, R. "OP y Francia." *Revista Iberoamericana* 74 (1971), 251-264.
Benavides, Manuel. "Claves filosóficas de OP." *Cuadernos Hispanoamericanos* 343-345
    (1979), 11-42.
Bernard, Judith. "Myth and Structure in OP' *Piedra de sol*." *Symposium* 21 (1967), 5-
    13.
Borello, Rodolfo A. "Relectura de *Piedra de sol*." *Cuadernos Hispanoamericanos* 343-
    345 (1979), 417-436.
Borinsky, Alicia. "Equilibrismos: poesía/sentido." *Cuadernos Hispanoamericanos* 343-345
    (1979), 553-560.
Brower, Gary L. "Borges and Paz: Death by Labyrinth and Resurrection by Dialectic."
    Latin American Literary Review 2: 4 (1974), 17-23.
Callan, Richard J. "Some Parallels between OP and Carl Jung." *Hispania* 60: 4 (1977),
    916-926.
Campos, Haroldo de. "Poesía y modernidad: de la muerte del arte a la constelación; el
    poema posutópico." *Vuelta* 99 (1985), 23-30.
Carreño, Antonio. "La máscara como diagrama: *Vuelta*." *Cuadernos Hispanoamericanos*
    343-345 (1979), 573-590. Reproduced as "La máscara de la ausencia: *Vuelta* (1976)
    de OP," in *La dialéctica de la identidad en la poesía contemporánea: la persona, la
    máscara* (Madrid: Gredos, 1982), pp. 170-198.

Chiles, Frances. "*Vuelta*: The Circuitous Journey Motif in the Poetry of OP." *Latin American Literary Review* 6: 12 (1978), 57-67.
Cobo Borda, Juan Gustavo. "El *Taller* de Paz." *Eco* 249 (1982), 319-335.
————. "OP y la poesía latinoamericana, 1940-1980." *Revista Nacional de Cultura* 47: 256 (1985), 56-85.
Cohen, J. M. "OP," in *Poesía de nuestro tiempo* (Mexico: Fondo de Cultura Económica, 1964), pp. 327-334.
————. "The Eagle and the Serpent." *Southern Review* 2 (1965), 361-374.
Correa, Gustavo. "Las imágenes eróticas en *Libertad bajo palabra*: dialéctica e intelectualidad." *Cuadernos Hispanoamericanos* 343-345 (1979), 484-502.
Cuadra, Pablo Antonio. "OP," in *Torres de Dios* (San José, Costa Rica: Libro Libre, 1986), pp. 31-37.
Dal Farra, Maria Lucia. "Texto-montagem e experimentação em torno de Paz, Blanchot e Benjamin." *Lingua e Literatura* 5 (1976), 265-273.
Debicki, Andrew. "El trasfondo filosófico y la experiencia poética en obras de OP." *Revista Hispánica Moderna* 37: 4 (1972-1973), 283-290. Reproduced in *Poetas hispanoamericanos contemporáneos* (Madrid: Gredos, 1976), pp. 141-158.
Díez-Martínez, Luis Alfonso. "Poesía y pensamiento poético en OP." *Revista Nacional de Cultura* 212-215 (1973), 113-127.
————. "Ampliaciones y retornos: divagaciones sobre el poema 'Vuelta'." *Cuadernos Hispanoamericanos* 343-345 (1979), 561-572.
Durán, Manuel. "La estética de OP." *Revista Mexicana de Literatura* 8 (1956), 114-136.
————. "Libertad y erotismo en la poesía de OP." *Sur* 276 (1962), 72-77.
————. "La huella del Oriente en la poesía de OP." *Revista Iberoamericana* 74 (1971), 97-116.
Fein, John M. "El espejo como imagen y tema en la poesía de OP." *Revista de la Universidad de México* 12: 3 (1957), 8-13.
————. "La estructura de *Piedra de sol*." *Revista Iberoamericana* 38 (1972), 73-94.
Feito, Francisco E. "Notas a una crítica olvidada sobre Vallejo, Neruda y Paz." *Texto Crítico* 4: 9 (1978), 184-204.
Feustle, Joseph A. "La influencia del tantrismo en *Blanco* de OP." *Explicación de Textos Literarios* 5: 2 (1976), 175-179.
————. "*Blanco*: una síntesis poética de tres culturas." *Cuadernos Hispanoamericanos* 343-345 (1979), 455-469.
Flores, Félix Gabriel. "La vigilia fervorosa." *Cuadernos Hispanoamericanos* 343-345 (1979), 265-286.
Franco, Jean. "¡Oh mundo por poblar, hoja en blanco! El espacio y los espacios en la obra de OP." *Revista Iberoamericana* 74 (1971), 147-160.
Fuente, Ovidio. "Erotismo y comunión mítica en la poesía de OP." *Cuadernos Americanos* 185: 6 (1972), 222-241.
————. "Teoría poética de OP." *Cuadernos Americanos* 182: 3 (1972), 226-242.
Fuentes, Carlos. "El tiempo de OP," in *Casa con dos puertas* (Mexico: Joaquín Mortiz, 1970), pp. 151-157.
García Cancini, Néstor. "La estética de OP." *Cuadernos de Filosofía* 12: 18 (1972), 259-272.
————. "La poesía de OP: de la palabra a la escritura." *Caravelle* 21 (1973), 89-103.
García Ponce, Juan. "La poesía de OP," in *Cruce de caminos* (Xalapa: Universidad Veracruzana, 1965), pp. 258-269.
García Sánchez, Javier. "OP-Wittgenstein: la palabra silenciada." *Cuadernos Hispanoamericanos* 343-345 (1979), 43-63.
Gertel, Zunilda. "Signo poético e ideograma en 'Custodia' de OP." *Dispositio* 1: 2 (1976), 148-162.
Gimferrer, Pere. "Lectura de *Pasado en claro*," in Cedomil Goic (ed.), *Historia y crítica de la literatura hispanoamericana*, vol. III, *Epoca contemporánea* (Barcelona: Crítica, 1988), pp. 209-214.
González Echevarría, Roberto and Emir Rodríguez Monegal. "Cuatro o cinco puntos cardinales." [Interview] *Plural* 18 (1973), 17-20.
Guereña, Jacinto Luis. "La poesía que provoca y convoca y alienta." *Cuadernos Hispanoamericanos* 343-345 (1979), 287-306.

Guibert, Rita. "OP: amor y erotismo." *Revista Iberoamericana* 76-77 (1971), 507-515.
Gullón, Ricardo. "The Universalism of OP." *Books Abroad* 46: 4 (1972), 585-595.
Hernández Araico, Susana. "Redondeo de árbol y río en *Piedra de sol*." *Cuadernos Americanos* 221: 6 (1978), 231-239.
Hoover, Judith Myers. "The Urban Nightmare: Alienation Imagery in the Poetry of T. S. Eliot and OP." *Journal of Spanish Studies: Twentieth Century* 6: 1 (1978), 13-28.
Hozven, Roberto. "OP: la escritura de la ausencia." *Revista Chilena de Literatura* 19 (1982), 39-48.
Jitrik, Noé. "Las dos traducciones." *Punto de Contacto/Point of Contact* 1: 3 (1976), 69-84.
Jonsson-Devillers, Edith. "OP and Poems of Humor in Black, Purple and Green." *Journal of Spanish Studies: Twentieth Century* 4: 3 (1976), 165-178.
Joset, Jacques. "Des 'Mots de la tribu' a la liberté 'sous' parole. Reflexions sur la Parole poétique d'OP." *Marche Romane* (Liege, Belgium) XIX: 4 (1969), 11-30.
Kourim, Zdenek. "Meditatio poética de OP." *Cuadernos Hispanoamericanos* 343-345 (1979), 223-239.
Lafuente, Fernando. "OP: Poesía e historia." *Revista de Occidente* 86-87 (1988), 240-255.
Larrea, Elba M. "OP, poeta de América." *Revista Nacional de Cultura* 162-163 (1964), 78-88.
Leiva, Raúl. "OP," in *Imagen de la poesía mexicana contemporánea* (Mexico: Universidad Nacional Autónoma de México, 1959), pp. 205-226.
Lemaître, Monique. "Análisis de dos poemas espaciales de OP: 'Aspa' y 'Concorde' a partir de las coordenadas del *Y Ching*." *Revista Iberoamericana* 89 (1974), 669-674.
Libertella, Héctor. "OP: el texto portagrama o líder." *Punto de Contacto/ Point of Contact* 3: 1-2 (1982), 45-51.
Liscano, Juan. "Lectura libre de un libro de poesía de OP." [*Pasado en claro*] *Revista Iberoamericana* 96-97 (1976), 517-526.
————. "Lecturas de OP," in *Descripciones* (Buenos Aires: Ediciones de la Flor, 1983), pp. 39-72.
Madrid, Lelia. "OP o la problemática del origen." *Inti* 28 (1988), 39-57.
————. "OP: el tú y la mirada," in *El estilo del deseo: la poética de Darío, Vallejo, Borges y Paz* (Madrid: Pliegos, 1988), pp. 73-92.
Maliandi, Ricardo. "El pronombre indecible. Multiplicidad y unidad en la obra de OP." *Boletín del Instituto de Literatura* 2 (1972), 9-29.
Malpartida, Juan. "El cuerpo y la historia: Dos aproximaciones a OP." *Cuadernos Hispanoamericanos* 468 (1989), 45-56.
Martín, Sabas. "El presente es perpetuo." *Cuadernos Hispanoamericanos* 343-345 (1979), 240-253.
Martínez Torrón, Diego. "Escritura, cuerpo del silencio." *Cuadernos Hispanoamericanos* 343-345 (1979), 122-144.
Mas, José L. "Las claves estéticas de OP en *Piedra de sol*." *Revista Iberoamericana* 112-113 (1980), 471-485.
Matamoros, Blas. "Materiales para una teoría poética." *Cuadernos Hispanoamericanos* 343-345 (1979), 254-264.
Mejía Valera, Manuel. "El pensamiento filosófico de OP." *Cuadernos Americanos* 227: 6 (1979), 93-109.
Meloch, Verna M. "El ciclo de Paz." ["Piedra de sol"] *Hispanófilo* 13 (1961), 45-51.
Merlino, Mario. "El número, la pausa." *Cuadernos Hispanoamericanos* 343-345 (1979), 206-222.
Mermall, Thomas. "OP y las máscaras." *Cuadernos Americanos* 180: 1 (1972), 195-207.
Min, Yong-Tae. "Haiku en la poesía de OP." *Cuadernos Hispanoamericanos* 343-345 (1979), 698-707.
Najt, Myriam. "¿Una trampa verbal?: La fijeza es siempre momentánea." *Cuadernos Hispanoamericanos* 343-345 (1979), 111-121.
Nugent, Robert. "Structure and Meaning in OP's *Piedra de sol*." *Kentucky Foreign Language Quarterly* (Lexington, Kentucky) 13: 3 (1966), 138-146.
Ortega, Julio. "Notas sobre OP." *Cuadernos Hispanoamericanos* 231 (1969), 553-566.

─────. "Un poema de OP," in *Figuración de la persona* (Madrid: Edhasa, 1971), pp. 219-234.

─────. "El discurso político de OP." *Revista de la Universidad de México* 40: 416 (1985), 24-28.

Oviedo, José Miguel. "Los pasos de la memoria: lectura de un poema de OP." *Diálogos* 17: 99 (1981), 20-29. Reproduced in *Escrito al margen* (2nd. ed., Mexico: Premiá Editora, 1987), pp. 73-95.

─────. "Vuelta al comienzo. Paz en su poesía última." *Eco* 263 (1983), 527-546.

Pacheco, José Emilio. "Descripción de *Piedra de sol*." *Revista Iberoamericana* 74 (1971), 135-146. Reproduced in Angel Flores (ed.), *Aproximaciones a OP* (Mexico: Joaquín Mortiz, 1973), pp. 173-183. Also in Alfredo Roggiano (ed.), *OP* (Madrid: Fundamentos, 1979), pp. 111-124.

Palau de Nemes, Graciela. "Tres momentos del neomisticismo poético del 'Siglo Modernista': Darío, Jiménez y Paz." *Revista de Bellas Artes* 19 (1968), 65-74.

Paternain, Alejandro. "OP: la fijeza y el vértigo." *Cuadernos Hispanoamericanos* 276 (1973), 427-440.

Paz, Hornos, et. al. "Civilización y fin de siglo." [Interview] *Vuelta* 105 (1985), 7-13.

Persin, Margaret H. "Chaos, Order and Meaning in the Poetry of OP." *Revista Canadiense de Estudios Hispánicos* 4: 2 (1980), 155-168.

Pezzoni, Enrique. "'Blanco': la respuesta al deseo." *Revista Iberoamericana* 38 (1972), 57-72.

Phillips, Rachel. "*Pasado en claro*: preludio/postludio de OP." *Revista Iberoamericana* 96-97 (1976), 581-584.

Pittarello, Elide. "I segni dell'irrealtà: note sulle combinatorie fonosemantiche della poesia di OP." *Studi di Letteratura Ispano-Americana* 11 (1981), 29-43.

Poust, Alice. "Blanco: energía de la palabra." *Cuadernos Hispanoamericanos* 343-345 (1979), 470-483.

Requena, Julio. "Poética del tiempo en OP." *RevUNC* VII: 13 (1966), 61-107.

Revel-Mouroz, Jean François. "Miradas sobre el mundo actual: OP entrevistado por JFR." *Vuelta* 114 (1986), 29-32.

Rodríguez Monegal, Emir. "OP, crítica y poesía." *Mundo Nuevo* 21 (1968), 55-62.

─────. "La muerte como clave de la realidad mexicana en la obra de OP." *Revista de la Universidad de México* 28: 3 (1973), 32-45.

─────. "Borges y Paz: un diálogo de textos críticos." *Revista Iberoamericana* 89 (1974), 567-593.

Rodríguez Padrón, Jorge. "OP: el escritor y la experiencia poética." *Cuadernos Hispanoamericanos* 243 (1970), 671-678.

─────. "OP: la experiencia poética," in *Tres poetas contemporáneos* [Paul Valéry, Cesare Pavese, OP] (Las Palmas: San Borondón, 1973), pp. 53-66.

─────. "El tiempo hecho cuerpo repartido: un análisis de 'Nocturno de San Ildefonso." *Cuadernos Hispanoamericanos* 343-345 (1979), 591-628.

Romero, Publio Octavio. "Piedra de sol: un complejo de relaciones míticas." *Texto Crítico* 5: 13 (1979), 153-174.

Ruano, Manuel. "Poeta: jardinero de epitafios." *Cuadernos Hispanoamericanos* 343-345 (1979), 307-316.

Sánchez, Porfirio. "Imágenes y metafísica de la poesía de OP." *Cuadernos Americanos* 168 (1970), 149-159.

Sánchez Robayna, Andrés. "OP en dos tiempos," in *La luz negra* (Madrid: Júcar, 1985), pp. 79-91.

Santí, Enrico-Mario. "La dimensión hispanoamericana: de Ortega a OP." *Diálogos* 21: 5 (1985), 3-9.

Segade, Gustavo V. "La poética de OP: una estética contemporánea." *Cuadernos Hispanoamericanos* 343-345 (1979), 145-156.

Segovia, Tomás. "Entre la gratitud y el compromiso." *Revista Mexicana de Literatura* 8 (1956), 102-113.

─────. "Poética y poema (por ejemplo en OP)." *Nueva Revista de Filología Hispánica* 24: 2 (1975), 528-540.

Solotorevsky, Myrna. "Semillas para un himno." *Cuadernos Hispanoamericanos* 343-345 (1979), 533-552.

Somlyó, György. "OP y *Piedra de sol*." *Diálogos* 5 (1966), 8-12.

Sosa López, Emilio. "OP o el tiempo de la razón ardiente." *Sur* 349 (1981), 137-146.

Soto-Duggan, Lilvia. "La palabra-sendero o la escritura analógica: la última poesía de OP." *Inti* 9 (1979), 79-89. Reproduced in Jesse Fernández and Norma Klahn (eds.), *Lugar de encuentro. Ensayos críticos sobre poesía mexicana actual* (Mexico: Katún, 1987), pp. 11-21.

Sucre, Guillermo. "Paz: la vivacidad, la transparencia" and "El cuerpo del poema," in *La máscara, la transparencia* (Caracas: Monte Avila, 1975), pp. 207-236 y 431-447.

Tarroux-Follin, Christiane. "'Primer día': Les premieres realisations textuelles des structures metaphoriques de *Libertad bajo palabra*." *Co-textes* 17 (1989), 5-42.

————. "Le Surrealisme d'OP en question." *Co-textes* 17 (1989), 75-99.

Teodorescu, Paul. "Una nueva sensibilidad: la plasmación de una profecía orteguiana en las obras de OP y Ernesto Sábato." *Cuadernos Hispanoamericanos* 403-405 (1984), 391-423.

Usigli, Rodolfo. "Poeta en libertad." *Cuadernos Americanos* 49 (1950), 293-300.

Vernengo, Roberto. "Una entrevista con OP." *Sur* 227 (1954), 61-64.

Vilanova, Manuel. "El discurso es un error azul." *Cuadernos Hispanoamericanos* 343-345 (1979), 377-388.

Vitale, Ida. "OP: hacia el blanco." *Eco* 163 (1974), 98-106.

Vitier, Cintio. "Prólogo a una antología." *Revista Mexicana de Literatura* 4 (1956), 388-395.

Wilson, E. Jason. "Vision, Ecstasy, and Eastern Thought in the Poetry of OP." *Symposium* 29 (1975), 164-179.

Xirau, Ramón. *Tres poetas de la soledad. José Gorostiza, Xavier Villaurrutia, OP.* Mexico: Antigua Librería Robredo, 1955.

————. *Poesía y conocimiento: Borges, Lezama Lima, OP.* Mexico: Joaquín Mortiz, 1978.

Yurkievich, Saúl. *Fundadores de la nueva poesía latinoamericana* (Barcelona: Barral Editores, 1971), pp. 203-236.

NESTOR PERLONGHER
(Argentina, 1948)

Poetic Works

Austria-Hungría. Buenos Aires: Ediciones Tierra Baldía, 1980.
Alambres. Buenos Aires: Ultimo Reino, 1987.
Hule. Buenos Aires: Ultimo Reino, 1989.
Parque Lezama. Buenos Aires: Sudamericana, 1990.

Critical Studies

Chitarroni, Luis. "Un uso bélico del barroco áureo." [Interview] *La Papirola* 3 (1988), 10-14.
Cristófalo, Américo. "*Alambres*: cuerpo e historia." *Página* 12 (8 July 1987), 13.
Dreizik, Pablo. "Neobrarroso y el realismo alucinante." [Interview] *Tiempo Argentino* (3 August 1986), 8.
Echavarren, Roberto. "Lo que está en el aire. La poesía de NP." *Jaque* 135 (23 July 1986.)
Freidemberg, Daniel. "Una estética del cosmético." *Crisis* 55 (1987), 84.
Kamenszain, Tamara. "La nueva poesía argentina: de Lamborghini a Perlongher." *Literatura y crítica* (Universidad Nacional del Litoral, 1986), 139-143.
Milán, Eduardo. "*Alambres*." *Vuelta* 132 (1987), 55-58.
————. "El neobarroco rioplatense." [Interview] *Jaque* 134 (1986), 23-24.
————. "NP: niveles de la sonrisa." *El Nacional* (21 September 1986), 11.
Molina, Daniel. "Paseando por los mil sexos." [Interview] *Fin de Siglo* 8 (1988), 16-19.
O'Hara, Edgar. *La palabra y la eficacia* (Lima: Ruray, 1984), pp. 187-190.
Rosa, Nicolás. "Seis tratados y una ausencia sobre los *Alambres* y rituales de NP," in *Los fulgores del simulacro* (Santa Fe, Argentina: Universidad Nacional del Litoral, 1987), pp. 229-257.
Saavedra, Guillermo. "*Alambres*." *Vuelta Sudamericana* 17 (1987), 42.
Thonis, Luis. "La disgregación de las lenguas y el sueño de un imperio en un libro de poemas." *Convicción* (15 February 1981), 19.
Villalba, Susana. "El murmullo es el poema." [Interview] *El ciudadano* 28 (2 May 1989).
Zapata, Miguel Angel. "NP: La parodia diluyente." [Interview] *Inti* 26-27 (1987-1988), 285-290.

ALEJANDRA PIZARNIK
(Argentina, 1936-1972)

Poetic Works

La tierra más ajena. Buenos Aires: Botella al Mar, 1955.
La última inocencia. Buenos Aires: Botella al Mar, 1956.
Las aventuras perdidas. Buenos Aires: Botella al Mar, 1958.
Arbol de Diana. Prologue by Octavio Paz. Buenos Aires: Sur, 1962.
Los trabajos y las noches. Buenos Aires: Editorial Sudamericana, 1965.
Extracción de la piedra de locura. Buenos Aires: Editorial Sudamericana, 1968.
Nombres y figuras. Buenos Aires: Editorial Sudamericana, 1969.
El infierno musical. Buenos Aires: Siglo XXI Argentina Editores, 1971.
Los pequeños cantos. Caracas: Arbol de Fuego, 1971.
Zona prohibida: dibujos y poemas. Xalapa, Mexico: Universidad Veracruzana, 1982.

Compilations and Anthologies

El deseo de la palabra. [Anthology] Prologue by Octavio Paz. Epilogue by Antonio
    Beneyto. Interview by Martha I. Moia. Barcelona: Ocnos, 1975.
La última inocencia/Las aventuras perdidas. Prologue by Enrique Molina. Buenos Aires:
    Botella al Mar, 1976.
Textos de sombra y últimos poemas. Poems and texts in prose ordered and supervised by
    Olga Orozco and Ana Becciú. Buenos Aires: Sudamericana, 1982.
Poemas. Prologue by Alejandro Fontenla. Buenos Aires: Centro Editor de América
    Latina, 1982.
Poemas. Edition by Gustavo Zuluaga. Buenos Aires: Endymion, 1986.
Prosa poética. Buenos Aires: Endymion, 1987.

Bibliographies

Fagundo, Ana María. "AP," [bio-bibliography] in Diane E. Marting (ed.), *Spanish
    American Women Writers. A Bio-Bibliographical Source Book* (Westport,
    Connecticut: Greenwood Press, 1990), pp. 446-452.
Foster, David William. "AP," in *Argentine Literature. A Research Guide* (2nd ed., New
    York: Garland, 1982), p. 623.
Piña, Cristina. "Obras de AP," in *La palabra como destino: un acercamiento a la poesía de
    AP* (Buenos Aires: Botella al Mar, 1981), pp. 94-95.

Other Works

La condesa sangrienta. Buenos Aires: López Crespo Editorial, 1971. [Essay]
Diario, 1960-1961. Bogotá: Talleres Editoriales del Museo Rayo, Ediciones Embalaje,
    1988.

Critical Studies

Books and Dissertations

Piña, Cristina. *La palabra como destino: un acercamiento a la poesía de AP*. Buenos Aires: Botella al Mar, 1981.

Essays, Reviews, Interviews

Amat, Nuria. "La erótica del lenguaje en AP y Monique Witlig." *Nueva Estafeta* 12 (1979), 47-54.

"AP." *Cuadernos Hispanoamericanos. Los Complementarios* 5 (1990).
[Includes texts by Enrique Molina, Anna Soncini, Cristina Piña and Juan Malpartida.]

Aronne-Amestoy, Lida. "La palabra en Pizarnik o el miedo a Narciso." *Inti*18-19 (1983-1984), 229-233.

Barros, Daniel. "La perpetua inocencia en AP," in *Poesía sudamericana actual* (Madrid: Miguel Castelote editor, 1972), pp. 97-100.

Becciú, Ana. "AP: un gesto de amor." *Quimera* 36 (1984), 7.

Beneyto, Antonio. "Epílogo," in *El deseo de la palabra* by AP (Barcelona: Ocnos, 1975), pp. 252-256.

————. "AP: ocultándose en el lenguaje." *Quimera* 34 (1983), 23-37.

Borinsky, Alicia. "Muñecas reemplazables." *Río de la Plata: Culturas* 7 (1988), 41-48.

Cámara, Isabel. "Literatura o la política del juego en AP." *Revista Iberoamericana* 132-133 (1985), 581-589.

Campanella, Hebe N. "La voz de la mujer en la joven poesía argentina: cuatro registros." [Olga Orozco, Nélida Salvador, AP, Nelly Candengabe.] *Cuadernos Hispanoamericanos* 300 (1975), 543-564.

Cobo Borda, Juan Gustavo. "AP, la pequeña sonámbula." *Eco* 159 (1972), 40-64.

————. "AP (29 April 1936/ 25 September 1972)," in *La alegría de leer* (Bogotá: Instituto Colombiano de Cultura, 1976), pp. 63-80.

DiAntonio, Robert Edward. "On Seeing Things Darkly in the Poetry of AP: Confessional Poetics or Aesthetic Metaphor?" *Confluencia* 2 (1987), 47-52.

Fontenla, Alejandro. "Prólogo" to *Poemas* by AP(Buenos Aires: Centro Editor de América Latina, 1982), pp. I-VIII.

Friedman Goldberg, Florinda. "AP: palabra y sombra." *Noah: Revista literaria* 1 (1987), 58-62.

Gómez Paz, Julieta. "La tierra prometida (AP)," in *Cuatro actitudes poéticas. AP, Olga Orozco, Amelia Biagioni y María Elena Walsh* (Buenos Aires: Conjunta, 1977), pp. 9-47.

————. "La mujer argentina en la poesía de ayer y de hoy," in *La mujer argentina* (Buenos Aires: Conjunta Editores, 1977).

Graziano, Frank. "Introduction," in Frank Graziano (ed.), *AP. A Profile* (Durango, Colorado: Logbridge-Rhodes, 1987), pp. 9-17.

Herrera, Ricardo. "Lo negro, lo estéril, lo fragmentado. Un ensayo sobre AP," in Juan Gustavo Cobo Borda, María Julia de Ruschi Crespo and Ricardo Herrera, *Usos de la imaginación* (Buenos Aires: El Imaginero, 1984), pp. 95-105.

Juarroz, Roberto. "Homenaje a AP." *Eco* 175 (1975), 106-107.

Lagmanovich, David. "La poesía de AP," in Instituto Internacional de Literatura Iberoamericana, *XVII Congreso* (Madrid: Cultura Hispánica del Centro Iberoamericano de Cooperación, 1978), pp. 885-895.

Lagunas, Alberto. "AP: textos inéditos y un reportaje desconocido." *Proa* 2 (1988-1989), 43-48.

Lasarte, Francisco Javier. "Más allá del surrealismo: la poesía de AP." *Revista Iberoamericana* 125 (1983), 867-877.

Malinow, Inés. "AP," in *Poemas* by AP (Buenos Aires: Endymion, 1986), pp. 7-12.

Malpartida, Juan. "AP." *Cuadernos Hispanoamericanos. Los Complementarios* 5 (1990), 39-41.

Moia, Martha I. "Algunas claves." [Interview] *Plural* 18 (1973), 8-9. Reproduced in *El deseo de la palabra* by AP (Barcelona: Ocnos, 1975), pp. 246-251.
————. "Some Keys to AP." *Sulfur* 8 (1983), 97-101.
Molina, Enrique. "La hija del insomnio," prologue to *La última inocencia/ Las aventuras perdidas* by AP (Buenos Aires: Botella al Mar, 1976). Also in *Cuadernos Hispanoamericanos. Los Complementarios* 5 (1990), 5-6.
Paz, Octavio. "Prólogo" to *Arbol de Diana* by AP (Buenos Aires: Sur, 1962), pp. 7-9. Also as *"Arbol de Diana* de AP," prologue to *El deseo de la palabra* by AP (Barcelona: Ocnos, 1975), pp. 7-9.
Peri Rossi, Cristina. "AP o la tentación de la muerte." *Cuadernos Hispanoamericanos* 273 (1973), 584-588.
Pezzoni, Enrique. "AP: la poesía como destino." *Sur* 297 (1965), 101-104. Reproduced in *El texto y sus voces* (Buenos Aires: Sudamericana, 1986), pp. 156-161.
Piña, Cristina. "AP o el yo transformado en lenguaje." *El Ornitorrinco* 1 (1977), 21-24.
————. "El tema del doble en la poesía de AP." "Separata de las Actas del Congreso Nacional de Literatura Argentina. Tema general: La literatura argentina 1940-1980." Tucumán: Dirección General de Cultura, 1980.
————. "AP o el yo transformado en lenguaje." *Revista Nacional de Cultura* 251 (1983), 69-87.
————. "La palabra obscena." *Cuadernos Hispanoamericanos. Los Complementarios* 5 (1990), 17-38.
Roggiano, Alfredo. "AP: persona y poesía." *Letras de Buenos Aires* 2 (1981), 49-58.
Rossler, Osvaldo. "AP o la materia verbal que no encuentra salida," in *Cantores y trágicos de Buenos Aires* [On Celedonio Flores, Nicolás Olivari and AP] (Buenos Aires: Ediciones Tres Tiempos, 1981), pp. 117-177.
Running, Thorpe. "The Poetry of AP." *Chasqui* 14: 2-3 (1985), 45-55.
Senkman, Leonardo. "AP: de la morada de las palabras a la intemperie de la muerte," in *La identidad judía en la literatura argentina* (Buenos Aires: Ediciones Pardes, 1983), pp. 337-340.
Sola, Graciela de. "Aproximaciones místicas en la nueva poesía argentina." *Cuadernos Hispanoamericanos* 219 (1968), 545-553.
Soncini, Anna. "Itinerario de la palabra en el silencio." *Cuadernos Hispanoamericanos. Los Complementarios* 5 (1990), 7-15.
Sucre, Guillermo. "La metáfora del silencio," in *La máscara, la transparencia* (Caracas: Monte Avila, 1975), pp. 362-366.
Vela, Rubén. "AP: una poesía existencial." *Repertorio Latinoamericano* 55 (1983), 4-7.

GIOVANNI QUESSEP
(Colombia, 1939)

Poetic Works

Después del paraíso. Bogotá: Antares, 1961.
El ser no es una fábula. Bogotá: Ediciones Tercer Mundo, 1968.
Duración y leyenda. Bogotá: Estudio 3, 1972.
Canto del extranjero. Bogotá, 1976.
Libro del encantado. Bogotá: Instituto Colombiano de Cultura, 1978.
Poesía. Bogotá: Carlos Valencia Editores, 1980.
Muerte de Merlín. Prologue by Fernando Charry Lara. Bogotá: Instituto Caro y Cuervo, 1985.

Other Works

Eduardo Carranza. Bogotá: Procultura, 1990. [Essay]

Critical Studies

Araújo, Helena. "Tres líricos colombianos." *Eco* 221 (1980), 513-519.
Canfield, Martha L. "GQ: a manera de interpretación." [*El ser no es una fábula*] *Razón y Fábula* 17 (1970), 59-64.
————. "La nueva poesía de GQ." *Eco* 146 (1972), 206-214.
Carranza, María Mercedes. "Poesía posterior al Nadaísmo," [GQ and other writers] in *Manual de literatura colombiana* (Bogotá: Procultura/Planeta, 1988), pp. 250-252.
Charry Lara, Fernando. "Prólogo" to *Muerte de Merlín* by GQ (Bogotá: Instituto Caro y Cuervo, 1985), pp. 13-17.
Cobo Borda, Juan Gustavo. "La poesía de Quessep." *Eco* 141-142 (1972), 312-315.
Plaza, Galvarino. "*Libro del encantado.*" *Cuadernos Hispanoamericanos* 351 (1979), 699.

GONZALO ROJAS ·
(Chile, 1917)

Poetic Works

La miseria del hombre. Valparaíso: Imprenta Roma, 1948.
Contra la muerte. Santiago: Edit. Universitaria, 1964. 2nd. ed. Havana: Casa de las
Américas, 1966.
Oscuro. Caracas: Monte Avila Editores, 1977.
Transtierro. Madrid: Nos queda la palabra, 1979.
Del relámpago. Mexico: Fondo de Cultura Económica, 1981. 2nd. ed. expanded, 1984.
El alumbrado. Santiago: Ganymedes, 1986. Other ed., *El alumbrado y otros poemas*.
Madrid: Cátedra, 1987.
Materia de testamento. Madrid: Hiperión, 1988.

Compilations and Anthologies

Antología breve. Mexico: Universidad Nacional Autónoma de México, 1980.
50 poemas. Edition by David Turkeltaub. Santiago, Chile: Ediciones Ganymedes, 1982.
Antología personal. Prologue by Eduardo Vázquez. Mexico: Universidad Nacional
Autónoma de México, Universidad Autónoma de Zacatecas, Premiá Editora, 1988.

[Note: *Oscuro, Transtierro, Del relámpago* and *Materia de testamento* include poems from
the previous books and add others.]

Bibliographies

Coddou, Marcelo. "Bibliografía," in *Poética de la poesía activa* (Madrid: Lar, 1984), pp.
321-327.

Critical Studies

Books and Dissertations

Coddou, Marcelo. *Poética de la poesía activa*. Madrid: Lar, 1984.
————. *Nuevos estudios sobre la poesía de GR*. Santiago: Edit. Sinfronteras, 1986.
Giordano, Enrique (ed.). *Poesía y poética de GR*. Santiago: Ediciones del Maitén, 1987.
Rojas, Nelson. *Estudios sobre la poesía de GR*. Madrid: Playor, 1984.
Sefamí, Jacobo. "Los naufragios del relámpago: La poesía de GR." Doctoral dissertation.
University of Texas at Austin, 1989.

Essays, Reviews, Interviews

Araya, Juan Gabriel. "Una clave en el pensamiento poético de GR," in *Poesía y poética de
GR* (Santiago: Ediciones del Maitén, 1987), pp. 143-153.
Baeza Flores, Alberto. "Para leer a GR." *Revista Nacional de Cultura* 237 (1978), 60-68.

Benedetti, Mario. "GR se opone a la muerte," in *Letras del continente mestizo* (2nd. ed., Montevideo: Arca, 1969), pp. 120-124.
————. "GR y su poesía activa," [interview] in *Los poetas comunicantes* (Montevideo: Biblioteca de Marcha, 1972), pp. 145-171.
Boccanera, Jorge Alejandro. "Una visión del desamparo." *Plural* 6: 77 (1978), 94-95.
Busto Ogden, Estrella. "An Interview with GR." *Poesis* 6: 1 (1984), 1-11.
————. "El motivo del rey en la poesía de GR." *Cuadernos Hispanoamericanos* 431 (1986), 45-52.
————. "Una entrevista con GR." *Revista Iberoamericana* 135-136 (1986), 677-685.
Campos, Marco Antonio. "*50 poemas.*" *Vuelta* 96 (1984), 46-47.
————. "GR," [interview] in *De viva voz* (Mexico: Premiá Editora, 1986), pp. 74-79.
————. "*El alumbrado.*" *México en el Arte* 16 (1987), 100.
Cedrón, José Antonio. "GR: soy un animal rítmico." [Interview] *Plural* 8: 89 (1979), 10-13.
Charry Lara, Fernando. "Poesía de GR." *Eco* 190 (1977), 405-407.
Cluff, Russell M. "Crónica de una convivencia: selección y traducción de *Esquizotexto y otros poemas* de GR." *Ibero-Amerikanishes Archiv.* 15: 1 (1989), 117-130.
Coddou, Marcelo. "*Oscuro.*" *Revista Iberoamericana* 102-103 (1978), 249-251.
————. "Dimensión de lo erótico en la poesía de GR." *Texto Crítico* 22-23 (1981), 238-250.
————. "La poesía de GR." *Inti* 18-19 (1983-1984), 27-32.
————. "Imagen del yo poético en la obra de GR." *Anales de Literatura Hispanoamericana* 13 (1984), 165-185.
————. "Presencia de Quevedo en la poesía de GR," in *Poesía y poética de GR* (Santiago: Ediciones del Maitén, 1987), pp. 177-184.
————. "Los poemas redivivos de GR o la vigilancia de la palabra." *Ibero-Amerikanishes Archiv.* 15: 1 (1989), 85-100.
Cortínez, Carlos. "*Oscuro.*" *World Literature Today* 51: 4 (1977), 596-597.
————. "*Oscuro.*" *Revista chilena de literatura* 13 (1979), 159-160.
————. "'La salvación' de GR." *Revista Iberoamericana* 106-107 (1979), 359-367.
————. "En vez del parricidio: 'Carbón' de GR." *Enlace.* 3-4 (1985), 27-30.
Costa, René de. "GR: Between the Poem and the Anti-Poem." *Latin American Literary Review* 12 (1978), 15-25.
Dapaz, Lilia. "Presencia de Huidobro en la poesía de GR." *Revista Iberoamericana* 106-107 (1979), 351-358.
Díaz-Casanueva, Humberto. "*Oscuro.*" *Eco* 190 (1977), 398-404.
Earle, Peter. "Breton y Rojas, hacia la plenitud," in *Poesía y poética de GR* (Santiago: Ediciones del Maitén, 1987), pp. 125-130.
Elliott, Jorge. "GR," in *Antología crítica de la nueva poesía chilena* (Concepción: Universidad de Concepción, 1957), pp. 120-122. Reproduced in *Poesía y poética de GR* (Santiago: Ediciones del Maitén, 1987), pp. 15-16.
Geisler, Eberhard. "Sobre la poesía de GR y su relación con Paul Celan." *Ibero-Amerikanishes Archiv.* 15: 1 (1989), 103-115.
Giordano, Enrique. "GR: variaciones del exilio," in *Poesía y poética de GR* (Santiago: Ediciones del Maitén,1987), pp. 207-215.
Giordano, Jaime. "GR: su diálogo con la poesía actual," in *Poesía y poética de GR* (Santiago: Ediciones del Maitén, 1987), pp. 199-206.
Gullón, Ricardo. "Saludo a un gran poeta: GR." *Insula* 380-381, (1978), 5. Reproduced in *Poesía y poética de GR* (Santiago: Ediciones del Maitén, 1987), pp. 31-34.
Hozven, Roberto. "*Del relámpago.*" *Vuelta* 86 (1984), 36-39.
————. "*Poética de la poesía activa* de Marcelo Coddou." *Revista Iberoamericana* 137 (1986), 1082-1085.
————. "Sobre el oficio mayor: la poesía de GR." *Cuadernos Americanos* 265: 2 (1986), 179-198. Reproduced in *Poesía y poética de GR* (Santiago: Ediciones del Maitén, 1987), pp. 161-176.
Janik, Dieter. "'Epitafio' y epitafios en la obra de GR." *Ibero-Amerikanishes Archiv.* 15: 1 (1989), 57-64.

Jiménez, José Olivio. "Fidelidad a lo 'oscuro': conversación con GR." *Insula* 380-381 (1978), 4. Reproduced in *Poesía y poética de GR* (Santiago: Ediciones del Maitén, 1987), pp. 101-105.

————. "Una moral del canto: el pensamiento poético de GR," in *Homenaje a Luis Leal. Estudios sobre literatura hispanoamericana* (Madrid: Insula, 1978), pp. 187-202. Also in *Revista Iberoamericana* 106-107 (1979), 369-376. Reproduced in *Poesía y poética de GR* (Santiago: Ediciones del Maitén, 1987), pp. 23-29.

————. "*Estudios sobre la poesía de GR* de Nelson Rojas." *Hispania* 69: 3 (1986), 556-557.

Lastra, Pedro. "Notas sobre cinco poetas chilenos." *Atenea* 380-381 (1958), 148-154.

————. "Una experiencia literaria en su contexto." *Texto Crítico* 8 (1977), 165-169.

Lefebvre, Alfredo. "Descripción de la poesía de GR." *Atenea* 331-332 (1952), 122-137.

————. "'Al silencio'," in *Poesía española y chilena* (Santiago: Ediciones del Pacífico, 1958), pp. 193-200. Reproduced in *Poesía y poética de GR* (Santiago: Ediciones del Maitén, 1987), pp. 17-21.

Lihn, Enrique. "Poetas fuera o dentro de Chile 77. GR, Oscar Hahn, Manuel Silva." *Vuelta* 15 (1978), 16-22. Reproduced in *Poesía y poética de GR* (Santiago: Ediciones del Maitén, 1987), pp. 37-42.

López Adorno, Pedro. "Gnosis/logos/ritmo: notas en torno a la poética de GR," in *Poesía y poética de GR* (Santiago: Ediciones del Maitén, 1987), pp. 155-160.

Loveluck, Juan. "El espacio como 'abismo' en la poesía de GR." *Ibero-Amerikanishes Archiv*. 15: 1 (1989), 79-84.

Loyola, Hernán. "GR o el respeto a la poesía." *Anales de la Universidad de Chile* 135 (1975), 108-130.

Lyon, Ted. "*50 poemas.*" *World Literature Today* 57: 4 (1983), 611-612.

Maack, Ana María. "GR: diálogo con la cordillera." [Interview] *El Sur* (4 September 1983), 1-2. Reproduced in *Poesía y poética de GR* (Santiago: Ediciones del Maitén, 1987), pp. 113-120.

Milán, Eduardo. "*Antología personal.*" *Vuelta* 139 (1988), 52-53. Reproduced in *Una cierta mirada* (Mexico: Juan Pablos Editor, Universidad Autónoma Metropolitana, 1989), pp. 134-137.

————. "*Materia de testamento.*" *Vuelta* 152 (1989), 53.

Montejo, Eugenio. "Arte y suma de lo oscuro." *Poesía* (1977), 27-29.

Montes, Hugo. "La luminosa oscuridad de GR." *El Mercurio* (5 February 1978).

Muñoz, Luis. "GR: *Oscuro.*" *El Sur* (15 August 1978).

————. "GR: *50 poemas.*" *Estudios filológicos* 17 (1982), 125-126.

————. "Visión con y contra la muerte en GR. Para una poética," in *Poesía y poética de GR* (Santiago: Ediciones del Maitén, 1987), pp. 69-94.

Nómez, Naín. "La permanencia en lo transitorio: una constante estética y existencia en GR," in *Poesía y poética de GR* (Santiago: Ediciones del Maitén, 1987), pp. 135-141.

Ogden, Estrella Busto. "Del espíritu de posmodernidad en la poesía de GR." *Ibero-Amerikanishes Archiv*. 15: 1 (1989), 43-55.

O'Hara, Edgar. "GR en el Torreón del Renegado." [Interview] *Enlace*. 3-4 (1985), 34-37. Reproduced in *Poesía y poética de GR* (Santiago: Ediciones del Maitén, 1987), pp. 107-112.

Ortega, Julio. "Mapa y morada de GR. Entrevista." *La Gaceta del Fondo de Cultura Económica* 158 (1984), 15-17. Expanded version: "GR: Juicio de residencia." *Revista Chilena de Literatura* 30 (1987), 89-114.

Ortiz, Hilda. "Conversando con GR." *Chasqui* 16: 1 (1987), 13-18.

Pacheco, José Emilio. "*Oscuro.*" *Vuelta* 8 (1977), 39-41.

Pérez, Floridor. "Para una lectura de la poesía de GR." *Revista Chilena de Literatura* 13 (1979), 117-142. Reproduced in *Poesía y poética de GR* (Santiago: Ediciones del Maitén, 1987), pp. 43-62.

Pope, Randolph. "GR y la vida real," in *Poesía y poética de GR* (Santiago: Ediciones del Maitén, 1987), pp. 131-134.

Quackenbush, L. Howard. "La autoconciencia literaria en la poesía de GR." *Ibero-Amerikanishes Archiv*. 15: 1 (1989), 33-42.

Ríos, Patricio. "Notas sobre una poesía: entrevista a GR." *Aisthesis* 5 (1970), 275-277.

Rojas, Nelson. "En torno a 'Almohada de Quevedo' de GR." *Chasqui* 16: 1 (1987), 5-11. Reproduced in *Poesía y poética de GR* (Santiago: Ediciones del Maitén, 1987), pp. 191-197.
————. "Física y metafísica en GR: 'La viruta'." *Ibero-Amerikanishes Archiv*. 15: 1 (1989), 65-78.
Sefamí, Jacobo. "'La palabra es la casa del ser': entrevista con GR." *Los Universitarios* 16 (1990), 4-9.
Sobejano, Gonzalo. "GR: alumbramiento," in *Poesía y poética de GR* (Santiago: Ediciones del Maitén, 1987), pp. 63-67.
Sucre, Guillermo. "La metáfora del silencio," in *La máscara, la transparencia* (Caracas: Monte Avila Editores, 1975), pp. 340-342. Reproduced in *Poesía y poética de GR* (Santiago: Ediciones del Maitén, 1987), pp. 35-36.
Torres, Daniel. "El prosaísmo como vehículo poético en 'Carbón' de GR," in *Poesía y poética de GR* (Santiago: Ediciones del Maitén, 1987), pp. 185-190.
Torres Fierro, Danubio. "GR, el exilio y las desilusiones." *Vuelta* 44 (1980), 50-51.
Valdés, Enrique. "Poesía de GR." *Surarte* 2 (1970), 12-15.
Vázquez, Eduardo. "Prólogo" to *Antología personal* (Mexico: Universidad Nacional Autónoma de México, 1988), pp. 7-11.
Velázquez, Jaime G. "De lo alto a lo hondo: GR." *Revista de la Universidad de México* 38: 12 (1982), 52.
Vitale, Ida. "Presencia de GR." *Marcha* 31 (21 April 1964).
Zapata, Miguel Angel. "GR: entre el murmullo y el estallido de la palabra," [interview] in *Poesía y poética de GR* (Santiago: Ediciones del Maitén, 1987), pp. 121-122. Also in *Inti* 26-27 (1987-1988).

ELVIO ROMERO
(Paraguay, 1926)

Poetic Works

Días roturados. Buenos Aires: Lautaro, 1948; 2nd. ed., Havana: Nuevo Mundo, 1963; 3rd. ed., Buenos Aires: Losada, 1972.
Resoles áridos (1948-1949). Buenos Aires: Lautaro, 1950.
Despiertan las fogatas, 1950-1952. Buenos Aires: Losada, 1953.
El sol bajo las raíces, 1952-1955. Buenos Aires: Losada, 1956; 2nd. ed., with a presentation by Miguel Angel Asturias and an epilogue by Gonzalo Zubizarreta Ugarte, Asunción: Alcándara, 1984.
De cara al corazón, 1955. Buenos Aires: Losada, 1961.
Esta guitarra dura (Libro de guerrilleros, Paraguay, 1960). Buenos Aires: Lautaro, 1961; 2nd. ed., Havana: Impresora Nacional de Cuba, 1961.
Un relámpago herido; poesía amorosa, 1963-1966. Buenos Aires: Losada, 1967.
Los innombrables. Mexico: Finisterre, 1970; 2nd. ed., Buenos Aires: Losada, 1970.
Destierro y atardecer. Buenos Aires: Losada, 1975.
El viejo fuego. Buenos Aires: Losada, 1977.
Los valles imaginarios. Buenos Aires: Losada, 1984.

Compilations and Anthologies

Cinco poemas. Asunción: Yesca, 1957.
Doce poemas. Quito: Casa de la Cultura Ecuatoriana, 1962.
Antología poética, 1947-1964. Buenos Aires: Losada, 1965; 2nd. ed., 1973.

Other Works

Miguel Hernández, destino y poesía. Buenos Aires: Losada, 1958.

Critical Studies

Asturias, Miguel Angel. "Presentación" to *El sol bajo las raíces* by ER (Asunción: Alcándara, 1984), p. 7.
Cedrón, José Antonio. "Paraguay en transición: charla con ER." *Plural* 219 (1989), 7-9.
Dalton, Roque. "Sobre algunos problemas de la poesía." *La Gaceta de Cuba* 16 (1963).
Pla, Josefina. "Aspectos de la cultura paraguaya. Literatura paraguaya en el siglo XX." *Cuadernos Americanos* 21: 120 (1962).
————. "Poesía paraguaya actual." *Journal of Inter-American Studies* 9: 4 (1967).
Rodríguez Alcalá, Hugo. "ER, poeta del campo," in *Korn, Romero, Güiraldes, Unamuno, Ortega, literatura paraguaya y otros ensayos* (Mexico: Ediciones de Andrea, 1958), pp. 213-235.
————. "ER," in *Historia de la literatura paraguaya* (Asunción, Paraguay: Colegio de San José, 1971), pp. 139-143.
Sassone, H. "*Un relámpago herido.*" *Cultura Universitaria* 96-97 (1967), 217-219.
Wey, Walter. *La poesía paraguaya. Historia de una incógnita* (Montevideo, 1951), pp. 94-96.

Zubizarreta Ugarte, Gonzalo. "Epílogo" to *El sol bajo las raíces* by ER (Asunción: Alcándara, 1984), pp. 113-118.

JAIME SABINES
(Mexico, 1926)

Poetic Works

Horal. Tuxtla Gutiérrez: Departamento de Prensa y Turismo, 1950.
La señal. Mexico: Talleres de la Impresora Económica, 1951.
Tarumba. Mexico: Metáfora, 1956.
Diario semanario y poemas en prosa. Xalapa: Universidad Veracruzana, 1961.
En mis labios te sé. Mexico: Cuadernos del Cocodrilo 9, 1961.
Yuria. Mexico: Joaquín Mortiz, 1967.
Maltiempo. Mexico: Joaquín Mortiz, 1972.
Algo sobre la muerte del mayor Sabines. Mexico: Joaquín Mortiz, 1973.
Poemas sueltos. Mexico: Papeles Privados, 1981.

Compilations and Anthologies

Recuento de poemas. Mexico: Universidad Nacional Autónoma de México, 1962.
    [Contents: Horal. La señal. Adán y Eva. Tarumba. Diario semanario y poemas en prosa. Poemas sueltos.]
Nuevo recuento de poemas. Mexico: Joaquín Mortiz, 1977. Other ed., Mexico: SEP, Lecturas Mexicanas, 1986.
    [Contents: Horal (1950). La señal (1951). Adán y Eva (1952). Tarumba (1956). Diario semanario y poemas en prosa (1961). Poemas sueltos (1951-1961). Yuria (1967). Algo sobre la muerte del mayor Sabines (1973). Maltiempo (1972).]

Bibliographies

Foster, David William. "JS," in *Mexican Literature. A Bibliography of Secondary Sources* (Metuchen, N. J.: Scarecrow Press, 1981), pp. 323-325.
Mansour, Mónica. "Bibliografía," in *Uno es el poeta. JS y sus críticos* (Mexico: Secretaría de Educación Pública, 1988), pp. 395-402.
Ocampo, Aurora M. and Ernesto Prado Velázquez. "JS," in *Diccionario de escritores mexicanos* (Mexico: Universidad Macional Autónoma de México, 1967), pp. 347-348.

Critical Studies

Books and Dissertations

Armengol, Armando. "La poesía de JS." Doctoral dissertation. University of Illinois at Urbana-Champaign, 1974. *Dissertation Abstracts International* 35 (1975), 7858A.
Brett, Kenneth C. "The Poetic Vision of JS." Doctoral dissertation. University of Wisconsin, Madison, 1972. *Dissertation Abstracts International* 33 (1973), 6901A.
Dietrick, Charles Parker. "Modes of Symbolic Immortality in the Poetry of JS." Doctoral dissertation. University of Wisconsin, Madison, 1976. *Dissertation Abstracts International* 37 (1976), 355A.

Gallegos-Ruiz, Ma. Antonieta. "La visión irónica en la poesía de JS." *Dissertation Abstracts International* 48: 1 (1987), 136A.
Hernández Palacios, Esther. *La poesía de JS: análisis poético estructural de "Algo sobre la muerte del mayor Sabines"*. Xalapa: Universidad Veracruzana, 1984.
Mansour, Mónica (comp.). *Uno es el poeta. JS y sus críticos*. Mexico: Secretaría de Educación Pública, 1988.
La poesía en el corazón del hombre. JS en sus sesenta años. Mexico: Universidad Nacional Autónoma de México, Instituto Nacional de Bellas Artes, 1987.
[Includes texts by Javier Barros, Fernando Curiel, Roberto Fernández Retamar, Eduardo Lizalde, Alí Chumacero, Hernán Lavín Cerda, Raúl Renán, Marco Antonio Montes de Oca, Raúl Antonio Cota, Héctor Carreto, Gloria Gervitz, Eduardo Hurtado, Carlos Oliva, José Javier Villarreal, Myriam Moscona, Víctor Manuel Cárdenas, Jorge Esquinca, Elena Jordana, Eduardo Langagne, Mónica Mansour, Vicente Quirarte, Gaspar Aguilera, Evodio Escalante, Antonio Deltoro, Mario del Valle, Mariano Flores Castro, Miguel Angel Flores, David Huerta, Francisco Serrano, Efraín Bartolomé, Elva Macías, Javier Molina, Oscar Oliva, Oscar Wong, and Eraclio Zepeda.]

Essays, Reviews, Interviews

Alwan, Ameen. "JS in translation." *Review* 20 (1977), 61-63.
Arellano, Jesús. *"Tarumba." Metáfora* 14 (1957), 10-16.
————. "Raíces poéticas de JS." *Nivel* 33 (1961), 2, 6.
Armengol, Armando. "Símiles, opuestos y comparaciones en la poesía de JS." *La Semana de Bellas Artes* 71 (1979), 2-7.
————. "El experimento de JS: estudio de *Tarumba*." *Plural* 199 (1988), 25-35.
Blanco, José Joaquín. "JS," in *Crónica de la poesía mexicana* (2nd. ed., Culiacán: Universidad Autónoma de Sinaloa, 1978), pp. 227-228.
Campos, Marco Antonio. "JS," [interview] in *De viva voz* (Mexico: Premiá Editora, 1986), pp. 33-38.
Casahonda Castillo, José. "JS nos habla de poesía y de poetas mexicanos." *Instituto de Ciencias y Artes de Chiapas* 14 (1965), 39-42.
Chumacero, Alí. "La poesía." *La Cultura en México* 46 (1963), V.
Cohen, J. M. "The Eagle and the Serpent." *The Southern Review* 1: 2 (1965), 361-374.
Dauster, Frank. "JS: The Quarrel with God," in *The Double Strand. Five Contemporary Mexican Poets* (Lexington: The University Press of Kentucky, 1987), pp. 85-102.
Debicki, Andrew. "La sugerencia, el punto de vista y la alegoría: la poesía concreta y universal de JS," in *Poetas hispanoamericanos contemporáneos* (Madrid: Gredos, 1976), pp. 191-211.
Dietrick, Charles Parker. *"Maltiempo." Chasqui* 3: 1 (1973), 54-57.
————. "Breaking Myth, Making Myth: 'Así es' de JS." *Chasqui* 4: 1 (1974), 34-39.
Durán, Manuel. "JS and Marco Antonio Montes de Oca: A Study in Contrast." *Mundus Artium* 3: 2 (1970), 44-55.
————. "Dos grandes poetas mexicanos de hoy: Sabines y Montes de Oca." *La Cultura en México* 483 (1971), VII-X.
García Ascot, Jomi. "Sobre JS." *Revista de la Universidad de México* 20: 6 (1966), 9-11.
García Ponce, Juan. "Sabines y nuestro mundo." *Revista Mexicana de Literatura* 9-12 (1961), 43-45. Reproduced in *Trazos* (Mexico: Universidad Nacional Autónoma de México, 1974), pp. 16-20.
————. "Recuento de poemas." *Revista de la Universidad de México* 17: 12 (1963), 29.
Grande, Félix. "Palabras sobre JS." *Cuadernos Hispanoamericanos* 149 (1962), 258-266. Reproduced in *Occidente, ficciones, yo* (Madrid: Cuadernos para el diálogo, 1968), pp. 201-212. Also reproduced in *Once artistas y un Dios* (Madrid: Taurus, 1986), pp. 33-41.
Hernández, Ana María. *"Nuevo recuento de poemas." Hispamérica* 20 (1978), 119-120.
"Homenaje a JS." *Instituto de Ciencias y Artes de Chiapas* 4 (1960), 114-133.

Hurtado, Eduardo. "JS: el inútil milagro del misterio." *México en el Arte* 14 (1986), 125-126.

Klahn, Norma. *"Tarumba."* *Review* 29 (1981), 86-87.

————. "JS y la retórica de la poesía conversacional," in Norma Klahn and Jesse Fernández (comps.), *Lugar de encuentro. Ensayos sobre poesía mexicana actual* (Mexico: Katún, 1987), pp. 91-111.

Leiva, Raúl. *"Tarumba."* *Metáfora* 9 (1956), 38-40.

————. "JS," in *Imagen de la poesía mexicana contemporánea* (Mexico: Universidad Nacional Autónoma de México, 1959), pp. 343-352.

————. *"Diario semanario y poemas en prosa."* *Nivel* 39 (1962), 3.

López, César. "El mundo poético de JS." *Casa de las Américas* 5: 30 (1965), 88-89.

Mansour, Mónica. "JS: malestares y desconciertos." *Plural* 12: 136 (1983), 38-45.

————. "Estructuras rítmicas y ritmo semántico en la poesía: un poema de JS." *Texto Crítico* 10: 29 (1984), 159-172.

Monterde, Francisco. *"Recuento de poemas."* *Anuario de Letras* 3 (1963), 347-349.

Nandino, Elías. *"Tarumba."* *Metáfora* 8 (1956), 32-34.

Pacheco, José Emilio. *"Nuevo recuento de poemas."* *Vuelta* 9 (1977), 34-36.

Rivero, Eliana. *"Nuevo recuento de poemas."* *World Literature Today* 52: 3 (1978), 440-441.

Segovia, Tomás. "Recuentos de Sabines." *Revista Mexicana de Literatura* 9-10 (1962), 50-54.

Selva, Mauricio de la. *Algunos poetas mexicanos* (Mexico: Finisterre, 1971), pp. 141-160.

Sendoya, Luis Enrique. "Análisis de un poema de JS." *Nivel* 119 (1972), 1-2.

Wong, Oscar. *"Poemas sueltos."* *Plural* 130 (1982), 79-80.

Xirau, Ramón. "JS," in *Poesía iberoamericana contemporánea* (Mexico: Secretaria de Educación Pública, 1972), pp. 155-162.

Zaid, Gabriel. *"Yuria,"* in *Leer poesía* (Mexico: Joaquín Mortiz, 1972), p. 64.

JAIME SAENZ
(Bolivia, 1921-1986)

Poetic Works

El escalpelo. La Paz: Talleres Gráficos El Progreso, 1955.
Muerte por el tacto. La Paz: Edit. Boliviana, 1957.
Aniversario de una visión. La Paz: Empresa Editora Burillo, 1960.
Visitante profundo. La Paz: Empresa Editora Burillo, 1964.
Recorrer esta distancia. La Paz: Cooperativa de Artes Gráficas E. Burillo, 1973.
Bruckner/ Las tinieblas. La Paz: Difusión, 1978.
Al pasar un cometa. Poems, 1970-1972. La Paz: Ediciones Altiplano, 1982.
La noche. La Paz: Talleres de la Editorial Don Bosco, 1984.
Los cuartos. La Paz: Ediciones Altiplano, 1985.
Vidas y muertes. La Paz: Ediciones Huayna Potosí, 1986.
La piedra imán: obra póstuma. La Paz: Ediciones Huayna Potosí, 1989.

Compilations and Anthologies

El frío. [Followed by *Muerte por el tacto*. *Aniversario de una visión*.] La Paz: Cooperativa de Artes Gráficas E. Burillo, 1967.
Obra poética. La Paz: Biblioteca del Sesquicentenario de la República, 1975.
[Contents: El escalpelo. Muerte por el tacto. Aniversario de una visión. Visitante profundo. El frío. Recorrer esta distancia.]

Other Works

Imágenes paceñas: lugares y personas de la ciudad. La Paz: Difusión, 1979.
Felipe Delgado. La Paz: Difusión, 1979.

Critical Studies

"*Al pasar un cometa*." *Hipótesis. Revista boliviana de literatura* 18 (1983), 247. [Not signed.]
Antezana, Luis H. "*Obra poética*." *Hipótesis. Revista boliviana de literatura* 2 (1977), 135-141.
————. "La obra poética de JS." *Hombres y Letras* 1 (1979).
Avila Echazu, Edgar. "JS, diálogo." *Hipótesis. Revista boliviana de literatura* 2 (1977), 67-75.
Birbet, Antonio; Ramiro Molina; and Blanca Wiethüchter. "JS. En torno a la obra (diálogo)." *Hipótesis. Revista boliviana de literatura* 10 (1978), 169-192.
Coello Vila, Carlos. "*Vidas y muertes*." *Signo* 21 (1987), 239-241.
Dragún, Alfonso Gumucio. "JS, itinerario con la cosa," [interview] in *Provocaciones* (La Paz: Ediciones Los Amigos del Libro, 1977), pp. 199-214.
García Pabón, Leonardo. "Poesía boliviana 1960-1980: Entre la realidad y el lenguaje." *Hipótesis. Revista boliviana de literatura* 19 (1984), 318-327. [On Oscar Cerruto, JS, Pedro Shimose and Eduardo Mitre.]

Guzmán, Augusto. "JS," in *Biografías de la literatura boliviana* (La Paz: Ediciones Los Amigos del Libro, 1982), pp. 289-293.

Members of *Hipótesis*. "Escribir antes y después de la muerte (sobre la obra poética de JS)." *Revista Iberoamericana* 134 (1986), 285-289.

Rivera-Rodas, Oscar. "La poesía de JS." *Inti* 18-19 (1983-1984), 59-68. Also in *Signo* 20 (1987), 79-88.

Ruschi Crespo, María Julia de. "El ropaje y la música: Un ensayo sobre JS," in Juan Gustavo Cobo Borda, María Julia de Ruschi Crespo and Ricardo Herrera, *Usos de la imaginación* (Buenos Aires: El Imaginero, 1984), pp. 69-92.

Vargas Espinoza, Iván. "El lugar de Sáenz." *Signo* 24 (1988), 183-197.

Wiethüchter, Blanca. "Estructuras de lo imaginario en la obra poética de JS," appendix to *Obra poética* by JS (La Paz: Biblioteca del Sesquicentenario de la República, 1975), pp. 267-425.

————. "Poesía boliviana contemporánea: Oscar Cerruto, JS, Pedro Shimose y Jesús Urzagasti," in Javier Sanjinés (ed.), *Tendencias actuales en la literatura boliviana* (Valencia/ Minneapolis: Institute for the Study of Ideologies & Literature/ Instituto de Cine y Radio-Televisión, 1985), pp. 75-114.

JUAN SANCHEZ PELAEZ
(Venezuela, 1922)

Poetic Works

Elena y los elementos. Caracas: Tipografía Garrido, 1951.
Animal de costumbre. Caracas: Edit. Suma, 1959.
Filiación oscura. Caracas: Edit. Arte, 1966.
Rasgos comunes. Caracas: Monte Avila, 1975.
Por cuál causa o nostalgia. Caracas: Fundarte, 1981.

Compilations and Anthologies

Un día sea. Caracas: Monte Avila, 1969.
   [Anthology from: Elena y los elementos, Animal de costumbre and Filiación oscura.
   Also includes: *Lo huidizo y permanente*.]
Poesía, 1951-1981. Caracas: Monte Avila, 1981.
   [Contents: Elena y los elementos. Animal de costumbre. Filiación oscura. Lo
   huidizo y permanente. Rasgos comunes. Por cuál causa o nostalgia.]

Critical Studies

Aguirre, Raúl Gustavo. "JSP." *Extramuro* 2 (1973), 68-71.
Armand, Octavio. "La poesía de JSP: un discurso contra el método." *Revista Nacional de
   Cultura* 227 (1976), 109-119.
Astudillo y Astudillo, Rubén. *"Rasgos comunes."* *Revista Nacional de Cultura* 232
   (1977), 233-236.
Cobo Borda, Juan Gustavo. "La poesía de JSP." *Eco* 223 (1980), 637-651. Reproduced
   in *La otra literatura latinoamericana* (Bogotá: El Ancora, Procultura, Colcultura,
   1982), pp. 22-36.
Díaz Casanueva, Humberto. *"Rasgos comunes."* *Revista Nacional de Cultura* 225 (1976),
   21-30.
Leal, Néstor. "El desdoblamiento de la conciencia." *Imagen* 47 (1969), 24.
Liscano, Juan. "JSP," in *Panorama de la literatura venezolana actual* (Caracas:
   Publicaciones Españolas, 1973), pp. 257-258 and 276-278.
Medina, José Ramón. "Un libro, un poeta y una promoción," in *Ochenta años de literatura
   venezolana (1900-1980)* (Caracas: Monte Avila, 1980), pp. 259-261.
Mena, Jorge Luis. "JSP y Rafael Cadenas: dos poetas venezolanos." *Revista Nacional de
   Cultura* 252 (1984), 68-80.
Montejo, Eugenio. "JSP," in *La ventana oblicua* (Caracas: Edit. Arte, 1974), pp. 151-
   160.
Ossot, Hanni. "SP y su realidad mágica." *Letras* (Asociación de Escritores Venezolanos)
   3 (1970).
Padrón, Leonardo. "JSP: una poética bajo el látigo del oro." *Escritura* 11: 21 (1986),
   101-144.
Pérez Huggins, Argenis. "Tres constantes temáticas en la poesía de JSP," in *Nueva lectura
   crítica* (Mérida, Venezuela: Universidad de los Andes, 1979), pp. 77-110.
Plaza, Galvarino. *"Rasgos comunes."* *Cuadernos Hispanoamericanos* 333 (1978), 531-
   532.

Ramírez, Cayetano. "Entrevista a JSP." *Ultimas Noticias* (6 June 1968).

Rocha, Carlos. "Entre la creación y la realidad." *Imagen* 48 (1969), 6-7.

Silva, Ludovico. "JSP: lo real y lo ilusorio." *Escritura* 1 (1976), 96-114.

Subero, Efraín. *Norte franco* (Caracas: Tipografía Velásquez, 1961), pp. 87-90.

Sucre, Guillermo. "Nuevos poetas venezolanos." *Mundo Nuevo* 19 (1968), 21.

————. "La metáfora del silencio." *Revista Nacional de Cultura* 216 (1974), 47-57. Reproduced in *La máscara, la transparencia* (2nd. ed., Mexico: Fondo de Cultura Económica, 1985), pp. 301-304.

Urrello, A. "Una dirección en la poesía de JSP." *Imagen* 67 (1972).

Vargas, Vilma. *El devenir de la palabra poética. Venezuela, siglo XX* (Caracas: Universidad Central de Venezuela, 1980), pp. 45-60. [Includes other poets.]

TOMAS SEGOVIA
(Spain-Mexico, 1927)

Poetic Works

La luz provisional. Mexico: Publicaciones de la revista *Hoja*, 1950.
Siete poemas. Mexico: Los Presentes, 1955.
Apariciones. Mexico: Cuadernos de la *Revista Mexicana de Literatura*, 1957.
Luz de aquí. Mexico: Fondo de Cultura Económica, 1958. Other ed., Barcelona: Lumen, 1982.
El sol y su eco. Xalapa: Universidad Veracruzana, 1960.
Anagnórisis. Mexico: Siglo XXI, 1967. Other ed., Mexico: Premiá Editora, 1982.
Historias y poemas. Mexico: Era, 1968.
Terceto. Mexico: Joaquín Mortiz, 1972.
Cuaderno del nómada: *Poemas.* Mexico: Taller Martín Pescador, 1978.
Figura y secuencias. Mexico: Premiá Editora, 1979; 2nd. ed., 1981.
Bisutería. Mexico: Universidad Nacional Autónoma de México, 1981.
Partición (1976-1982). Valencia: Pre-textos, 1983.
Cantata a solas. Mexico: Premiá, 1985.
Lapso. Valencia: Pre-textos, 1986.
Orden del día. Valencia: Pre-textos, 1988.

Compilations and Anthologies

Poesía, 1943-1976. Mexico: Fondo de Cultura Económica, 1982.
   [Contents: País del cielo. Fidelidad. La voz turbada. La triste primavera. En el aire claro. Luz de aquí. El sol y su eco. Historias y poemas. Anagnórisis. Terceto. Figura y secuencias. Cuaderno del nómada.]

Other Works

Essay

Actitudes. Guanajuato: Universidad de Guanajuato, 1970.
Contracorrientes: notas y ensayos. Mexico: Universidad Nacional Autónoma de México, 1973.
Trizadero. Mexico: Fondo de Cultura Económica, 1974.
Poética y profética. Mexico: El Colegio de México, Fondo de Cultura Económica, 1985.
Cuaderno inoportuno. Mexico: Fondo de Cultura Económica, 1987.
Ensayos. Mexico: Universidad Nacional Autónoma de México, 1988.
   [Vol. 1: Actitudes. Contracorrientes.]

Prose

Personajes mirando una nube. Mexico: Joaquín Mortiz, 1981.

Bibliographies

Ocampo, Aurora and Ernesto Prado Velázquez. "TS," in *Diccionario de escritores mexicanos* (Mexico: Universidad Nacional Autónoma de México, 1967), p. 358.

Critical Studies

Asiain, Aurelio. *"Figura y secuencias." Vuelta* 44 (1980), 34-36.
―――――. "Ese que cuenta como su fortuna varios ruidos de sílabas sin peso." [*Bisutería*] *Revista de la Universidad de México* 36: 4 (1981), 40-41.
Jitrik, Noé. "Doce asedios y una coda para entrar en la *Poesía* de Segovia," in *La vibración del presente* (Mexico: Fondo de Cultura Económica, 1987), pp. 79-89.
Lara, Luis Fernando. *"Poética y profética." Vuelta* 114 (1986), 39-40.
Miró, Emilio. "Dos poetas: Manuel Vázquez Montalbán y TS, en una colección." *Insula* 434 (1983), 6.
Oviedo, José Miguel. *"Trizadero* de TS: ¿Quién escribe qué?" *Texto Crítico* 1 (1975), 61-69. Reproduced in *Escrito al margen* (2nd. ed., Mexico: Premiá, 1987), pp. 15-24.
―――――. "Literatura mexicana: límites de un concepto." [On Augusto Monterroso, Alvaro Mutis and TS] *Tinta* 1: 5 (1987), 59-62.
Sheridan, Guillermo. *"Cuaderno del nómada." Vuelta* 27 (1979), 40-41.
Sucre, Guillermo. "El familiar del mundo," in *La máscara, la transparencia* (2nd. ed., Mexico: Fondo de Cultura Económica, 1985), pp. 367-372.
Vallarino, Roberto. *"Bisutería." Vuelta* 63 (1982), 41-42.

PEDRO SHIMOSE
(Bolivia, 1940)

Poetic Works

Triludio en el exilio. La Paz: Signo, 1961.
Sardonia. Preliminary note by José Luis Roca. La Paz: Universidad Mayor de San Andrés, 1967.
Poemas para un pueblo. La Paz: Difusión, 1968.
Quiero escribir, pero me sale espuma. Havana: Casa de las Américas, 1972.
Caducidad del fuego. Madrid: Cultura Hispánica, 1975.
Al pie de la letra. Jaén, Spain: Ediciones El Olivo, 1976.
El coco se llama Drilo. La Paz: Difusión, 1976. [Texts in prose.]
Reflexiones maquiavélicas. Madrid: Playor, 1980.
Bolero de caballería. Madrid: Playor, 1985.

Compilations and Anthologies

Poemas. Prologue by Teodosio Fernández. Madrid: Playor, 1988.
[Contents: Triludio en el exilio. Sardonia. Poemas para un pueblo. Quiero escribir, pero me sale espuma. Caducidad del fuego. Al pie de la letra. Reflexiones maquiavélicas. Bolero de caballería.]

Other Works

Diccionario de autores iberoamericanos. Madrid: Instituto de Cooperación Iberoamericana, 1982.
Historia de la literatura hispanoamericana. Madrid: Plaza & Janés, 1984.

Critical Studies

Bornstein, Miriam Mijalina. "Nueva poesía socio-política: La expresión hispana." *Dissertation Abstracts International* 43: 7 (1983), 2358A. [Deals mainly on Roberto Fernández Retamar and PS.]
Castañón Barrientos, Carlos. "*Poemas para un pueblo*," in *Escritos y escritores* (La Paz: Universo, 1970), pp. 229-234.
Chávez Taborga, César. "Shimose: poeta en cuatro estaciones." *Revista Nacional de Cultura* 209-211 (1972), 81-95.
Dragún, Alfonso Gumucio. "PS, los resortes de la libertad," [interview] in *Provocaciones* (La Paz: Ediciones Los Amigos del Libro, 1977), pp. 215-232.
García Pabón, Leonardo. "Poesía boliviana 1960-1980: Entre la realidad y el lenguaje." *Hipótesis. Revista boliviana de literatura* 19 (1984), 318-327. [On Oscar Cerruto, Jaime Saenz, PS and Eduardo Mitre.]
Martínez Salguero, Jaime. "*Poemas*." *Signo* 29 (1989), 240-243.
Mitre, Eduardo. "PS: Del fervor al escepticismo." *Cuadernos Hispanoamericanos* 438 (1986), 146-152. [The title of the study is: "Cuatro poetas bolivianos."] Reproduced in *El paseo de los sentidos. Estudios de literatura boliviana contemporánea* (La Paz: Instituto Boliviano de Cultura, 1983), pp. 129-136.

Ortega, José. *Letras bolivianas de hoy: Renato Prada y PS*. Manual de bibliografía de la literatura boliviana. Buenos Aires: F. García Cambeiro, 1973.

————. "PS, poeta comprometido." *La Palabra y el Hombre* 13 (1975), 63-68. Reproduced in *Letras hispanoamericanas de nuestro tiempo* (Madrid: José Porrúa Turanzas, 1976), pp. 93-107.

————. "Narrativa y poesía bolivianas: Renato Prada y PS." *La Palabra y el Hombre* 24 (1977), 96-104.

Uyani, Adhemar. "Entre el caos y el silencio (diálogo)." *Hipótesis. Revista boliviana de literatura* 5-6 (1977), 275-278.

Wiethüchter, Blanca. *"Reflexiones maquiavélicas." Hipótesis. Revista boliviana de literatura* 14-15 (1982), 292-295.

————. "Poesía boliviana contemporánea: Oscar Cerruto, Jaime Sáenz, PS y Jesús Urzagasti," in Javier Sanjinés (ed.), *Tendencias actuales en la literatura boliviana* (Minneapolis/ Valencia: Institute for the Study of Ideologies & Literature/ Instituto de Cine y Radio-Televisión, 1985), pp. 75-114.

JAVIER SOLOGUREN
(Peru, 1921)

Poetic Works

El morador. Lima, 1944. In *Historia* 8.
Detenimientos. Lima: Taller de la Imprenta Amauta, 1947.
Dédalo dormido. Mexico, 1949. In *Cuadernos Americanos*.
Bajo los ojos del amor. Mexico: Colección Icaro, 1950.
Otoño, endechas. Lima, 1959. In *Mercurio Peruano*.
Estancias. Lima: El Timonel, 1960.
La gruta de la sirena. Lima: Ediciones de La Rama Florida, 1961.
Recinto. Lima: Ediciones de La Rama Florida, 1967.
Surcando el aire oscuro. Lima: Milla Batres, 1970. Other ed., Madrid: CMB Ediciones, 1970.
Corola Parva (1973-1975). Mexico: La Máquina Eléctrica, 1977.
Folios de El enamorado y la Muerte. Caracas: Monte Avila Editores, 1980.
El amor y los cuerpos. Mexico: Premiá Editora, 1985.
Catorce versos dicen... Madrid: Ediciones del Tapir, 1987.

Compilations and Anthologies

Poesía. Prologue by L. A. Ratto. Lima: Ediciones del Sol, 1963.
Vida continua, 1944-1964. Lima: Ediciones de La Rama Florida, 1966.
    [Contents: El morador. Detenimientos. Varia I. Dédalo dormido. Bajo los ojos del amor. Varia II. Otoño, endechas. Varia III. Estancias. La gruta de la sirena. Varia IV.]
Vida continua, 1945-1970. Preliminary study by Abelardo Oquendo. Lima: Instituto Nacional de Cultura, 1971,
    [Adds to the previous edition: Recinto. Surcando el aire oscuro.]
Vida continua. [Short anthology] Lima: Cuadernos del Hipocampo, 1979.
Vida continua, 1945-1980. [Personal anthology] Mexico: Premiá Editora, 1981.
Folios de El enamorado y la Muerte; El amor y los cuerpos. Lima: Seglusa Editores, Edit. Colmillo Blanco, 1988.
Vida continua, 1939-1989. Lima: Edit. Colmillo Blanco, 1989.
    [Contents: Primeros poemas. El morador. Detenimientos. Diario de Perseo. Dédalo dormido. Vida continua. Bajo los ojos del amor. Regalo de lo profundo. Otoño, endechas. Estancias. La gruta de la sirena. Recinto. Surcando el aire oscuro. Corola parva. Folios de El enamorado y la Muerte. Orbita de dioses. El amor y los cuerpos. La Lora. Jaikus escritos en un amanecer de otoño. Catorce versos dicen... Poemas 1988. Tornaviaje. Varia. Retornelo. Homenajes. Partituras.]

Other Works

Las uvas del racimo; silva de varia invención. Lima: Instituto Nacional de Cultura, 1975. [Translations]
Gravitaciones y tangencias. Lima: Editorial Colmillo Blanco, 1988. [Essays on poetry]

Bibliographies

González Vigil, Ricardo. "JS," in *Poesía peruana. Antología general*. Vol. III. *De Vallejo a nuestros días* (Lima: Edubanco, 1984), pp. 483-484.

Critical Studies

Books and Dissertations

Cabrera, Miguel. *Milenaria luz: la poesía de JS*. Madrid: Ediciones del Tapir, 1988.
Ramírez, Luis Hernán. *Estilo y poesía de JS*. Lima: Ediciones de la Biblioteca Universitaria, 1967.
Rojas Adrianzen, Armando. "Obra poética de JS." Doctoral dissertation. Universidad de San Marcos (Peru), 1973.

Essays, Reviews, Interviews

Barquero, José. "Sologuren: irrealidad y forma." *Letras peruanas* 14 (1963), 1-6.
Cabrera, Miguel. "Milenaria luz: la metáfora polisémica en la poesía de JS." *Cuadernos Americanos* 259: 2 (1985), 189-204. Also in *Cuadernos Hispanoamericanos* 444 (1987), 65-76.
Cruz, Jorge. "Imagen y poesía de JS." *Diorama de Excélsior* (5 September 1976), 10-11.
Meneses, Carlos. *"Asir la forma que se va* de Carlos Germán Belli y *Vida continua* de JS." *Hispamérica* 9: 27 (1980), 115-116.
Oquendo, Abelardo. "Sologuren, la poesía y la vida." *Amaru* 5 (1968), 56-61. Reproduced and expanded as a prologue to *Vida continua* (Lima: Insituto Nacional de Cultura, 1971), pp. VII-XXV.
————. "Sologuren: 'Yo nunca me he sentido ni escritor ni poeta'." [Interview] *Debate* 14 (¿1982?), 102-106.
Ortega, Julio. "JS," in *Figuración de la persona* (Madrid: Edhasa, 1971), pp. 177-182.
Paoli, Roberto. "Palabra y silencio en las texturas de Sologuren," in *Estudios sobre literatura peruana contemporánea* (Florencia: Università degli Studi di Firenze, 1985), pp. 113-123.
Plaza, Galvarino. "*Corola Parva*." *Cuadernos Hispanoamericanos* 324 (1977), 609-610.
Rodríguez Padrón, Jorge. "JS: vagando entre los signos de la noche." *Hora de Poesía* 23-24 (1983), 159-171.
————. "Una posible lectura de 'Dédalo dormido' de JS." *Eco* 264 (1983), 561-578.
Salas, Horacio. "*Vida continua*." *Cuadernos Hispanoamericanos* 356 (1980), 487.
Soncini, Anna. "Continuo y discreto en la escritura de JS." *Lexis* VIII: 1 (1984), 100-111.
"Una Minerva en retiro: entrevista a JS." *Hueso Húmero* 25 (1989), 73-87.
Zapata, Miguel Angel. "Continuidad de la voz en JS." [Interview] *Inti* 26-27 (1987-1988), 337-343.

ROBERTO SOSA
(Honduras, 1930)

Poetic Works

Caligramas. Tegucigalpa, 1958.
Muros. Tegucigalpa, 1966.
Mar interior. Tegucigalpa: Imprenta López, 1967.
Los pobres. Madrid: RIALP, 1969. Other ed., Tegucigalpa: Guaymuras, 1983.
Un mundo para todos dividido. Havana: Casa de las Américas, 1971. Other ed.,
    Tegucigalpa: Graficentro, 1989.
Secreto militar. Tegucigalpa: Edit. Guaymuras, 1985.
Trece poemas. Tegucigalpa: Ediciones Hormiga Roja, 1987.

Compilations and Anthologies

Hasta el sol de hoy: antología poética. Madrid: Ediciones Cultura Hispánica, 1987.
Obra completa. Tegucigalpa: López, 1990.

Other Works

Prosa armada. Tegucigalpa: Guaymuras, 1981. [Essay]

Critical Studies

Bardini, Roberto. "RS: poesía y política en Honduras." [Interview] *Plural* 11: 128
    (1982), 13-15.
Bermúdez, Hernán Antonio. "La poesía solidaria de RS," in *Los pobres* by RS
    (Tegucigalpa: Guaymuras, 1983), pp. 93-96.
Campos, Marco Antonio. "RS: la prosa no cabe en la escritura." *Periódico de Poesía* 7
    (1988), 29.
Cedrón, José Antonio. "Los secretos poéticos de RS." [*Secreto militar*] *Plural* 16: 190
    (1987), 62.
Díaz-Plaja, Guillermo. "*Los pobres* de RS, in *Los pobres* by RS (Tegucigalpa:
    Guaymuras, 1983), pp. 79-82.
Durón, Jorge Fidel. "Bienvenida a RS." *Boletín de la Academia Hondureña de la Lengua*
    22 (1979), 21-23.
Falchetti, Oscar. "RS: temblor nuevo del realismo poético," in *Los pobres* by RS
    (Tegucigalpa: Guaymuras, 1983), pp. 83-91.
Jiménez Martos, Luis. "Lo social con ternura," in *Los pobres* by RS (Tegucigalpa:
    Guaymuras, 1983), pp. 69-72.
Medina Durón, Juan Antonio. "La poesía de RS," in *Los pobres* by RS (Tegucigalpa:
    Guaymuras, 1983), pp. 7-16.
Milán, Eduardo. "*Un mundo para todos dividido*." *Vuelta* 171 (1991), 47.
Morales, Rafael. "El premio Adonais 1968," in *Los pobres* by RS (Tegucigalpa:
    Guaymuras, 1983), pp. 73-77.
Rolla, Sara. "Un motivo kafkiano en la obra de RS," in *Los pobres* by RS (Tegucigalpa:
    Guaymuras, 1983), pp. 97-100.

Umaña, Helen. "El irracionalismo en la poesía de RS." *Tiempo* (13 March 1985).
————. "RS," in *Literatura hondureña contemporánea* (*ensayos*) (Tegucigalpa: Guaymuras, 1986), pp. 159-213.

GUILLERMO SUCRE
(Venezuela, 1933)

Poetic Works

Mientras suceden los días. Caracas: Edit. Cordillera, 1961.
La mirada. Caracas: Edit. Tiempo Nuevo, 1970.
En el verano cada palabra respira en el verano. Buenos Aires: Edit. Alfa Argentina, 1976.
Serpiente breve. París: Imprenta E. Durand, 1977.
La vastedad. Mexico: Edit. Vuelta, 1988.

Other Works

Borges, el poeta. Mexico: Universidad Nacional Autónoma de México, 1967. [There are other editions]
La máscara, la transparencia. Ensayos sobre poesía hispanoamericana. Caracas: Monte Avila, 1975; 2nd. ed., Mexico: Fondo de Cultura Económica, 1985.

Critical Studies

Asiain, Aurelio. *"La vastedad."* *Vuelta* 151 (1989), 31-32.
Balza, José. "Sobre GS." *Revista de la Universidad de México* 36: 5 (1981), 34-36.
Liscano, Juan. "GS," in *Panorama de la literatura venezolana actual* (Caracas: Publicaciones Españolas, 1973), pp. 292-295.
Palacios, María Fernanda. "GS: la palabra, la pasión, el esplendor," in *Sabor y saber de la lengua* (Caracas: Monte Avila Editores, 1986).
Vargas, Vilma. *El devenir de la palabra poética. Venezuela, siglo XX* (Caracas: Universidad Central de Venezuela, 1980), pp. 61-90. [Includes other poets.]
Xirau, Ramón. *"En el verano cada palabra respira en el verano."* *Vuelta* 2 (1977), 40-41.

JORGE TEILLIER
(Chile, 1935)

Poetic Works

Para ángeles y gorriones. Santiago, Chile: Puelche, 1956.
El cielo cae con las hojas. Santiago, Chile: Edit. Universitaria, 1958.
El árbol de la memoria. Santiago, Chile: Arancibia Hermanos, 1961.
Poemas del país del nunca jamás. Santiago, Chile: Arancibia Hermanos, 1963.
Los trenes de la noche y otros poemas. Santiago, Chile: Ediciones de la Revista Mapocho, 1964.
Otoño secreto. Buenos Aires: Mburucuya, 1964.
Poemas secretos. Santiago, Chile: Ediciones de los Anales de la Universidad de Chile, 1965.
Crónica del forastero. Santiago, Chile: Arancibia Hermanos, 1968.
Para un pueblo fantasma. Valparaíso: Ediciones Universitarias de Valparaíso, 1978.
Cartas para reinas de otras primaveras. Santiago, Chile: Ediciones Manieristas, 1985.

Compilations and Anthologies

Muertes y maravillas. Antología, 1956-1970. Santiago: Edit. Universitaria, 1971.
Los trenes que no has de beber: fragmentos de poemas. San Salvador: Ediciones El Laberinto, 1977.

Bibliographies

Calderón, Alfonso. "Principales referencias críticas sobre JT," in *Muertes y maravillas* by JT (Santiago: Edit. Universitaria, 1971), pp. 159-162.

Critical Studies

Agosín, Marjorie. *"Para un pueblo fantasma." Chasqui* 9: 1 (1979), 104.
Benedetti, Mario. "Poesía chilena entre dos fuegos," in *Letras del continente mestizo* (2nd. ed., Montevideo: Arca, 1969), pp. 227-231.
Boccanera, Jorge Alejandro. "Las voces de la aldea." [*Para un pueblo fantasma*] *Plural* 10: 109 (1980), 70-75.
Calderón, Alfonso. "Aproximaciones a la poesía de JT," in *Muertes y maravillas* by JT (Santiago: Edit. Universitaria, 1971), pp. 149-158.
Délano, Bárbara. "Teillier: una poesía para vivir." [Interview] *Plural* 12: 144 (1983), 57-58.
Giordano, Jaime. "JT: En el umbral de la ilusión," in *Dioses, Antidioses... Ensayos críticos sobre Poesía hispanoamericana* (Concepción: Lar, 1987), pp. 289-307.
Guerra-Cunningham, Lucía. "The Concept of Marginality in 'To a Ghost Town' by JT." *Pacific Coast Philology* 16: 2 (1981), 45-55.
—————. *"Para un pueblo fantasma." Explicación de Textos Literarios* 11: 1 (1982-1983), 86-87.
Ibáñez Langlois, José Miguel. "Poesía de JT," in *Poesía chilena e hispanoamericana actual* (Santiago: Nascimento, 1975), pp. 362-366.

Quiñones Ornelia, Guillermo. "Materias y ensueños en la poesía de JT." *Araucaria de Chile* 31 (1985), 137-140.
Teillier, Jorge. "Los poetas de los lares." *Boletín de la Universidad de Chile* 56 (1965), 48-62.
Valdés, Enrique. "Cincuenta años en la poesía de JT." *Revista de Crítica Literaria Latinoamericana* 13: 25 (1987), 185-188.
Villegas, Juan. "La mitificación de la pobreza en un poema de JT." *Repertorio Americano* 6: 1 (1979), 1-4. Also in *Inti* 9 (1979), 13-25. Reproduced in *Estudios sobre poesía chilena* (Santiago: Nascimento, 1980), pp. 227-244.

BLANCA VARELA
(Peru, 1926)

Poetic Works

Ese puerto existe y otros poemas. Prologue by Octavio Paz. Xalapa: Universidad Veracruzana, 1959.
Luz de día. Lima: Ediciones de La Rama Florida, 1963.
Valses y otras falsas confesiones. Lima: Instituto Nacional de Cultura, 1972.
Canto villano. Lima: Ediciones Arybalo, 1978.

Compilations and Anthologies

Canto villano. Poesía reunida, 1949-1983. Prologue by Roberto Paoli. Mexico: Fondo de Cultura Económica, 1986.
   [Contents: Ese puerto existe y otros poemas. Luz de día. Valses y otras profesiones. Canto villano.]
Camino a Babel: antología. Lima: Secretaría de Educación y Cultura, 1986.

Bibliographies

González Vigil, Ricardo. "BV," in *Poesía peruana. Antología general*. Vol. III. *De Vallejo a nuestros días* (Lima: Edubanco, 1984), pp. 488-489.

Critical Studies

Escobar, Alberto. *"Luz de día." Revista Peruana de Cultura* 2 (1964), 137-142.
Ferrari, Américo. "Varela: explorando los 'bordes espeluznantes'." [*Canto villano*] *Hueso Húmero* 21 (1986), 134-143.
Gazzolo, Ana M. "BV y la batalla poética." *Cuadernos Hispanoamericanos* 466 (1989), 129-138.
Graves, Cristina. "Con el ángel entre los dedos." *Hueso Húmero* 4 (1980), 93-101.
Jiménez, Reynaldo. "Contra el regreso a Babel." *Oráculo* 2 (1981), 75-79.
Ortega, Julio. "BV," in *Figuración de la persona* (Madrid: Edhasa, 1971), pp. 196-201.
Oviedo, José Miguel. "BV o la persistencia de la memoria." *Diálogos* 15: 89 (1979), 15-20. Also in *Eco* 217 (1979), 100-111. Reproduced in *Escrito al margen* (2nd. ed., Mexico: Premiá Editora, 1987), pp. 244-253.
Paoli, Roberto. "Itinerarios de renuncia, de mesura y de aventura: Abril, Moreno Jimeno, Varela, Romualdo," in *Estudios sobre literatura peruana contemporánea* (Florencia: Università degli Studi di Firenze, 1985), pp. 123-131.
Paz, Octavio. "Destiempos de BV," in *Puertas al campo* (Mexico: Universidad Nacional Autónoma de México, 1967), pp. 115-121.
Pollarolo, Giovanna. "Blanca reunida." [*Canto villano*] *Debate* 8: 40 (1986), 86.
Schwartz, Perla. "BV: poesía de ausencias." [*Canto villano*] *Plural* 15: 178 (1986), 64-65.
Torres Fierro, Danubio. "BV: no me asusta envejecer." *Revista de la Universidad de México* 36: 3 (1981), 16-17.

Vargas, Rafael. "Palabras para un canto." [*Canto villano*] *La Gaceta del Fondo de Cultura Económica* 185 (1986), 26-27.
Xirau, Ramón. "El vals, la música y otros infiernos." *Plural* 13 (1972), 41.

ENRIQUE VERASTEGUI
(Peru, 1950)

Poetic Works

En los extramuros del mundo. Lima: Milla Batres, 1971.
Al paradis: /Praxis, asalto y destrucción del Infierno. Lima: Campo de Concentración, 1980.
Angelus Novus. Lima: Antares, 1989.

Other Works

El motor del deseo: dialéctica y trabajo poético. Lima: Mojinete, 1987.

Bibliographies

González Vigil, Ricardo. "EV," in *Poesía peruana. Antología general*. Vol. III. *De Vallejo a nuestros días* (Lima: Edubanco, 1984), pp. 526-527.

Critical Studies

Freire Sarria, Luis. "*En los extramuros del mundo*." *La Prensa* (Lima) (8 April 1972), 13.
González Vigil, Ricardo. "*En los extramuros del mundo*." *El Comercio* (Lima) (18 January 1981), 20.
————. "El *Angelus* de EV." *El Comercio* (Lima) (1 September 1985), 18.
Lauer, Mirko. "Primeros y segundos libros." *Hueso Húmero* 12-13 (1982), 164-166.
Luchting, Wolfgang. "EV: La erudición flotante y la Hybris," in *Escritores peruanos qué piensan qué dicen* (Lima: Ecoma, 1977), pp. 321-375.
O'Hara, Edgar. *La palabra y la eficacia* (Lima: Latinoamericana Ediciones, 1984), pp. 35-36.
Oviedo, José Miguel (ed.). *Estos 13* (Lima: Mosca Azul, 1973), pp. 161-168, 175-178 and 183-186.
————. "Introducción a EV." *Eco* 169 (1974), 83-87.
Sánchez León, Abelardo. "EV." *Oiga* 468 (30 March 1972), 27-30.

IDEA VILARIÑO
(Uruguay, 1920)

Poetic Works

La suplicante. Montevideo: Siglo Ilustrado, 1945.
Cielo cielo. Montevideo, 1947.
Paraíso perdido (1945-1948). Montevideo: Número, 1949.
Por aire sucio. Montevideo: Número, 1951.
Nocturnos. Montevideo: Número, 1955. 2nd. ed. Montevideo: Siete Poetas Latinoamericanos, 1963. 3rd. ed. Buenos Aires: Schapire Editor, 1976.
Poemas de amor. Montevideo, 1958. Other eds. Montevideo: Alfa, 1962; Buenos Aires: Schapire Editor, 1972. 9th. ed. Montevideo: Arca, 1985.
Pobre mundo. Montevideo: Banda Oriental, 1966. 2nd. ed., Montevideo: Arca, 1988.
No. Buenos Aires: Calicanto Editorial, 1980.

Compilations and Anthologies

Treinta poemas. Montevideo: Ediciones Tauro, 1967.
Poesía, 1941-1967. Montevideo: Arca, 1970. 2nd. ed., 1972.
　　[Includes her complete poetic works, from 1941 to 1967.]
Segunda antología. Prologue by Luis Gregorich. Buenos Aires: Calicanto Editorial, 1980.
Poemas de amor. Nocturnos. Barcelona: Lumen, 1984.
Nocturnos del pobre amor. Havana: Casa de las Américas, 1989.

Other Works

Essay

Julio Herrera y Reissig, seis años de poesía. Montevideo: Número, 1950.
Las letras de tango. Buenos Aires: Schapire, 1965.
Los Salmos. Montevideo: Casa del Estudiante, 1974.
Introducción a la literatura bíblica. Montevideo: Editorial Técnica, 1981.
Conocimiento de Darío. Montevideo: Arca, 1988.

Bibliographies

"IV," in *Diccionario de literatura uruguaya* (Montevideo: Arca, 1987), pp. 312-315.

Critical Studies

Books and Dissertations

Berry-Bravo, Judy Ann. "The Affirmative Negation of IV's Poetry." Doctoral dissertation. Washington University, 1989. *Dissertation Abstracts International* 50: 7 (1989), p. 2073A.

Essays, Reviews, Interviews

Benedetti, Mario. "IV: el amor y la muerte, esas certezas," [interview] in *Los poetas comunicantes* (Montevideo: Biblioteca de Marcha, 1972), pp. 251-263.

———. "IV o la poesía como actitud," in *Literatura uruguaya siglo XX* (2nd. ed., Montevideo: Alfa, 1969), pp. 210-221. Also reproduced in *El ejercicio del criterio* (Mexico: Nueva Imagen, 1981), pp. 213-221.

Berry-Bravo, Judy Ann. "*Pobre mundo.*" *Chasqui* 18: 2 (1989), 97-100.

Brena, Tomás G. "IV," in *Exploración estética*. Vol. II. *Estudio de doce poetas de Uruguay y uno de Argentina* (Montevideo: Impresora Récord, 1974), pp. 51-74.

Fierro, Enrique. "Los poetas del 45," in *Capítulo Oriental No. 32* (Montevideo: CEDAL, 1968).

López, Ivette. "*No.*" *Revista Iberoamericana* 120-121 (1982), 763-764.

Obiol, Salvador. "Tres nombres en la poesía uruguaya: Vilariño, Cunha, Benedetti." *Hoy por la Cultura* 14 (1964), 12.

IDA VITALE
(Uruguay, 1923)

Poetic Works

La luz de esta memoria. Montevideo: La Galatea, 1949.
Palabra dada. Montevideo: La Galatea, 1953.
Cada uno en su noche. Montevideo: Alfa, 1960. 2nd. ed., Montevideo: Arca, 1964.
Paso a paso. Montevideo: Aquí Poesía, 1963.
Oidor andante. Montevideo: Arca, 1972. 2nd. ed., Mexico: Premiá, 1982.
Jardín de sílice. Caracas: Monte Avila, 1980.
Elegías en otoño. Mexico: La pájina del día, 1982.
Entresaca. Mexico: Oasis, 1984.

Compilations and Anthologies

Fieles. [Anthology] Mexico: El Mendrugo, 1976. 2nd. ed., Mexico: Universidad Nacional Autónoma de México, 1982.
Sueños de la constancia. Mexico: Fondo de Cultura Económica, 1988.
    [Contents: Sueños de la constancia (1984). Jardín de sílice (1980). Oidor andante (1972). Cada uno en su noche (1960). Palabra dada (1953). La luz de esta memoria (1949).]

Other Works

Essay

Juana de Ibarbourou. Vida y obra. Montevideo: Centro Editor de América Latina, 1968.
    [Capítulo Oriental 20]
Los poetas del 20. Montevideo: Centro Editor de Ameerica Latina, 1968.
José Santos González Vera o El humor serenísimo. San Juan, Puerto Rico, 1974.

Bibliographies

"IV," in *Diccionario de literatura uruguaya* (Montevideo: Arca, 1987), pp. 318-320.

Critical Studies

Alonso, Rodolfo. "La producción poética de IV." *La Gaceta* (Tucumán, Argentina) (31 December 1989).
Benedetti, Mario. "IV y su obra de un solo poema," in *Literatura uruguaya siglo XX* (2nd. ed., Montevideo: Alfa, 1969), pp. 268-270.
Bordoli, Domingo Luis. "IV," in *Antología de la poesía uruguaya contemporánea* (Montevideo: Universidad de la República, 1966), vol. II, pp. 160-161.
Brena, Tomás G. "IV," in *Exploración estética*. Vol. II. Estudio de doce poetas de Uruguay y uno de Argentina (Montevideo: Impresora Récord, 1974), pp. 431-462.
Conde, Carmen. "IV," in *Once grandes poetisas américohispanas* (Madrid: Ediciones Cultura Hispánica, 1967), pp. 607-609.

Díaz, José Pedro. "La madurez de un poeta." *Marcha* (14 April 1961).
Fierro, Enrique. "Los poetas del 45," in *Capítulo Oriental No. 32* (Montevideo: CEDAL, 1968), pp. 506-508.
Flores Mora, Manuel. "IV." *Clima* (Montevideo) (1950).
———. "La poesía de IV," in *Obras*, vol. 3 (Montevideo, 1986), pp. 938-939.
García Pinto, Magdalena. *"Jardín de sílice."* *Hispanic Journal* 2 (1981), 152-155.
Gilbert, Isabel. "La luz de esta memoria." *Escritura* (Montevideo) (1949).
Loza Aguerrebere, Rubén. "Memorial de sueños." [*Sueños de la constancia*] *El País* (Montevideo) (20 August 1989).
Melis, Antonio. "Uruguay: i poeti nel tempo della povertà: IV." *Studi di Letteratura Ispano-Americana* 13-14 (1983), 243-258.
———. "Nel giardino di selce della memoria." *In Forma di Parole* (1983).
Milán, Eduardo. "Sueños y cuadernos." [*Sueños de la constancia*] *Vuelta* 146 (1989), 47-49. Reproduced in *Una cierta mirada* (Mexico: Juan Pablos Editor, Universidad Autónoma Metropolitana, 1989), pp. 175-177.
Ortega, Julio. *"Jardín de sílice."* *Vuelta* 48 (1980), 42-43.
Pedemonte, Hugo Emilio. *Nueva poesía uruguaya* (Madrid: Ediciones Cultura Hispánica, 1958), pp. 221-223.
Perricone, Catherine R. "A Bibliographical Approach to the Study of Latin American Women Poets." *Hispania* 71: 2 (1988), 284.
Rama, Angel. "Cada uno en su noche." *Marcha* (22 January 1965).
Ramond, Michele. "La nuit alchimique de IV." *Río de la Plata. Culturas* 7 (1988), 49-61. Also in Spanish as "La noche alquímica de IV." *Nuevo Texto Crítico* 3: 5 (1990), 143-152.
Rodríguez Briseño, Armando. *"Oidor andante."* *Hispamérica* 38 (1984), 109-111.
Rojas Guardia, Armando. "IV: *Jardín de sílice.*" *Zona Franca* 19 (1980).
Velázquez, Jaime. "La consumición del tiempo." [*Jardín de sílice*] *Revista de la Universidad de México* 36: 2 (1981), 38-40.
Visca, Arturo Sergio. "*Palabra dada.*" *Asir* (Montevideo) (1955).
Zapata, Miguel Angel. "IV: Entre lo claro y lo conciso del poema." [Interview] *Inti*, 26-27 (1987-1988), 355-359.
Zeitz, Eileen M. *"Jardín de sílice."* *Hispamérica* 31 (1982), 71-74.

CINTIO VITIER
(Cuba, 1921)

Poetic Works

Poemas (1937-1938). Havana, 1938.
Luz ya sueño. Havana, 1938.
Sedienta cita. Havana, 1943.
Extrañeza de estar. 1944.
De mi provincia. 1945.
Capricho y homenaje. 1947.
El hogar y el olvido. 1949.
Sustancia. Havana, 1950.
Conjeturas. Havana: Ucar García, 1951.
Canto llano. Havana: Orígenes, 1956.
Testimonios, 1953-1968. Havana: Unión de Escritores y Artistas de Cuba, 1968.
La fecha al pie. Havana: Unión de Artistas y Escritores de Cuba, 1981.
Hojas perdidizas. Mexico: Ediciones El Equilibrista, 1988.
Poemas de mayo y junio. Valencia: Pre-textos, 1990.

Compilations and Anthologies

Vísperas, 1938-1953. Havana: Orígenes, 1953.
  [Poetry between 1930 and 1953.]
Antología poética. Havana: Letras Cubanas, 1981.
Vísperas y Testimonios. Valencia: Pre-textos, 1988.
Palabras a la aridez. [Anthology of poetry and prose] Essay and selection by Ricardo H.
  Herrera. Buenos Aires: Ultimo Reino, 1989.

Other Works

Essay

Cincuenta años de poesía cubana (1902-1952). Havana: Dirección de Cultura del
  Ministerio de Educación, 1952.
Temas martianos. Havana: Biblioteca Nacional José Martí, 1969. [In collaboration with
  Fina García Marruz.]
Poetas cubanos del siglo XIX: semblanzas. Havana: Unión de Escritores y Artistas de
  Cuba, 1969.
Lo cubano en la poesía. Havana: Instituto Cubano del Libro, 1970.
Crítica sucesiva. Havana: Instituto Cubano del Libro, 1971.
Poética. Madrid: Joaquín Giménez Arnau, 1973.
Ese sol del mundo moral: para una historia de la etnicidad cubana. Mexico: Siglo XXI,
  1975.
Rescate de Zenea. Havana: Unión de Escritores y Artistas de Cuba, 1987.
Crítica cubana. Havana: Letras Cubanas, 1988.

Fiction

De peña pobre: memoria y novela. Mexico: Siglo XXI, 1978.
Rajando leña está. Havana: Letras Cubanas, 1986.

Bibliographies

Foster, David William. "CV," in *Cuban Literature. A Research Guide* (New York: Garland, 1985), pp. 484-485.
García Carranza, Araceli and Josefina García Carranza. "Más de 40 años con la poesía: bibliografía de CV." *Revista de la Biblioteca Nacional José Martí* 25: 2 (1983), 69-129.
Homenaje a CV, 30 años con la poesía. Havana: Biblioteca Nacional José Martí, 1968.
    [Contents: Bibliografía activa: libros, folletos, traducciones, colaboraciones en publicaciones periódicas; Bibliografía pasiva.]

Critical Studies

Books and Dissertations

García Marruz, Graciela. "La obra poética de CV." *Dissertation Abstracts International* 43: 9 (1983), 3006A.

Essays, Reviews, Interviews

Arrufat, Antón. "El fruto después de las vísperas." [*Canto llano*] *Ciclón* 2: 3 (1956), 53-55.
Bejel, Emilio F. "Entrevista a CV." *Areito* 27 (1981), 30-34.
————. "Entretien avec CV." *Cahiers du Monde Hispanique et Luso-Brasilien/Caravelle* 38 (1982), 187-196.
Campuzano, Luisa. "Autografía por la crítica." *Universidad de La Habana* 198 (1972), 186-188.
Catalá, Rafael. "*La fecha al pie*, de CV." *Areito* 28 (1981), 58-59. Also in *Revista Iberoamericana* 123-124 (1983), 649-651.
"CV: hacia nuevos horizontes." *América Latina* (Soviet Union) 4 (1987), 66-74.
Diego, Eliseo. "Homenaje a CV." *Unión* 6: 4 (1968), 50-53.
"Encuentro con CV." [Interview] *Casa de las Américas* 175 (1989), 2-7.
Espinoza, Carlos. "CV evoca a José Lezama Lima." [Interview] *Plural* 13: 147 (1983), 23-30.
Feijóo, Samuel. "*Escrito y cantado*." *Islas* 2: 2-3 (1960), 810-811.
Fernández Retamar, Roberto. "CV," in *La poesía contemporánea en Cuba (1927-1935)* (Havana: Orígenes, 1954), pp. 105-110.
Garganigo, John F. "CV: encarnación de una poética." *Anales de Literatura Hispanoamericana* 3: 4 (1975), 207-230.
————. "CV: de la conciencia de la poesía a la poesía de la conciencia." *Revista de Estudios Hispánicos* 14: 1 (1980), 93-100.
Herrera, Ricardo H. "CV: un destino matinal," in *Palabras a la aridez* by CV (Buenos Aires: Ultimo Reino, 1989), pp. 9-22.
Martínez Torres, José and Fernando Solana Olivares. "La revolución no ha perdido su rumbo." [Interview] *Casa del Tiempo* 17-18 (1982), 33-35.
Paredes, Alberto. "Las palabras de CV." [*La fecha al pie*] *Revista de la Universidad de México* 38: 12 (1982), 53-54.
Pérez de la Riva, Juan. "Treinta años con la poesía: homenaje a CV." *Revista de la Biblioteca Nacional José Martí*, 3rd. series, 10: 3 (1968), 162-169.
Prada Oropeza, Renato. "Historia y literatura en Cabrera Infante, César Leante y CV." *Texto Crítico* 9: 26-27 (1983), 65-91.

"Refutación a Vitier." *Ciclón* 4: 1 (1959), 51-68.

Rosales, César. "CV o la poesía del deseo." *Revista Cubana* 31 (1957), 45-55.

Sánchez-Eppler, Benigno. *Habits of Poetry, Habits of Resurrection: the Presence of Juan Ramón Jiménez in the Work of Eugenio Florit, José Lezama Lima and CV*. London: Tamesis Books, 1986.

Santi, Enrico-Mario. "Lezama, Vitier y la crítica de la razón reminiscente." *Revista Iberoamericana* 92-93 (1975), 534-546. Reproduced in *Escritura y tradición* (Barcelona: Laia, 1987), pp. 73-88.

Satue, Francisco. "*La fecha al pie*." *Cuadernos Hispanoamericanos* 390 (1982), 732-733.

Sucre, Guillermo. "La metáfora del silencio," in *La máscara, la transparencia* (2nd. ed., Mexico: Fondo de Cultura Económica, 1985), pp. 295-298.

EMILIO ADOLFO WESTPHALEN
(Peru, 1911)

Poetic Works

Las ínsulas extrañas. Lima: Compañía de Impresiones y Publicidad, 1933.
Abolición de la muerte. Lima: Ediciones Perú Actual, 1935.
Belleza de una espada clavada en la lengua. [Poems between 1930 and 1978, included in
   Otra imagen deleznable.]
Arriba bajo el cielo. Lisboa, 1982. [Chapbook]
Máximas y mínimas de sapiencia pedestre. Lisboa, 1982. [Chapbook]
Nueva serie. Lisboa, 1984. [Chapbook]
Ha vuelto la diosa ambarina. Mexico: Universidad Nacional Autónoma de México, 1988.
   Other ed., Lima: Campodónico, 1989.

Compilations and Anthologies

Otra imagen deleznable... Mexico: Fondo de Cultura Económica, 1980.
   [Contents: Las ínsulas extrañas. Abolición de la muerte. Belleza de una espada
   clavada en la lengua. Apéndice: Poetas en la Lima de los años treinta.]
Belleza de una espada clavada en la lengua. Poemas, 1930-1986. Lima: Ediciones
   Rikchay Perú, 1986.
   [Contents: Las ínsulas extrañas. Abolición de la muerte. Belleza de una espada
   clavada en la lengua. Arriba bajo el cielo. Máximas y mínimas de sapiencia pedestre.
   Nueva serie. Porciones de sueño para mitigar avernos.]

Bibliographies

González Vigil, Ricardo. "EAW," in *Poesía peruana. Antología general*. Vol. III. *De
   Vallejo a nuestros días* (Lima: Edubanco, 1984), pp. 476-477.
Silva-Santisteban, Ricardo. "Bibliografía de EAW." *Creación y Crítica* (Lima) 20 (1977),
   73-79.
   [Contents: Obra de EAW. Sobre EAW: en libros, publicaciones periódicas y tesis.]

Critical Studies

Books and Dissertations

Cueto, Alonso. "Filiación y heterodoxia de *Las ínsulas extrañas* (Las influencias en un
   libro de EAW)." Bachiller Thesis. Universidad Católica del Perú, 1977.

Essays, Reviews

Baciu, Stefan. *Antología de la poesía surrealista latinoamericana* (Mexico: Joaquín Mortiz,
   1974), pp. 111-115.

Bary, Leslie. "El surrealismo en Hispanoamérica y el 'yo' de Westphalen." *Revista de Crítica Literaria Latinoamericana* 14: 27 (1988), 97-110.
Castillo, Luis Alberto. "EAW de *Las ínsulas extrañas* a *Abolición de la muerte* o ¿negación de la negación?" *La Sagrada Familia* 4 (1979), 32-35.
————. "Westphalen: El laberinto del silencio." *Hueso Húmero* 7 (1980), 121-129.
————. *"Otra imagen deleznable..." Debate* 6, 67-68.
Chirinos, Eduardo. *"Belleza de una espada clavada en la lengua."* *Cuadernos Hispanoamericanos* 461 (1988), 135-138.
Escobar, Alberto. "Las lenguas y los poemas," "Pintura y poesía," "El retorno de Westphalen," "Poemas reencontrados," "Una lectura de *Libre*," "Poética e ideología de unos poemas de EAW," in *El imaginario nacional: Moro, Westphalen, Arguedas: una formación literaria* (Lima: Instituto de Estudios Peruanos, 1989), pp. 37-93.
Fernández Cozmán, Camilo. *"Belleza de una espada clavada en la lengua."* *Revista de Crítica Literaria Latinoamericana* 15: 29 (1989), 339-341.
Ferrari, Américo. "Lectura de *Abolición de la muerte*." *Inti* 5-6 (1977), 81-89.
————. "Westphalen y la poesía por hacerse." [*Belleza de una espada clavada en la lengua*] *Hueso Húmero* 22 (1987), 126-138.
"Homenaje a EAW." *Creación y Crítica* 20 (1977).
    [Includes poems by EAW, a bibliography by Ricardo Silva-Santisteban and texts by Mario Vargas Llosa, Enrique Peña, Manuel Moreno Jimeno, José Miguel Oviedo, Stefan Baciu, Carlos Germán Belli, Julio Ortega, Alonso Cueto, Javier Sologuren, Ricardo Silva-Santisteban, Ricardo González Vigil, Américo Ferrari, Enrique Verástegui, Edgardo Rivera Martínez and Bruno Podestá.]
Loayza, Luis. "Regreso a *Las moradas*," in *El Sol de Lima* (Lima: Mosca Azul, 1974), pp. 211-216.
O'Hara, Edgar. *"Arriba bajo el cielo* y *Máximas y mínimas de sapiencia pedestre." Debate* 20 (1983), 64-66.
Ortega, Julio. "EAW," in *Figuración de la persona* (Madrid: Edhasa, 1971), pp. 165-171.
Oviedo, José Miguel. *"Otra imagen deleznable..." Vuelta* 55 (1981), 35-38.
————. "La vuelta de Westphalen," in *Escrito al margen* (2nd. ed., Mexico: Premiá Editora, 1987), pp. 254-261.
Paoli, Roberto. "Westphalen o la desconfianza de la palabra," in *Estudios sobre literatura peruana contemporánea* (Florencia: Università degli Studi di Firenze, 1985), pp. 95-103.
Sánchez León, Abelardo. "Nuevos escritos de EAW." *Debate* 7: 32 (1985), 87-88.
————. "Westphalen nos clava una espada (bella) en la lengua." [*Belleza de una espada clavada en la lengua*] *Debate* 9: 44 (1987), 63.
Tejera, Nivaria. "Westphalen en la turbulenta noria." *Periódico de Poesía* 13 (1990), 4-5.
Valente, José Angel. "EAW: aparición y desapariciones." *Debate* 7: 34 (1985), 71-72.
Verástegui, Enrique. "Una flor en revuelta cf. *Abolición de la muerte*." *Sin Nombre* 10: 4 (1980), 78-88.
Westphalen, Emilio Adolfo. "Contra las entrevistas." *Periódico de Poesía* 13 (1990), 5-6.

RAUL ZURITA
(Chile, 1951)

Poetic Works

Purgatorio. Santiago: Edit. Universitaria, 1979.
Anteparaíso. Santiago: Editores Asociados, 1982.
Canto a su amor desaparecido. Santiago: Edit. Universitaria, 1985.
El amor de Chile. Fotographies by Renato Srepel. Edition by Hernán Garfias. Santiago: Montt Palumbo, 1987.

Critical Studies

Brito, María Eugenia. "'Areas verdes', una aproximación al texto de RZ." *Difusión interna*, mimeografiada; Departamento de Lingüística y Filosofía, Universidad de Chile, 1979. 10 pages.
Cánovas, Rodrigo. "Lectura de *Purgatorio*: por dónde comenzar." *Hueso Húmero* 10 (1981), 170-177.
————. "Zurita *Chilensis*: nuestro dolor, nuestra esperanza," in *Lihn, Zurita, Ictus, Radrigán: literatura chilena y experiencia autoritaria* (Santiago: FLACSO, 1986), pp. 57-92.
Carrasco, Iván. "El proyecto poético de RZ." *Estudios Filológicos* 24 (1989), 67-74.
Dreyfus, Maryela. "RZ: las palabras de la sobrevivencia." [Interview] *Periódico de Poesía* 13 (1990), 42.
Edwards, Jorge. "Reflexiones sobre *Anteparaíso* de RZ." *Mensaje* 317 (1983), 140-141.
Ferguson, William. "*Anteparadise*, translated by Jack Schmitt." *World Literature Today* 61: 3 (1987), 427.
Foxley, Carmen. "La propuesta autorreflexiva de *Anteparaíso*." *Revista Chilena de Literatura* 24 (1984), 83-101. Reproduced in Ricardo Yamal (ed.), *La poesía chilena actual (1960-1984) y la crítica* (Concepción: Lar, 1988), pp. 263-288.
Jackson, Scott. "The Union of Mathematics and Poetry in the *Purgatorio* of RZ," in *Purgatorio* by RZ (Pittsburgh: Latin American Literary Review, 1985), pp. 6-15.
Jacobson, Jeremy. "'Deserts' from *Purgatorio*." *Latin American Literary Review* 23 (1983).
Lavín Cerda, Hernán. "La poesía que se escribe en Chile." *Cuadernos Americanos* 255: 4 (1984), 121-137.
López Morales, Berta. "*Purgatorio*." *Atenea* 440 (1979), 260-261.
Milán, Eduardo. "*Canto a su amor desaparecido*." *Vuelta* 136 (1988), 35-36.
Orellana, Carlos. "Construir una poesía tan vasta como la tragedia chilena: conversación con RZ." *Araucaria de Chile* 36 (1986), 115-126.
Oviedo, José Miguel. "Zurita, un 'raro' en la poesía chilena." *Hispamérica* 39 (1984), 103-108. Reproduced in the 2nd. ed. of *Escrito al margen* (Mexico: Premiá Editora, 1987), pp. 293-298.
Rivera, Hugo. "Chile: salir de las catacumbas; diálogo con RZ." *Casa de las Américas* 27: 160 (1987), 91-104.
Rodríguez Fernández, Mario. "RZ o la crucifixión del texto." *Revista Chilena de Literatura* 25 (1985), 115-123.
"RZ: 'Imaginarse un mundo por delante'." [Interview] *América Latina* (Soviet Union) 12 (1987), 62-66.

Sánchez Aguilera, Osmar. "Proyecto, censura y poesía en el *Purgatorio* de RZ." *Casa de las Américas* 28: 164 (1987), 25-40.

Sierra, Malú. "El nuevo gran poeta de Chile." [Interview] *Revista del Domingo de El Mercurio* (12 April 1983), 9-15.

Teitelboim, Volodia. "El poeta no se queda con el infierno." *Araucaria de Chile* 36 (1986), 126-127.

Valdés, Adriana. "Escritura y silenciamiento." *Mensaje* 276 (1979), 40-42.

Valente, Ignacio. "RZ: *Purgatorio*." *El Mercurio* (16 December 1979).

————. "Zurita en la poesía chilena." *El Mercurio* (31 October 1982).

Varas, José Miguel. "*Anteparaíso*." *Araucaria de Chile* 25 (1984), 218-219.

White, Steven. "RZ/ Poems from inside Chile." *Third Rail: A Review of International arts and Literature* 7 (1985-1986), 62-68.

Zurita, Raúl. "Chile: Literatura, lenguaje y sociedad (1973-1983)," in Hernán Vidal (ed.), *Fascismo y experiencia literaria: Reflexiones para una recanonización* (Minneapolis: Institute for the Study of Ideologies and Literature, 1985), pp. 299-331.

GENERAL WORKS

Bibliographies

Bhalla, Alok. *Latin American Writers: A Bibliography with Critical and Biographical Introductions.* New Delhi: Sterling Publishers, 1987.
[Includes bio-bibliographies on Ernesto Cardenal, José Lezama Lima and Octavio Paz.]

Flores, Angel. *Bibliografía de escritores hispanoamericanos (1609-1974).* New York: Gordian Press, 1975.
[Includes bibliographies on Carlos Germán Belli, Mario Benedetti, Ernesto Cardenal, Pablo Antonio Cuadra, Roberto Fernández Retamar, Javier Heraud, José Lezama Lima, Enrique Lihn, Nicanor Parra and Octavio Paz.]

Marting, Diane E. (ed.). *Spanish American Women Writers. A Bio-Bibliographical Source Book.* Westport, Connecticut: Greenwood Press, 1990.
[Includes bio-bibliographies on Rosario Castellanos, Rosario Ferré, Olga Orozco and Alejandra Pizarnik.]

Rela, Walter. *A Bibliographical Guide to Spanish American Literature.* Westport, Connecticut: Greenwood Press, 1988.

Solé, Carlos A. (ed.). *Latin American Writers.* 3 vol. New York: Scribner, 1989.
[Vol. III includes bio-bibliographies on Mario Benedetti, Rosario Castellanos, José Lezama Lima, Nicanor Parra and Octavio Paz.]

Zubatsky, David. *Latin American Authors: An Annotated Guide to Bibliographies.* Metuchen, New Jersey: Scarecrow Press, 1986.
[Includes guides to bibliographies on Homero Aridjis, Carlos Germán Belli, Mario Benedetti, Rubén Bonifaz Nuño, Ernesto Cardenal, Rosario Castellanos, Alí Chumacero, Antonio Cisneros, Pablo Antonio Cuadra, Eliseo Diego, Roberto Fernández Retamar, Alberto Girri, Javier Heraud, Efraín Huerta, Roberto Juarroz, José Kozer, José Lezama Lima, Enrique Lihn, Enrique Molina, José Emilio Pacheco, Heberto Padilla, Nicanor Parra, Octavio Paz, Alejandra Pizarnik, Jaime Sabines, Jaime Sáenz, Cintio Vitier and Emilio Adolfo Westphalen.]

Critical Studies

Books

Alegría, Fernando. *Literatura y revolución.* Mexico: Fondo de Cultura Económica, 1971.
[Includes text on Nicanor Parra.]

Baciu, Stefan. *Surrealismo hispanoamericano: preguntas y respuestas.* Valparaíso, Chile: Ediciones Universitarias, 1979.

Barros, Daniel. *Poesía sudamericana actual.* Madrid: Miguel Castelote Editor, 1972.
[Includes texts on Braulio Arenas, Mario Benedetti, Juan Gelman, Nicanor Parra and Alejandra Pizarnik.]

This is not a section entirely dedicated to Spanish American poetry. It is intended to complement the main work of this bibliography. In many cases (especially in the first part), there are books that relate only tangentially to poetry, due to a particular writer. Nevertheless, this section considers books and essays that study (some times in part) Spanish American poetry of the last 50 years. The poets selected for this book appear in parenthesis.

Barzuna, Guillermo. *Poéticas hispanoamericanas: de Andrés Bello a Silvio Rodríguez*.
      San José, Costa Rica: Edit. Universitaria Centroamericana, EDUCA, 1985.
      [Includes texts on Ernesto Cardenal, Nicanor Parra and Octavio Paz.]
Bellini, Giuseppe. *La letteratura ispanoamericana dell'ata precolombiana si nostri giorni*.
      Roma: Sansoni Academia, 1970.
      [Includes text on Pablo Antonio Cuadra.]
Benedetti, Mario. *Letras del continente mestizo*. 2nd. ed., Montevideo: Arca, 1969.
      [Includes essays on Carlos Germán Belli, Ernesto Cardenal, Rosario Castellanos,
      Eliseo Diego, Roberto Fernández Retama, Nicanor Parra, Joaquín Pasos, Gonzalo
      Rojas and Jorge Teillier.]
————. *Los poetas comunicantes*. Montevideo: Biblioteca de Marcha, 1972.
      [Includes interviews with Jorge Enrique Adoum, Ernesto Cardenal, Roque Dalton,
      Eliseo Diego, Roberto Fernández Retamar, Juan Gelman, Nicanor Parra, Gonzalo
      Rojas and Idea Vilariño.]
Brena, Tomás G. *Exploración estética*. Vol. II. *Estudio de doce poetas de Uruguay y uno
      de Argentina*. Montevideo: Impresora Récord, 1974.
      [Includes texts on Juan Cunha, Roberto Juarroz, Idea Vilariño and Ida Vitale.]
Brotherston, Gordon. *Latin American Poetry: Origins and Presence*. London:
      Cambridge University Press, 1975.
      [Includes texts on Carlos Germán Belli and Alberto Girri.]
Bueno, Raúl. *Poesía hispanoamericana de vanguardia: procedimientos de interpretación
      textual*. Lima: Latinoamericana Editores, 1985.
Camacho, Eduardo. *Sobre literatura colombiana e hispanoamericana*. Bogotá: Instituto
      Colombiano de Cultura, 1978.
      [Includes texts on Fernando Charry Lara and Alvaro Mutis.]
Campos, Marco Antonio. *De viva voz*. Mexico: Premiá Editora, 1986.
      [Includes interviews with Rubén Bonifaz Nuño, Ernesto Cardenal, Alí Chumacero,
      Eduardo Lizalde, Octavio Paz, Gonzalo Rojas and Jaime Sabines.]
Carballo, Emmanuel. *Protagonistas de la literatura hispanoamericana del siglo XX*.
      Mexico: Universidad Nacional Autónoma de México, 1986.
      [Includes interview with Mario Benedetti.]
Carreño, Antonio. *La dialéctica de la identidad en la poesía contemporánea: la persona, la
      máscara*. Madrid: Gredos, 1982.
      [Includes text on Octavio Paz.]
Carrera Andrade, Jorge. *Reflexiones sobre la poesía hispanoamericana*. Quito: Casa de la
      Cultura Ecuatoriana, 1987.
      [General approaches. Mainly on previous generations.]
Céspedes, Diógenes. *Seis ensayos sobre poética latinoamericana*. Santo Domingo: Taller,
      1983.
      [Includes text on Octavio Paz.]
Chumacero, Alí. *Los momentos críticos*. Mexico: Fondo de Cultura Económica, 1987.
      [Includes texts on Ernesto Cardenal, Efraín Huerta, Marco Antonio Montes de Oca
      and Octavio Paz.]
Cobo Borda, Juan Gustavo. *La alegría de leer*. Bogotá: Instituto Colombiano de Cultura,
      1976.
      [Includes texts on Jorge Gaitán Durán, Alvaro Mutis and Alejandra Pizarnik.]
————. *La tradición de la pobreza*. Bogotá: Carlos Valencia Editores, 1980.
      [Includes text on Jorge Gaitán Durán.]
————. *La otra literatura latinoamericana*. Bogotá: El Ancora, Procultura, Colcultura,
      1982.
      [Includes essays on Eduardo Carranza, Antonio Cisneros, Roque Dalton, Jorge
      Gaitán Durán, Juan Liscano, Enrique Molina and Juan Sánchez Peláez.]
————. *Visiones de América Latina*. Bogotá: Tercer Mundo Editores, 1987.
      [Includes text on Francisco Madariaga.]
Cobo Borda, Juan Gustavo; Ricardo Herrera and María Julia de Ruschi Crespo. *Usos de
      la imaginación*. Buenos Aires: El Imaginero, 1984.
      [Includes texts on Francisco Madariaga, Enrique Molina, Olga Orozco, Alejandra
      Pizarnik and Jaime Sáenz.]
Cohen, J.M. *Poesía de nuestro tiempo*. Mexico: Fondo de Cultura Económica, 1963.

[Includes text on Octavio Paz.]

Collazos, Oscar. *Recopilación de textos sobre los vanguardismos en la América Latina*. Havana: Casa de las América, 1970. Other ed., Barcelona: Península, 1977.

Cortínez, Carlos. *Poesía latinoamericana contemporánea*. Guatemala: Instituto de Estudios de la Literatura Nacional, Universidad de San Carlos Guatemala, 1983.
[Includes texts on Carlos Germán Belli and Oscar Hahn.]

Cuadra, Pablo Antonio. *Torres de Dios*. San José, Costa Rica: Libro Libre, 1986.
[Includes texts on Joaquín Pasos and Octavio Paz.]

Cúneo, Dardo. *Aventura y letra de América Latina*. Caracas: Monte Avila, 1975.
[Includes text on Juan Liscano.]

Debicki, Andrew P. *Poetas hispanoamericanos contemporáneos*. Madrid: Gredos, 1976.
[Includes texts on José Emilio Pacheco, Nicanor Parra, Octavio Paz and Jaime Sabines.]

Earle, Peter G. and Germán Gullón (eds.). *Surrealismo/ surrealismos, Latinoamérica y España* (Instituto Internacional de Literatura Iberoamericana). Philadelphia: University of Pennsylvania, 1978.
[Includes texts on Enrique Molina and Octavio Paz.]

Escobar, Alberto. *La partida inconclusa, o, La lectura literaria*. Santiago: Editorial Universitaria, 1970. 2nd. ed., Lima: Instituto Nacional de Cultura, 1976.
[Includes tetxs on Carlos Germán Belli, Enrique Lihn and Nicanor Parra.]

Fernández Retamar, Roberto. *Panorama actual de la literatura latinoamericana*. Caracas: Editorial Fundamento, 1971.
[Includes text on Nicanor Parra.]

Fernández, Teodosio. *La poesía hispanoamericana en el siglo XX*. Madrid: Taurus, 1987.
[Includes texts on Nicanor Parra and Octavio Paz.]

Ferro, Hellen. *Historia de la poesía hispanoamericana*. New York: Las Américas, 1964.

Forster, Merlin H. (ed.). *Tradition and Renewal: Essays on Twentieth-Century Latin American Literature and Culture*. Urbana: University of Illinois Press, 1975.
[Includes texts on Homero Aridjis, Marco Antonio Montes de Oca and José Emilio Pacheco.]

—————. *Historia de la poesía hispanoamericana*. Clear Creek, Indiana: The American Hispanist, 1981.
[Last two chapters: "El postvanguardismo (1945-1960)," and "La poesía contemporánea"; it also includes a general bibliography on Spanish American poetry, with individual references to Ernesto Cardenal, Alberto Girri, José Lezama Lima, José Emilio Pacheco, Nicanor Parra, Octavio Paz and Jaime Sabines.]

Giordano, Jaime. *Dioses, Antidioses... Ensayos críticos sobre poesía hispanoamericana*. Concepción, Chile: Lar, 1987.
[Includes texts on Juan Gelman, Oscar Hahn, Enrique Lihn, Gonzalo Millán, Gonzalo Rojas and Jorge Teillier.]

Goic, Cedomil (ed.). *Historia y crítica de la literatura hispanoamericana*. Vol. III. *Epoca contemporánea*. Barcelona: Crítica, 1988.
[Includes bibliographies and texts on Carlos Germán Belli, Ernesto Cardenal, Antonio Cisneros, Pablo Antonio Cuadra, Alberto Girri, Oscar Hahn, Roberto Juarroz, José Lezama Lima, Enrique Lihn, José Emilio Pacheco, Nicanor Parra and Octavio Paz.]

Grande, Félix. *Once artistas y un Dios*. *Ensayos sobre literatura hispanoamericana*. Madrid: Taurus, 1986.
[Includes texts on Octavio Paz and Jaime Sabines.]

Hahn, Oscar. *Texto sobre texto: aproximaciones a Herrera y Reissig, Huidobro, Borges, Cortázar, Lihn*. Mexico: Universidad Nacional Autónoma de México, 1984.

Ibáñez Langlois, José Miguel. *Poesía chilena e hispanoamericana actual*. Santiago: Nascimento, 1975.
[Includes texts on Braulio Arenas, Carlos Germán Belli, Ernesto Cardenal, Eliseo Diego, Alberto Girri, Enrique Lihn, Nicanor Parra and Jorge Teillier.]

Jitrik, Noé. *La vibración del presente*. Mexico: Fondo de Cultura Económica, 1987.
[Includes texts on José Lezama Lima and Tomás Segovia.]

Kamenszain, Tamara. *El texto silencioso. Tradición y vanguardia en la poesía sudamericana*. Mexico: Universidad Nacional Autónoma de México, 1983.

[Includes texts on Enrique Lihn and Francisco Madariaga.]
Lamothe, Louis. *Los mayores poetas latinoamericanos de 1850 a 1950.* Mexico: Costa Amic, 1959.
> [Includes text on Pablo Antonio Cuadra.]
Lastra, Pedro and Luis Eyzaguirre (eds.). *Catorce poetas hispanoamericanos de hoy. Inti* 18-19 (1983-1984).
> [Includes essays on Carlos Germán Belli, Ernesto Cardenal, Antonio Cisneros, Eliseo Diego, Juan Gelman, Oscar Hahn, Enrique Lihn, Eugenio Montejo, Alvaro Mutis, José Emilio Pacheco, Joaquín Pasos, Alejandra Pizarnik, Gonzalo Rojas and Jaime Sáenz.]
Lefebvre, Alfredo. *Poesía española y chilena.* Santiago, Chile: Editorial del Pacífico, 1958.
> [Includes texts on Nicanor Parra and Gonzalo Rojas.]
Lemaître, Monique. *Texturas. Ensayos de crítica literaria.* Mexico: Oasis, 1986.
> [Includes text on Roque Dalton.]
Liscano, Juan. *Descripciones.* Buenos Aires: Ediciones de la Flor, 1983.
> [Includes texts on Jorge Gaitán Durán, Alberto Girri, Olga Orozco and Octavio Paz.]
Madrid, Lelia. *El estilo del deseo: la poética de Darío, Vallejo, Borges y Paz.* Madrid: Pliegos, 1988.
Mansour, Mónica. *La poesía negrista.* Mexico: Era, 1973.
Marco, Joaquín. *Literatura hispanoamericana: del modernismo a nuestros días.* Madrid: Espasa-Calpe, 1987.
> [Includes texts on Alvaro Mutis, Heberto Padilla and Nicanor Parra.]
Martín, Carlos. *Hispanoamérica, mito y surrealismo.* Bogotá: Procultura, Presidencia de la República, 1986.
Meléndez, Concha. *Poetas hispanoamericanos diversos.* San Juan, Puerto Rico: Cordillera, 1971.
Milán, Eduardo. *Una cierta mirada.* Mexico: Juan Pablos Editor, Universidad Autónoma Metropolitana, 1989.
> [Includes essays on Roberto Appratto, Arturo Carrera, Juan Gustavo Cobo Borda, Roque Dalton, Gerardo Deniz, Roberto Echavarren, Enrique Fierro, José Kozer, Eduardo Lizalde, Marco Antonio Montes de Oca, Nicanor Parra, Gonzalo Rojas and Ida Vitale.]
Mondragón, Amelia and Yaris Daly de Troconis. *Ensayo y crítica.* Caracas: Centro de Estudios Latinoamericanos Rómulo Gallegos, 1982.
> [Includes texts on Rafael Cadenas and Ernesto Cardenal.]
O'Hara, Edgar. *Cuerpo de reseñas.* Lima: Ediciones del Azahar, 1984.
> [Includes essays on Carlos Germán Belli, Ernesto Cardenal, Rosario Castellanos, Antonio Cisneros, Juan Gustavo Cobo Borda, Jorge Eduardo Eielson, Enrique Lihn, Enrique Molina, Marco Antonio Montes de Oca, Alvaro Mutis, José Emilio Pacheco, Javier Sologuren, Blanca Varela and Emilio Adolfo Westphalen.]
————. *La palabra y la eficacia.* Lima: Ruray, 1984.
> [Includes texts on Néstor Perlongher, Enrique Verástegui and Raúl Zurita.]
Ortega, José. *Letras hispanoamericanas de nuestro tiempo.* Madrid: José Porrúa Turanzas, 1976.
> [Includes text on Pedro Shimose.]
Ortega, Julio. *Figuración de la persona.* Madrid: Edhasa, 1971.
> [Includes essays on Carlos Germán Belli, Antonio Cisneros, Jorge Eduardo Eielson, Enrique Molina, José Emilio Pacheco, Nicanor Parra, Octavio Paz, Javier Sologuren, Blanca Varela and Emilio Adolfo Westphalen.]
Osorio, Nelson. *Manifiestos, proclamas y polémicas de la vanguardia literaria hispanoamericana.* Caracas: Biblioteca Ayacucho, 1988.
Oviedo, José Miguel. *Escrito al margen.* 2nd. ed., Mexico: Premiá, 1987.
> [Includes texts on Juan Gustavo Cobo Borda, Jorge Eduardo Eielson, Rosario Ferré, Efraín Huerta, Alvaro Mutis, José Emilio Pacheco, Octavio Paz, Tomás Segovia, Blanca Varela, Emilio Adolfo Westphalen and Raúl Zurita.]
Paz, Octavio. *Puertas al campo.* Mexico: Universidad Nacional Autónoma de México, 1967.
> [Includes texts on Alvaro Mutis and Blanca Varela.]

————. *Los hijos del limo*. Barcelona: Seix-Barral, 1974.
————. *Las peras del olmo*. Barcelona: Seix-Barral, 1974.
[Includes text on Carlos Martínez Rivas.]
————. *Sombras de obras*. Barcelona: Seix-Barral, 1983.
[Includes texts on Alí Chumacero and Efraín Huerta.]
Rivera, Francisco. *Inscripciones*. Caracas: Fundarte, 1981.
[Includes texts on Roberto Juarroz, Eugenio Montejo and José Emilio Pacheco.]
Rivera-Rodas, Oscar. *Cinco momentos de la lírica hispanoamericana*. La Paz: Instituto Boliviano de Cultura, 1978.
[Includes texts on Oscar Cerruto and Octavio Paz.]
Rodríguez Alcalá, Hugo. *Korn, Romero, Güiraldes, Unamuno, Ortega, literatura paraguaya y otros ensayos*. Mexico: Ediciones de Andrea, 1958.
[Includes text on Elvio Romero.]
Rodríguez Monegal, Emir. *El arte de narrar*... Caracas: Monte Avila, 1968.
[Includes text on Homero Aridjis.]
Sánchez-Eppler, Benigno. *Habits of Poetry, Habits of Resurrection: the Presence of Juan Ramón Jiménez in the Work of Eugenio Florit, José Lezama Lima and Cintio Vitier*. London: Tamesis Books, 1986.
Sánchez Robayna, Andrés. *La luz negra*. Madrid: Júcar, 1985.
[Includes texts on José Lezama Lima and Octavio Paz.]
Santí, Enrico Mario. *Escritura y tradición*. Barcelona: Laia, 1987.
[Includes texts on José Lezama Lima and Cintio Vitier.]
Schopf, Federico. *Del vanguardismo a la antipoesía*. Roma: Bulzoni, 1986.
[Includes text on Nicanor Parra.]
Sefamí, Jacobo. *El destierro apacible y otros ensayos. Xavier Villaurrutia. Alí Chumacero. Fernando Pessoa. Francisco Cervantes. Haroldo de Campos*. Mexico: Premiá, 1987.
Sucre, Guillermo. *La máscara, la transparencia. Ensayos sobre poesía hispanoamericana*. Caracas: Monte Avila Editores, 1975. 2nd. ed., Mexico: Fondo de Cultura Económica, 1985.
[Includes texts on Braulio Arenas, Homero Aridjis, Carlos Germán Belli, Rafael Cadenas, Ernesto Cardenal, Juan Gustavo Cobo Borda, Jorge Gaitán Durán, Alberto Girri, Roberto Juarroz, José Lezama Lima, Enrique Lihn, Juan Liscano, Enrique Molina, Eugenio Montejo, Alvaro Mutis, José Emilio Pacheco, Heberto Padilla, Nicanor Parra, Octavio Paz, Alejandra Pizarnik, Gonzalo Rojas, Juan Sánchez Peláez, Tomás Segovia and Cintio Vitier.]
Torres Fierro, Danubio. *Memoria plural. Entrevistas a escritores latinoamericanos*. Buenos Aires: Sudamericana, 1986.
[Includes interviews with Alberto Girri, Enrique Molina and Olga Orozco.]
Valenzuela, Víctor. *Contemporary Latin American Writers*. New York: Las Américas, 1971.
[Includes text on Nicanor Parra.]
Xirau, Ramón. *Poesía iberoamericana contemporánea*. Mexico: SepSetentas, 1972.
[Includes texts on Alí Chumacero, Roberto Juarroz, José Lezama Lima, Octavio Paz and Jaime Sabines.]
————. *Poesía y conocimiento: Borges, Lezama Lima, Octavio Paz*. Mexico: Joaquín Mortiz, 1978.
Yurkievich, Saúl. *Fundadores de la nueva poesía latinoamericana: Vallejo, Huidobro, Borges, Girondo, Neruda, Paz, Lezama Lima*. Barcelona: Barral Editores, 1971. 1st. expanded ed., Barcelona: Ariel, 1984.
[1st. expanded ed. adds text on José Lezama Lima.]
————. *Poesía hispanoamericana 1960-1970*. Mexico: Siglo XXI, 1972.
[Includes text on Roque Dalton.]
————. *La confabulación de la palabra*. Madrid: Taurus, 1978.
[Includes texts on Jorge Enrique Adoum, Roque Dalton, Alberto Girri and José Lezama Lima.]
————. *A través de la trama. Sobre vanguardias literarias y otras concomitancias*. Barcelona: Muchnik, 1984.
[Includes texts on Alberto Girri and José Lezama Lima.]

Zapata, Miguel Angel. *Coloqios del oficio mayor*. *Inti* 26-27 (1987-1988).
    [Includes interviews with Carlos Germán Belli, Antonio Cisneros, Juan Gustavo
    Cobo Borda, Roberto Echavarren, Jorge Eduardo Eielson, Rosario Ferré, Oscar
    Hahn, José Kozer, Juan Liscano, Eduardo Milán, Alvaro Mutis, Heberto Padilla,
    Néstor Perlongher, Gonzalo Rojas, Javier Sologuren and Ida Vitale.]

Essays

Borgeson, Paul W. "Poéticas post-nerudianas y la emancipación literaria latinoamericana."
    Revista de Crítica Literaria Latinoamericana 15: 29 (1989), 129-136.
Cobo Borda, Juan Gustavo. "More Personal Paths: Spanish American Poetry 1960-
    1980." *Review* 34 (1984), 21-75. Also in Spanish as "Poesía latinoamericana, 1960-
    1980." *Enlace* 1 (1984), 3-4.
————. "Prólogo" to his *Antología de la poesía hispanoamericana contemporánea*
    (Mexico: Fondo de Cultura Económica, 1985), pp. 9-54.
Fernández Moreno, César. "Para América Latina, una poesía existencial." *Casa de las
    Américas* 134 (1982).
Jiménez, José Olivio. "Prólogo" to his *Antología de la poesía hispanoamericana 1914-
    1970* (Madrid: Alianza Editorial, 1971), pp. 7-32.
Lastra, Pedro. "Nota" to *Muestra de la poesía hispanoamericana actual*. *Hispamérica* 11-
    12 (1975), 75-79.
————. "Notas sobre la poesía hispanoamericana actual." *Catorce poetas
    hispanoamericanos de hoy*. *Inti* 18-19 (1983-1984), IX-XVII.
Ortega, Julio. "Prólogo" to his *Antología de la poesía hispanoamericana actual* (Mexico:
    Siglo XXI, 1987), pp. 3-12.
Rodríguez Padrón, Jorge.   "Estudio preliminar" to his *Antología de poesía
    hispanoamericana (1915-1980)* (Madrid: Espasa-Calpe, 1984), pp. 17-75.
Yurkievich, Saúl. "Vueltas y revueltas de nuestra poesía," in *La confabulación de la
    palabra* (Madrid: Taurus, 1978), pp. 154-158.

ARGENTINA

Bibliographies

Foster, David William. *Argentine Literature. A Research Guide*. Metuchen, New Jersey:
    Scarecrow Press, 1982.
    [Includes bibliographies on Alberto Girri, Roberto Juarroz, Enrique Molina and
    Alejandra Pizarnik.]

Critical Studies

Books

Andrés, Alfredo (ed.). *El 60*. Buenos Aires: Dos, 1969.
Ara, Guillermo. *Suma de la poesía argentina*. Buenos Aires: Guadalupe, 1970.
Barros, Daniel. *Poesía sudamericana actual*. Madrid: Miguel Castelote Editor, 1972.
Boneo, Martín Alberto. *Poesía argentina; ensayos*. Buenos Aires: Libro Argentino,
    1968.
Brena, Tomás G. *Exploración estética*. Vol. II. *Estudio de doce poetas de Uruguay y uno
    de Argentina*. Montevideo: Impresora Récord, 1974.
    [Includes texts on Juan Cunha, Roberto Juarroz, Idea Vilariño and Ida Vitale.]
Fernández Moreno, César. *La realidad y los papeles. Panorama y muestra de la poesía
    argentina contemporánea*. Madrid: Aguilar, 1967.
    [Includes text on Enrique Molina.]

Ghiano, Juan Carlos. *Poesía argentina del siglo XX*. Buenos Aires: Fondo de Cultura Económica, 1957.
[Includes texts on Alberto Girri, Enrique Molina and Olga Orozco.]
――――. *Relecturas argentinas de José Hernández a Alberto Girri*. Buenos Aires: Ediciones del Mar de Solís, 1978
[Includes text on Alberto Girri.]
Giordano, Carlos, et al. *El 40*. Buenos Aires: Dos, 1969.
Gómez Paz, Julieta. *Cuatro actitudes poéticas. Alejandra Pizarnik, Olga Orozco, Amelia Biagioni y María Elena Walsh*. Buenos Aires: Conjunta, 1977.
Historia de la literatura argentina. Vol. 5. *Los Contemporáneos*. Buenos Aires: Centro Editor de América Latina, 1982.
[Includes texts on Alberto Girri, Enrique Molina and Olga Orozco.]
Jiménez Emán, Gabriel. *Diálogos con la página*. Caracas: Academia Nacional de la Historia, 1984.
[Includes text on Juan Gelman.]
Kamenszain, Tamara. *El texto silencioso. Tradición y vanguardia en la poesía sudamericana*. Mexico: Universidad Nacional Autónoma de México, 1983.
Pezzoni, Enrique. *El texto y sus voces*. Buenos Aires: Sudamericana, 1986.
[Includes texts on Alberto Girri, Enrique Molina and Alejandra Pizarnik.]
Puente, Graciela Susana. *Borges, Molinari, Juarroz: noche, sed, absurdo*. Buenos Aires: Botella al Mar, 1984.
Romano, Eduardo. *Sobre poesía popular argentina*. Buenos Aires: Centro Editor de América Latina, 1983.
Rosa, Nicolás. *Los fulgores del simulacro*. Santa Fe, Argentina: Universidad Nacional del Litoral, 1987.
[Includes texts on Arturo Carrera and Néstor Perlongher.]
Sola, Graciela de. *Proyecciones del surrealismo en la literatura argentina*. Buenos Aires: Culturales Argentinas, 1961.
Urondo, Francisco. *Veinte años de poesía argentina: 1940-1960*. Buenos Aires: Galerna, 1968.
Zolezzi, Emilio. *Poesía, conflicto y asentimiento. Estudios sobre poesía argentina*. Buenos Aires: Editorial Universitaria de Buenos Aires, 1986.
[Includes texts on Enrique Molina and Olga Orozco.]

Essays

Aguirre, Raúl. "Apuntes para una introducción a la poesía argentina actual." *Revista Nacional de Cultura* 233 (1977), 87-101.
Andrés, Alfredo. "Crónica de la poesía argentina, 1960-1965; 1a. parte." *Cuadernos de Poesía* 1 (1966), 132-152.
Avellaneda, Andrés. "Poesía argentina del setenta." *Eco* 237 (1981), 321-334.
――――. "Decir, desdecir: poesía argentina del setenta." *Ibero-Amerikanisches Archiv*. 9: 1 (1983), 1-13.
Barros, Daniel. "Claves del realismo crítico en la actual poesía argentina." *Cuadernos de Poesía* 1 (1966), 3-18.
Becco, Jorge Horacio. "Evolución y tendencia de la poesía argentina actual." *Ficción* 24-25 (1960), 37-42.
Benítez, Carlos Rafael. "Sobre la nueva poesía argentina," in *Homenaje: Estudios de filología e historia literaria lusohispanas e iberoamericanas* (The Hage: Universidad Estatal de Utrecht, 1966), pp. 71-87.
Boneo, Martín Alberto. "La generación poética del cuarenta." *Cultura* 1: 2 (1949), 71-79.
Brughetti, Romualdo. "Una nueva generación literaria argentina (1940-1950)." *Cuadernos Americanos* 73 (1952), 261-281.
Campra, Rosalba. "Relaciones intertextuales en el sistema culto/ popular: poesía y tango." *Hispamérica* 17: 51 (1988), 19-32.
Dalter, Eduardo and Manuel Ruano. "Cuestionamientos para un análisis de la nueva poesía argentina." *Hispamérica* 3: 8 (1974), 65-70.

Fiorentino, Hugo. "Síntesis evolutiva de la lírica argentina." *Boletín de la Academia Hondureña de la Lengua* 19 (1976), 35-45.

Furlán, Luis Ricardo. "Introducción" to his *Generación poética del cincuenta* (Buenos Aires; Culturales Argentinas, 1974), pp. 9-40.

Giordano, Carlos. "Temas y direcciones fundamentales de la promoción poética del 40." *Boletín de Literaturas Hispánicas* 5 (1963), 19-41.

————. "Entre el '40 y el '50 en la poesía argentina." *Revista Iberoamericana* 125 (1983), 783-796.

Gullón, Ricardo. "Poesía argentina de hoy." *Cuadernos Hispanoamericanos* 142 (1953), 427-430.

Henríquez Ureña, Pedro. "Poesía argentina contemporánea," in *La utopía de América* (Caracas: Biblioteca Ayacucho, 1978), pp. 395-398.

Jitrik, Noé. "Poesía argentina entre dos radicalismos." *Zona de la Poesía Americana* 3 (1964), 6-10.

Kirkpatrick, Gwen. "La poesía de las argentinas frente al patriarcado." *Nuevo Texto Crítico* 2: 4 (1989), 129-135.

Libertella, Héctor. "Algo sobre la novísima literatura argentina." *Hispamérica* 6 (1974), 13-19.

Liscano, Juan. "Nosferatu: poetas de un más allá." *Revista Nacional de Cultura* 228-231 (1977), 131-162.

Pellegrini, Aldo. "La poesía argentina contemporánea." *Davar* 123 (1970), 14-19.

Perednik, Jorge Santiago. "Prólogo" to *La nueva poesía argentina: durante la dictadura, 1976-1983* (Buenos Aires: Ediciones Calle Abajo, 1989), pp. V-XVI.

Rey de Guido, Clara. "Poesía popular libertaria y estética anarquista en el Río de la Plata." *Revista de Crítica Literaria Latinoamericana* 15: 29 (1989), 179-206.

Roggiano, Alfredo. "Situación y tendencias de la nueva poesía argentina." *Revista Interamericana de Bibliografía* 13 (1963), 3-29.

Romano, Eduardo. "Qué es eso de una generación del 40." *Cuadernos de Poesía* 1 (1966), 19-48.

Salas, Horacio. "Estudio preliminar," in his *Generación poética del sesenta* (Buenos Aires: Culturales Argentinas, 1975), pp. 7-38.

Salvador, Nélida. "Prólogo" to *La nueva poesía argentina* (Buenos Aires: Columba, 1969), pp. 15-53.

Silva, Mario Roberto. "La poesía tiene hijos nuevos: habla Buenos Aires." *Cuadernos Hispanoamericanos* 178 (1964), 158-161.

Sola, Graciela de. "Aproximaciones místicas en la nueva poesía argentina." *Cuadernos Hispanoamericanos* 219 (1968), 545-553.

Vera Ocampo, Raúl. "Algunos datos sobre la última poesía argentina." *Sur* 321 (1970), 125-143.

Yurkievich, Saúl. "Poesía argentina, 1945-1970." *Revista Nacional de Cultura* 198 (1971), 31-40.

BOLIVIA

Bibliographies

Vargas Portugal, Rubén. "Indice bibliográfico de libros de poesía bolivianos publicados entre 1960 y 1980," in Javier Sanjinés (ed.), *Tendencias actuales de la literatura boliviana* (Minneapolis, Minnesota: Institute for the Study of Ideologies and Literature, 1985), pp. 239-264.

Critical Studies

Books

Antezana, Luis. *Elementos de semiótica literaria.* La Paz: Instituto Boliviano de Cultura, 1977.
  [Includes texts on Oscar Cerruto and Eduardo Mitre.]
Castillo, Carmen. *Una visión personal de la poesía boliviana.* La Paz: Universidad Mayor de San Andrés, 1967.
Dragún, Alfonso Gumucio. *Provocaciones.* La Paz: Ediciones Los Amigos del Libro, 1977.
  [Includes interviews with Oscar Cerruto, Jaime Sáenz and Pedro Shimose.]
García Pabón, Leonardo and Wilma Torrico (eds.). *El paseo de los sentidos. Estudios de literatura boliviana contemporánea.* Prologue by Leonardo García Pabón; collaboration by Luis H. Antezana. La Paz: Instituto Boliviano de Cultura, 1983.
  [Includes texts on Oscar Cerruto, Eduardo Mitre and Pedro Shimose.]
Guzmán, Augusto. *Poetas y escritores de Bolivia.* La Paz-Cochabamba: Ediciones Los Amigos del Libro, 1975.
  [Includes text on Oscar Cerruto.]
————. *Biografías de la literatura boliviana.* La Paz: Ediciones Los Amigos del Libro, 1982.
  [Includes text on Oscar Cerruto.]
Ortega, José. *Letras bolivianas de hoy: Renato Prada y Pedro Shimose. Manual de bibliografía de la literatura boliviana.* Buenos Aires: F. García Cambeiro, 1973.
Sanjinés, Javier (ed.). *Tendencias actuales en la literatura boliviana.* Valencia/Minneapolis: Institute for the Study of Ideologies & Literature/ Instituto de Cine y Radio-Televisión, 1985.
  [Includes texts on Oscar Cerruto, Jaime Sáenz and Pedro Shimose.]

Essays

Mitre, Eduardo. "Cuatro poetas bolivianos contemporáneos [Oscar Cerruto, Pedro Shimose, Roberto Echazú and Eduardo Camargo]." *Revista Iberoamericana* 134 (1986), 139-163.
Ortega, José. "Narrativa y poesía bolivianas. Renato Prada y Pedro Shimose." *La Palabra y el Hombre* 24 (1977), 96-104.

CENTRAL AMERICA

Critical Studies

Books

Baeza Flores, Alberto. *Evolución de la poesía costarricense, 1954-1977.* San José: Editorial Costa Rica, 1978.
Echeverría Barrera, Romeo Amílcar. *Cinco temas educativos en la poesía centroamericana.* Guatemala: Ministerio de Educación Pública, 1960.
Guillén, Orlando. *Hombres como madrugadas: la poesía de El Salvador.* Barcelona: Anthropos, 1985.
  [Includes text on Roque Dalton.]
Monge, Carlos Francisco. *La imagen separada: modelos ideológicos de la poesía costarricense, 1950-1980.* San José: Ministerio de Cultura, 1984.
Morales, Beltrán. *Sin páginas amarillas.* Managua: Ediciones Nacionales, 1975.
  [Includes texts on Ernesto Cardenal and Carlos Martínez Rivas.]
Oviedo, José Miguel (ed.). *Musas en guerra. Poesía, arte y cultura en la nueva Nicaragua (1974-1986).* Mexico: Joaquín Mortiz, 1987.
  [Includes interview with Pablo Antonio Cuadra.]

Umaña, Helen. *Literatura hondureña contemporánea (ensayos)*. Tegucigalpa:
    Guaymuras, 1986.
    [Includes text on Roberto Sosa.]
Ycaza Tigerino, Julio. *La poesía y los poetas de Nicaragua*. Managua: Academia
    Nicaragüense de la Lengua, 1958.
    [Includes texts on Ernesto Cardenal and Pablo Antonio Cuadra.]
Zúñiga Díaz, Francisco. *El soneto en la poesía costarricense*. San José: Editorial
    Universitaria de Costa Rica, 1979.

Essays

Anitua, Santiago de. "La nueva poesía nicaragüense." *Cuadernos Hispanoamericanos* 34
    (1958), 296-315.
Arellano, Jorge Eduardo. "Ocho poetas mayores de Nicaragua: notas críticas." *Anales de
    Literatura Hispanoamericana* 14 (1985), 13-32.
————. "El movimiento nicaragüense de vanguardia." *Cuadernos Hispanoamericanos*
    468 (1989), 7-44.
Cardenal, Ernesto. "El grupo de vanguardia en Nicaragua." *Revista de Crítica Literaria
    Latinoamericana* 8: 15 (1982), 71-76.
Castañeda Batres, Oscar. "Panorama de la poesía hondureña." *Cuadernos Americanos* 20
    (1961), 240-292.
Cedrón, José Antonio. "Centroamérica: la poesía como destino manifiesto." *Plural* 202
    (1988), 28-32.
Correa Vázquez, Pedro. "Orígenes de la poesía panameña." *América Latina* 3 (1982),
    108-117.
Cuadra, Pablo Antonio. "Los poetas en la torre: memorias del movimiento de
    vanguardia." *Encuentro* 6 (1974), 83-98.
————. "Relaciones entre la literatura nicaragüense y la literatura francesa." *Caravelle*
    36 (1981), 75-86.
Fuentes, Napoleón. "Pasos de la poesía nicaragüense: antología." *Plural* 94 (1979), 5-
    15.
González, Otto Raúl. "Poesía contemporánea de Guatemala: los poetas de nuevo signo."
    Cuadernos Americanos 221: 6 (1978), 174-187.
———— and Humberto Alvarado. "Panorama de la poesía guatemalteca." *Cuadernos
    Americanos* 15 (1956), 217-236.
Gutiérrez, Ernesto. "Poesía nicaragüense actual." *Casa de las Américas* 120 (1980), 64-
    68.
Jiménez, Mayra. "Poesía en Solentiname." *Plural* 84 (1978), 28-33.
Rivera, Pedro. "Una visión general de la poesía panameña." *Casa de las Américas* 72
    (1972), 39-52.
Sierra, José Luis. "Poesía actual de Guatemala." *Cuadernos Hispanoamericanos* 397
    (1983), 81-100.
Soria, Giuliano Oreste. "Appunti sull'identità della poesia nicaraguense." *Quaderni Ibero-
    Americani* 63-64 (1988), 329-338.
Verani, Hugo. "Manifiestos de la vanguardia en Nicaragua." *Revista de Crítica Literaria
    Latinoamericana* 8: 15 (1982), 181-192.

CHILE

Bibliographies

Epple, Juan Armando. "Bibliografía básica sobre la poesía chilena 1964-1987," in Ricardo
    Yamal (ed.), *La poesía chilena actual (1960-1984) y la crítica* (Concepción, Chile:
    Lar, 1988), pp. 337-343.
Foster, David William. *Chilean Literature, a Working Bibliography of Secondary Sources*.
    Boston: G.K. Hall, 1978.
    [Includes bibliography on Nicanor Parra.]

Critical Studies

Books

Alegría, Fernando. *La poesía chilena*. Berkeley: University of California Press, 1954.
————. *Literatura chilena del siglo XX*. Santiago, Chile: Zig-Zag, 1962.
[Includes texts on Nicanor Parra and Gonzalo Rojas.]
————. *Las fronteras del realismo*. Santiago, Chile: Zig-Zag, 1962.
[Includes text on Nicanor Parra.]
Barros, Daniel. *Poesía sudamericana actual*. Madrid: Miguel Castelote Editor, 1972.
Bocaz, Luis. *Poesía chilena (1960-1965)*. Santiago, Chile: 1966.
Campos, Javier. *La joven poesía chilena en el periodo 1961-1973: Gonzalo Millán, Waldo Rojas, Oscar Hahn*. Minneapolis, Minnesota: Institute for the Study of Ideologies & Literature; Concepción, Chile: Ediciones Literatura Americana Reunida, 1987.
Cánovas, Rodrigo. *Lihn, Zurita, Ictus, Radrigán: literatura chilena y experiencia autoritaria*. Santiago, Chile: FLACSO, 1986.
Cecereu Lagos, Luis. *Aproximación estética a la literatura chilena*. Santiago, Chile: Aisthesis, 1981.
[Includes text on Nicanor Parra.]
Concha, Jaime. *Poesía chilena*. Santiago, Chile: Editora Nacional Quimantú, 1973.
Cortínez, Carlos and Omar Lara (eds.). *Poesía chilena (1960-1965)*. Santiago, Chile: Ediciones Trilce, 1966.
[Includes text on Enrique Lihn.]
Ferrero, Mario. *Escritores a trasluz*. Santiago, Chile: Editorial Universitaria, 1971.
Ibáñez Langlois, José Miguel. *Poesía chilena e hispanoamericana actual*. Santiago, Chile: Nascimento, 1975.
Kamenszain, Tamara. *El texto silencioso. Tradición y vanguardia en la poesía sudamericana*. Mexico: Universidad Nacional Autónoma de México, 1983.
Kupareo, Raimundo, et al. *La poesía y sus problemas en Chile*. Santiago, Chile: Pontificia Universidad Católica de Chile, 1970.
Lefebvre, Alfredo. *Poesía española y chilena*. Santiago, Chile: Editora del Pacífico, 1958.
Montes, Hugo. *Poesía actual de Chile y España*. Barcelona: Sayma, 1963.
————. *La lírica chilena de hoy*. Santiago, Chile: Zig-Zag, 1967.
Santana, Francisco. *Evolución de la poesía chilena*. Santiago, Chile: Nascimento, 1976.
Sepúlveda Llanos, Fidel, et al. *Aproximación estética a la literatura chilena: Donoso, Anguita, Parra, Huidobro*. Santiago, Chile: Pontificia Universidad Católica de Chile, 1983.
Villegas, Juan. *Interpretación de textos poéticos chilenos*. Santiago, Chile: Nascimento, 1977.
[Includes text on Nicanor Parra.]
————. *Estudios sobre poesía chilena*. Santiago, Chile: Nascimento, 1980.
[Includes text on Jorge Teillier.]
Yamal, Ricardo (ed.). *La poesía chilena actual (1960-1984) y la crítica*. Concepción, Chile: Lar, 1988.
[Includes texts on Oscar Hahn, Gonzalo Millán and Raúl Zurita.]

Essays

Alonso Martínez, María Nieves. "El espejo y la máscara de la antipoesía." *Revista Chilena de Literatura* 33 (1989), 47-60.
Bianchi, Soledad. "Poesía chilena joven: Una generación dispersa." *Literatura Chilena* 26 (1983), 12-16.
————. "Prólogo" to *Entre la lluvia y el arcoíris. Antología de jóvenes poetas chilenos* (Rotterdam: Instituto para el Nuevo Chile, 1983), pp. 5-25.
————. "Un mapa por completar: la joven poesía chilena." *Lar* 2-3 (1983), 20-21.

————. "La imagen de la ciudad en la poesía chilena reciente." *Revista Chilena de Literatura* 30 (1987), 171-187.

————. "Ya que estamos aquí aprendamos algo," in Ricardo Yamal (ed.), *La poesía chilena actual (1960-1984) y la crítica* (Concepción, Chile: Lar, 1988), pp. 195-209.

————. "Agrupaciones literarias de la década del sesenta." *Revista Chilena de Literatura* 33 (1989), 103-120.

Bocaz, Luis. "Reflexiones sobre la poesía chilena contemporánea: notas para una lectura ideológica." *Lar* 4-5 (1984), 32-42.

Camerón, Juan. "Crónica sincrónica," in Ricardo Yamal (ed.), *La poesía chilena actual (1960-1984) y la crítica* (Concepción, Chile: Lar, 1988), pp. 211-215.

Campos, Javier. "La poesía chilena joven en el periodo 1961-1973." *Araucaria de Chile* 34 (1984), 115-134. Also in *Cuadernos Hispanoamericanos* 415 (1985), 128-144. Reproduced in Ricardo Yamal (ed.), *La poesía chilena actual (1960-1984) y la crítica* (Concepción, Chile: Lar, 1988), pp. 19-49.

Carrasco Muñoz, Iván. "Poesía chilena en la última década, 1977-1987." *Revista Chilena de Literatura* 33 (1989), 31-46.

Coddou, Marcelo. "Poesía chilena en el exilio." *Araucaria de Chile* 14 (1981), 99-111.

————. "Poesía chilena en el exilio a la luz de ciertos conceptos líricos fundamentales." *Hispamérica* 29 (1981), 29-39.

Concha, Jaime. "La poesía chilena actual." *Cuadernos Americanos* 214: 5 (1977), 211-222. Also in *Literatura Chilena en el Exilio* 4 (1977), 9-13.

————. "Mapa de la nueva poesía chilena." *Eco* 240 (1981), 661-671. Reproduced in Ricardo Yamal (ed.), *La poesía chilena actual (1960-1984) y la crítica* (Concepción, Chile: Lar, 1988), pp. 73-85.

Contreras Bustamante, Marta. "Surrealismo en Chile." *Atenea* 452 (1985), 29-55.

Daydi-Tolson, Santiago. "La copa inagotable de Ganymedes: continuidad de la poesía chilena," in Ricardo Yamal (ed.), *La poesía chilena actual (1960-1984) y la crítica* (Concepción, Chile: Lar, 1988), pp. 243-262.

Dussuel Díaz, Francisco. "La nueva poesía de Chile." *Atenea* 392 (1962), 98-108.

Epple, Juan Armando. "Trilce y la nueva poesía chilena." *Literatura Chilena en el Exilio* 9 (1979), 7-10.

————. "The New Territories of Chilean Poetry," introduction to Steven White (ed.), *Poets of Chile, 1965-1984* [anthology] (Greensboro, NC: Unicorn Press, 1986), pp. I-VIII. Reproduced in Spanish as "Nuevos territorios de la poesía chilena," in Ricardo Yamal (ed.), *La poesía chilena actual (1960-1984) y la crítica* (Concepción, Chile: Lar, 1988), pp. 51-71.

Ferrero, Mario. "Problemática de la joven poesía chilena." *Aisthesis* 5 (1970), 175-182.

Ivelic Kusanovic, Radoslav. "Lo no-poético en la poesía." *Aisthesis* 5 (1970), 81-98.

Jara, Alejandro. "Apuntes para un estudio de la nueva poesía chilena." *Proposiciones* 8 (1983), 63-85.

Lastra, Pedro. "Las actuales promociones poéticas," in *Estudios de lengua y literatura como humanidades* (Santiago, Chile: Nascimento, 1960), pp. 115-126.

Lihn, Enrique. "El surrealismo en Chile." *Atenea* 423 (1970), 91-96.

————. "Veinte años de poesía chilena." *Textual* 4 (1972), 64-68.

Lora Risco, Alejandro. "La poesía chilena de una nueva generación." *Mundo Nuevo* 35 (1969), 69-70.

Lyon, Ted. "Presentación de la generación chilena del '38: una perspectiva de cincuenta años." *Ibero-Amerikanisches Archiv*. 15: 1 (1989), 19-32.

Macías, Sergio. "Una breve aproximación a los 16 años de poesía chilena, 1973-1989." *Cuadernos Hispanoamericanos* 482-483 (1990), 177-196.

Müller-Bergh, Klaus. "De Agú y anarquía a la *Mandrágora*: notas para la génesis, la evolución y el apogeo de la vanguardia en Chile." *Revista Chilena de Literatura* 31 (1988), 33-61.

Nómez, Naín. "Ruptura y continuidad en la poesía chilena actual." *Literatura Chilena* 26 (1983), 5-9.

Quezada, Jaime. "Algo necesario que decir," prologue to his anthology *Poesía joven de Chile* (Mexico: Siglo XXI, 1973), pp. 7-10.

Rosasco, José Luis. "Poesía joven: la generación del setenta." *Atenea* 436 (1977), 79-109.

Villegas, Juan. "Poesía chilena actual: censura y procedimientos poéticos." *Hispamérica* 34-35 (1983), 145-154.

————. "Oyente lírico y clases sociales en la poesía chilena." *Revista Iberoamericana* 135-136 (1986), 463-473.

————. "El nuevo discurso lírico femenino chileno," in Ricardo Yamal (ed.), *La poesía chilena actual (1960-1984) y la crítica* (Concepción, Chile: Lar, 1988), pp. 217-242.

Yankas, Lautaro. "La poesía del mar chileno." *Cuadernos Hispanoamericanos* 314-315 (1976), 371-396.

Zurita, Raúl. "Chile: Literatura, lenguaje y sociedad (1973-1983)," in Hernán Vidal (ed.), *Fascismo y experiencia literaria: Reflexiones para una recanonización* (Minneapolis: Institute for the Study of Ideologies & Literature, 1985), pp. 299-331.

COLOMBIA

Bibliographies

Orjuela, Héctor H. *Bibliografía de la poesía colombiana.* Bogotá: Instituto Caro y Cuervo, 1971.

Critical Studies

Books

Camacho, Eduardo. *Sobre literatura colombiana e hispanoamericana.* Bogotá: Instituto Colombiano de Cultura, 1978.
[Includes texts on Fernando Charry Lara and Alvaro Mutis.]

Carranza, Eduardo. *Visión estelar de la poesía colombiana.* Bogotá: Banco Popular, 1986.
[Includes texts on Fernando Charry Lara and Jorge Gaitán Durán.]

Carranza, María Mercedes. *Manual de literatura colombiana.* Bogotá: Procultura, Planeta, 1988.
[Includes text on Giovanni Quessep.]

Charry Lara, Fernando. *Lector de poesía.* Bogotá: Instituto Colombiano de Cultura, 1975.
[Includes texts on Eduardo Carranza, Jorge Gaitán Durán and Alvaro Mutis.]

————. *Poesía y poetas colombianos.* Bogotá: Procultura, Presidencia de la República, 1985.
[Includes texts on Eduardo Carranza, Jorge Gaitán Durán and Alvaro Mutis.]

Cobo Borda, Juan Gustavo. *Poesía colombiana.* Medellín, Colombia: Universidad de Antioquia, 1987.
[Includes texts on Eduardo Carranza, Fernando Charry Lara, Jorge Gaitán Durán and Alvaro Mutis.]

————. *Manual de literatura colombiana.* Bogotá: Procultura/Planeta, 1988.
[Includes texts on Fernando Charry Lara and Alvaro Mutis.]

Holguín, Andrés. *La poesía inconclusa y otros ensayos.* Bogotá: Instituto Colombiano de Cultura, 1980.

Mejía Duque, Jaime. *Momentos y opciones de la poesía en Colombia, 1890-1978.* Bogotá: Ineeditos, 1980.

Romero, Armando. *Las palabras están en situación. Un estudio de la poesía colombiana de 1940-1960.* Bogotá: Procultura, Presidencia de la República, 1985.
[Includes texts on Fernando Charry Lara, Jorge Gaitán Durán and Alvaro Mutis.]

————. *El nadaísmo colombiano o la búsqueda de una vanguardia perdida.* Bogotá: Tercer Mundo Editores, 1988.

Essays

Alvarado Tenorio, Harold. "Una generación desencantada: los poetas de los años setenta." *Anales de la Literatura Hispanoamericana* 14 (1985), 33-46.

Alvarez Restrepo, Antonio. "Eduardo Carranza y la poesía colombiana." *Boletín de la Academia Colombiana* 153 (1986), 163-181.

Araújo, Helena. "Algunos post-nadaístas." *Revista Iberoamericana* 128-129 (1984), 821-837.

Calzadilla, Juan and Raúl Henao. "Nuevos poetas colombianos: nota y selección." *Revista Nacional de Cultura* 251 (1983), 169-187.

Carranza, María Mercedes. "Colombia: poesía posterior al nadaísmo." *Eco* 250 (1982), 337-360. Also in Revista Iberoamericana 128-129 (1984), 799-819.

Charry Lara, Fernando. "Seis poetas colombianos." *Revista Nacional de Cultura* 233 (1977), 176-188.

—————. "Poesía colombiana del siglo XX." *Eco* 214 (1979), 337-370.

—————. "Los poetas de *Los Nuevos*." *Revista Iberoamericana* 128-129 (1984), 633-681.

Cobo Borda, Juan Gustavo. "La nueva poesía colombiana: un oficio subversivo, 1970-1980." *Eco* 221 (1980), 493-510.

—————. "Dos décadas de poesía colombiana." *Eco* 258 (1983), 617-639.

García Maffla, Jaime. "Medio siglo de poesía en Colombia." *Revista Nacional de Cultura* 233 (1977), 189-226.

—————. "El movimiento poético de 'Piedra y cielo'." *Revista Iberoamericana* 128-129 (1984), 683-688.

Jaramillo, Darío. "Notas introductorias para una (im)posible antología de la poesía colombiana." *Eco* 214 (1979), 425-441.

—————. "Crónica de la poesía colombiana." *Eco* 238 (1981), 366-392.

—————. "La poesía nadaísta." *Revista Iberoamericana* 128-129 (1984), 757-798.

Jamarillo Giraldo, Samuel. "Cinco tendencias en la poesía post-nadaísta en Colombia." *Eco* 224-226 (1980), 371-393.

Lagos Castro, Ramiro. "Ciclos de la poesía colombiana contemporánea." *Anales de Literatura Hispanoamericana* 17 (1988), 29-39.

Madrid-Malo, Néstor. "El mar en la poesía colombiana." *Revista Interamericana de Bibliografía* 26: 3 (1976), 269-281.

Maya, Rafael. "Reseña sintética de la poesía colombiana." *Boletín Cultural y Bibliográfico* 14: 1 (n.d.), 16-29.

Romero, Armando. "Los poetas de *Mito*." *Revista Iberoamericana* 128-129 (1984), 689-755.

—————. "Los cuadernícolas: la poesía colombiana de los años '40." *Texto Crítico* 30 (1984), 78-103.

CUBA

Bibliographies

Foster, David William. *Cuban Literature. A Research Guide*. New York: Garland, 1985. [Includes bibliographies on Eliseo Diego, Roberto Fernández Retamar, José Kozer, José Lezama Lima, Heberto Padilla and Cintio Vitier.]

Montes Huidobro, Matías and Yara González. *Bibliografía crítica de la poesía cubana: exilio, 1959-1971*. New York: Plaza Mayor, 1972.

Critical Studies

Books

Cohen, J.M. [John Michael] *En tiempos difíciles; poesía cubana de la Revolución.*
    Barcelona: Tusquets, 1970.
    [Includes texts on Eliseo Diego, Roberto Fernández Retamar, José Lezama Lima,
    Heberto Padilla and Cintio Vitier.]
Fernández Retamar, Roberto. *La poesía contemporánea en Cuba (1927-1953).* Havana:
    Orígenes, 1954.
    [Includes texts on Eliseo Diego, José Lezama Lima and Cintio Vitier.]
Jiménez, José Olivio. *Estudios sobre poesía cubana contemporánea.* New York: Las
    Américas, 1967.
    [Includes text on Roberto Fernández Retamar.]
Linares Pérez, Marta. *La poesía pura en Cuba y su evolución.* Madrid: Playor, 1975.
Martínez Laínez, Fernando. *Palabra cubana.* Madrid: Akal Editor, 1975.
Muñoz, Elías Miguel. *Desde esta orilla: poesía cubana del exilio.* Madrid: Betania, 1988.
Prats Sariol, José. *Estudios sobre poesía cubana.* Havana: Unión de Escritores y Artistas
    de Cuba, 1980.
    [Includes texts on Eliseo Diego and Roberto Fernández Retamar.]
Sender, Ramón (ed.). *Escrito en Cuba: cinco poetas disidentes.* Madrid: Playor, 1978.
Vitier, Cintio. *Lo cubano en la poesía.* Havana: Instituto Cubano del Libro, 1970.
    [Includes texts on Eliseo Diego and José Lezama Lima.]
————. *Crítica sucesiva.* Havana: Instituto Cubano del Libro, 1971.
    [Includes texts on Eliseo Diego and Roberto Fernández Retamar.]

Essays

Alvarez Bravo, Armando. "La poesía cubana: realidad por la invención y la distancia."
    Escandalar 5: 1-2 (1982), 148-149.
Alvarez, Federico. "Cuba hoy: poesía." *Insula* 260-261 (1968), 1, 23.
Arango Uribe, Arturo. "¿Existe una nueva poesía social?" *La Palabra y el Hombre* 66
    (1988), 53-59.
Arrom, José Juan. "Cuba: polaridades de su imagen poética." *Acta Literaria* 17 (1975),
    3-41.
Branly, Roberto. "Panorama de la joven poesía revolucionaria cubana (1959-1963)."
    Lanza y Letras 1 (1967), 79-105.
Bueno, Salvador. "El negro en la poesía cubana." *Revista de la Biblioteca Nacional José
    Martí* 23: 3 (1981), 71-105.
Cardenal, Ernesto. "Presentación" to *Poesía cubana de la revolución* (Mexico:
    Extemporáneos, 1976), pp. 11-19.
Díaz Martínez, Manuel. "Poesía cubana de hoy." *Revista Canadiense de Estudios
    Hispánicos* 13: 1 (1988), 111-125.
Diego, Eliseo. "Poesía cubana contemporánea." *Plural* 122 (1981), 22-29.
Fernández Retamar, Roberto. "Para presentar Poesía joven de Cuba," in *Papelería* (Santa
    Clara: Universidad Central de Las Villas, 1962), pp. 217-222.
————. "Sobre poesía y revolución en Cuba," in *Ensayo de otro mundo* (Santiago,
    Chile: Editorial Universitaria, 1969), pp. 70-81.
García Marruz, Fina. "Introducción a un debate sobre la poesía joven cubana." *Areito* 27
    (1981), 14-18.
González Pérez, Armando. "Tres momentos en la poesía afrocubana." *Quaderni Ibero-
    Americani* 51-52 (1978-1979), 153-163.
Goytisolo, José Agustín. "Estudio preliminar" to *Nueva poesía cubana: antología poética*
    (Barcelona: Península, 1970), pp. 5-36.
Herrera Ysla, Nelson. "Nota de presentación," in *Poesía por la victoria* (Havana: Letras
    Cubanas, 1981), pp. 5-7.
Lezama Lima, José. "Alrededores de una antología." *Orígenes* 31 (1952), 63-68.
López, César. "En torno a la poesía cubana actual." *Unión* 6: 4 (1967), 186-198.

López Lemus, Virgilio. "Una introducción a la poesía cubana." *Revista de la Biblioteca Nacional José Martí* 26: 2 (1984), 101-135.

López Morales, Eduardo. "Contribución crítica al estudio de la primera generación poética de la revolución cubana." *Casa de las Américas* 147 (1984), 12-36.

López Morales, Humberto. "Introducción," to *Poesía cubana contemporánea; un ensayo de antología* (New York: Las Américas, 1967), pp. 5-18.

Mario, José. "Novísima poesía cubana." *Mundo Nuevo* 38 (1969), 63-69.

Mateo Palmer, Margarita and Alfredo Prieto González. "El 'tema negro' en la poesía de la revolución cubana." *América Latina* 6 (1988), 72-76.

Randall, Margaret. "Introduction" to *Estos cantos habitados. These Living Songs: Fifteen New Cuban Poets* (Fort Collins, Colorado: Colorado State Review Press, 1978), pp. I-XXV.

Rodríguez Núñez, Víctor. "Hacia una poesía cubana." *Plural* 135 (1982), 20-23.

Rodríguez Padrón, Jorge. "Nueva poesía cuabana." *Cuadernos Hispanoamericanos* 273 (1973), 616-623.

Rodríguez Rivera, Guillermo. "En torno a la joven poesía cuabana." *Unión* 17: 2 (1978), 63-80.

Rodríguez Sardiñas, Orlando. "Prólogo" to *La última poesía cubana; antología reunida, 1959-1973* (Madrid: Hispanova, 1973), pp. 7-39.

Salgado, María Antonia. "En torno a la expresión poética femenina de *La generación de los años '50* en Cuba." *Confluencia* 3: 1 (1987), 113-121.

DOMINICAN REPUBLIC

Bibliographies

Olivera, Otto. *Bibliografía de la literatura dominicana (1960-1982)*. Lincoln: University of Nebraska at Lincoln, 1984.

Critical Studies

Books

Alcántara Almanzar, José. *Estudios de poesía dominicana.* Santo Domingo: Editorial Alfa y Omega, 1979.
[Includes text on Pedro Mir.]

Baeza Flores, Alberto. *La poesía dominicana en el siglo XX.* Santiago, Dominican Republic: Universidad Católica Madre y Maestra, 1977.
————. *Los poetas dominicanos del '65: una generación importante y distinta.* Santo Domingo: Biblioteca Nacional, 1984.

Céspedes, Diógenes. *Seis ensayos sobre poética latinoamericana.* Santo Domingo: Taller, 1983.
————. *Lenguaje y poesía en Santo Domingo en el siglo XX.* Santo Domingo: Editora Universitaria, 1985.

Hernández Rueda, Lupo. *La generación del 48 en la literatura dominicana.* Santiago, Dominican Republic: Universidad Católica Madre y Maestra, 1981.
[Includes text on Pedro Mir.]

Pérez, Carlos Federico. *Evolución poética dominicana.* 2nd. ed., Santo Domingo: Taller, 1987.

Piña Contreras, Guillermo. *Doce en la literatura dominicana.* Santiago, Dominican Republic: Universidad Católica Madre y Maestra, 1982.
[Includes interview with Pedro Mir.]

Rosario Candelier, Bruno. *Lo popular y lo culto en la poesía dominicana.* Santiago, Dominican Republic: Universidad Católica Madre y Maestra, 1977.
————. *La creación mitopoética: símbolos y arquetipos en la lírica dominicana.* Santiago, Dominican Republic: Universidad Católica Madre y Maestra, 1989.

Essays

Baeza Flores, Alberto. "Notas marginales a los poetas dominicanos de la generación del 1965, ampliadas." *Revista Iberoamericana* 142 (1988), 153-170.
Davis, James J. "Ritmo poético, negritud y dominicanidad." *Revista Iberoamericana* 142 (1988), 171-186.
Rosario Candelier, Bruno. "Lo popular y lo culto en la poesía dominicana." *Cuadernos Hispanoamericanos* 451-452 (1988), 73-86.

ECUADOR

Bibliographies

Bibliografía de autores ecuatorianos. Quito: Biblioteca Nacional, 1978.
Romero Arteta, Oswaldo E. "La literatura ecuatoriana en las tesis doctorales de las universidades norteamericanas desde 1943 a 1985." *Revista Iberoamericana* 144-145 (1988), 1011-1018.
Sacoto, Antonio. "Fuentes para un estudio de la literatura ecuatoriana." *Revista Iberoamericana* 144-145 (1988), 1001-1009.

Critical Studies

Astudillo y Astudillo, Rubén. "Los nuevos poetas ecuatorianos." *Revista Nacional de Cultura* 238 (1978), 86-117.
Carvallo Castillo, Ignacio. "Panorama de la nueva poesía ecuatoriana." *Cuadernos Hispanoamericanos* 57 (1964), 133-146.
Estrella, Ulises. "Los Tzántzicos: poesía de la indignación." *Hispamérica* 3 (1973), 81-85.
García Salazar, Juan. "Black Poetry of Coastal Ecuador." *Grassroots Development* 8: 1 (1984), 30-37.
Larrea Borja, Piedad. "Boceto de poesía ecuatoriana." *Anales de Literatura Hispanoamericana* 1 (1972), 53-86.
Luna, Violeta. *La lírica ecuatoriana actual: guía de análisis literario.* Guayaquil: Casa de la Cultura Ecuatoriana, 1973.
Pesántez Rodas, Rodrigo. *Poesía de un tiempo: la generación del 60.* Guayaquil: Casa de la Cultura Ecuatoriana, 1974.
Noboa Arizaga, Enrique. "La generación poética ecuatoriana de 1944." *Letras de Ecuador* 149 (1971), supplement, 1-4.
Rodríguez Castelo, Hernán. "Primera aproximación al grupo generacional 'ELAN'." *Letras de Ecuador* 154 (1973), 15.
————. "La lírica ecuatoriana en la segunda mitad del siglo XX: panorama generacional, tendencias, temas y procedimientos." *Cultura* (Banco Central del Ecuador) 3 (1979), 201-262.
————. "La poesía ecuatoriana 1970-1985." *Revista Iberoamericana* 144-145 (1988), 819-849.
Ruiz Martínez, Luis Honorio. *La renovación poética en el Ecuador.* Ibarra: Imprenta Municipal, 1969.

MEXICO

Bibliographies

Foster, David William. *Mexican Literature. A Bibliography of Secondary Sources* Metuchen, N.J.: Scarecrow Press, 1981.

[Includes bibliographies on Homero Aridjis, Rubén Bonifaz Nuño, Rosario
Castellanos, Efraín Huerta, Marco Antonio Montes de Oca, José Emilio Pacheco,
Octavio Paz and Jaime Sabines.]
Lara, Josefina (comp.). *Diccionario bio-bibliográfico de escritores contemporáneos de
México*. Mexico: Instituto Nacional de Bellas Artes, Brigham Young University,
1988.
[Writers born between 1930 and 1960.]
Ocampo, Aurora and Ernesto Prado Velázquez. *Diccionario de escritores mexicanos*.
Mexico: Universidad Nacional Autónoma de México, 1967. See 2nd. expanded
edition, vol. 1 (A-CH), Mexico: Universidad Nacional Autónoma de México, 1989.
[1st. editiopn includes bibliographies on Homero Aridjis, José Carlos Becerra, Rubén
Bonifaz Nuño, Rosario Castellanos, Francisco Cervantes, Alí Chumacero, Efraín
Huerta, Marco Antonio Montes de Oca, José Emilio Pacheco, Octavio Paz, Jaime
Sabines and Tomás Segovia; 2nd. edition, vol. 1 (A-CH), expands respective authors
and adds bibliographies on Alberto Blanco, Coral Bracho and Elsa Cross.]

Critical Studies

Books

Blanco, José Joaquín. *Crónica de la poesía mexicana*. 2nd. ed., Mexico: Universidad
Autónoma de Sinaloa, 1978.
[Includes texts on José Carlos Becerra, Rubén Bonifaz Nuño, Rosario Castellanos,
Alí Chumacero, Gerardo Deniz, David Huerta, Efraín Huerta, Eduardo Lizalde, José
Emilio Pacheco, Octavio Paz, Jaime Sabines and Tomás Segovia.]
Carballo, Emmanuel. *Diecinueve protagonistas de la literatura mexicana del siglo XX*.
Mexico: Empresas Editoriales, 1965.
[Includes text on Rosario Castellanos.]
Dauster, Frank. *Breve historia de la poesía mexicana*. Mexico: Andrea, 1956.
————. *Ensayos sobre poesía mexicana*. Mexico: Andrea, 1963.
————. *The Double Strand. Five Contemporary Mexican Poets*. Lexington: The
University Press of Kentucky, 1987.
[Includes texts on Rubén Bonifaz Nuño, Rosario Castellanos, Alí Chumacero, Efraín
Huerta and Jaime Sabines.]
Fernández, Jesse and Norma Klahn (comps.). *Lugar de encuentro. Ensayos críticos sobre
poesía mexicana actual*. Mexico: Katún, 1987.
[Includes texts on Homero Aridjis, José Carlos Becerra, Rubén Bonifaz Nuño,
Rosario Castellanos, Alí Chumacero, Efraín Huerta, Eduardo Lizalde, Marco Antonio
Montes de Oca, José Emilio Pacheco, Octavio Paz and Jaime Sabines.]
Forster, Merlin H. and Julio Ortega (eds.). *De la crónica a la nueva narrativa mexicana.
Coloquio sobre literatura mexicana*. Mexico: Oasis, 1986.
[Includes texts on Rosario Castellanos, José Emilio Pacheco and Octavio Paz.]
García Ponce, Juan. *Las huellas de la voz*. Mexico: Edit. Coma, 1982.
[Includes text on Rubén Bonifaz Nuño.]
González Guerrero, Francisco. *En torno a la literatura mexicana*. Mexico: SepSetentas,
1976.
[Includes text on Rosario Castellanos.]
Leiva, Raúl. *Imagen de la poesía mexicana contemporánea*. Mexico: Universidad
Nacional Autónoma de México, 1959.
[Includes texts on Rubén Bonifaz Nuño, Rosario Castellanos, Alí Chumacero, Efraín
Huerta, Octavio Paz and Jaime Sabines.]
Lizalde, Eduardo. *Autobiografía de un fracaso: el poeticismo*. Mexico: Martín Casillas
Editores, 1981.
Miller, Beth. *Mujeres en la literatura*. Mexico: Fleischer, 1978.
[Includes text on Rosario Castellanos.]
Phillips, Allen. *Cinco estudios sobre literatura mexicana moderna*. Mexico: Secretaría de
Educación Pública, 1974.

Robles, Martha. *La sangre fugitiva. Escritoras en la cultura nacional.* Vol. III. Mexico: Universidad Nacional Autónoma de México, 1986.
[Includes text on Rosario Castellanos.]
Schneider, Luis Mario. *México y el surrealismo (1925-1950).* Ottawa: Girol Books, 1980.
Selva, Mauricio de la. *Algunos poetas mexicanos.* Mexico: Finisterre, 1971.
Wong, Oscar. *Eso que llamamos poesía.* Mexico: Casa de la Cultura del Estado de México, 1974.
[Includes text on José Carlos Becerra.]
————. *La salvación y la ira: nueva poesía mexicana.* Mexico: Claves Latinoamericanas, 1986.
Xirau, Ramón. *Poetas de México y de España.* Madrid: Ediciones de José Porrúa Turanzas, 1962.
[Includes texts on Rubén Bonifaz Nuño, Rosario Castellanos, Alí Chumacero, Marco Antonio Montes de Oca, Octavio Paz, Jaime Sabines and Tomás Segovia.]
————. *Mito y poesía.* Mexico: Universidad Nacional Autónoma de México, 1973.
[Includes texts on Homero Aridjis and José Carlos Becerra.]
Zaid, Gabriel. *Leer poesía.* Mexico: Joaquín Mortiz, 1972.
[Includes texts on Rubén Bonifaz Nuño, José Emilio Pacheco and Jaime Sabines.]

Essays

Aguilar, Ricardo. "Efraín Huerta and the New School of Mexican Poets." *Latin American Literary Review* 11: 22 (1983), 41-55.
Arellano, Jesús. "Poesía mexicana en 1956." *Metáfora* 14 (1957), 10-16.
Borgeson, Paul W. "'La Espiga Amotinada' y la poesía mexicana." *Revista Iberoamericana* 148-149 (1989), 1177-1190.
Carballo, Emmanuel. "La novísima poesía mexicana." *El Gallo Ilustrado* de *El Día* 981 (5 April 1981).
Carvajal Dávila, Rogelio. "Poetas mexicanos recientes: ¿Los jóvenes, los mejores?" *Plural* 8: 89 (1979), 43-49.
Cohen, Sandro. "Prólogo" to his anthology *Palabra nueva: dos décadas de poesía en México (1960-1980)* (Mexico: Premiá, 1981), pp. 9-30.
————. "El verso no tiene la culpa." *Casa del Tiempo* 49-50 (1985), 11-14.
Dauster, Frank. "Poetas mexicanos nacidos en las décadas de 1920, 1930 y 1940." *Revista Iberoamericana* 148-149 (1989), 1161-1175.
Durán, Manuel. "La poesía mexicana de hoy." *Revista Iberoamericana* 76-77 (1971), 741-751.
————. "Las revistas 'Taller' y 'Tierra Nueva', nueva generación, nuevas inquietudes." *Revista Iberoamericana* 148-149 (1989), 1151-1160.
Escalante, Evodio. "La tradición radical en la poesía mexicana, 1952-1984." *Casa del Tiempo* 49-50 (1985), 15-31.
————. "Prólogo" to his anthology *Poetas de una generación, 1950-1959* (Mexico: Universidad Nacional Autónoma de México, Premiá, 1988), pp. 7-17.
Feustle, Joseph. "Juan Ramón Jiménez y la poesía mexicana." *Revista Iberoamericana* 123-124 (1983), 563-570.
Fogelquist, Donald F. "Un tema en la poesía mejicana." *Cuadernos Hispanoamericanos* 355 (1980), 167-177.
García Ponce, Juan. "Viaje superficial por la poesía mexicana de hoy," in *Cinco ensayos* (Guanajuato, Mexico: Universidad de Guanajuato, 1969), pp. 7-30.
González de León, Jorge. "De cerca, de lejos." *Casa del Tiempo* 49-50 (1985), 51-52.
González Salas, Carlos. "La poesía mexicana actual." *Cuadernos Hispanoamericanos* 104 (1958), 22-31.
Huerta, David. "Figuraciones de la pirámide. Una década de poemas mexicanos: 1970-1980." *Camp de L'Arpa* 74 (1980), 14-19.
Labastida, Jaime. "Prólogo" to *El amor, el sueño y la muerte en la poesía mexicana* [Anthology] (Mexico: Instituto Politécnico Nacional, 1969), pp. 15-131. Also 2nd. ed. (Mexico: Novaro, 1974), pp. 7-82.

————. "La poesía mexicana, 1965-1976." *Revista de la Universidad de México* 30: 12 (1976), 2-9.

Lagos, Ramiro.   "La expresión amotinada de la poesía mexicana."   *Cuadernos Hispanoamericanos* 310 (1976), 133-143.

Mansour, Mónica. "Otra dimensión de nuestra poesía." *La Palabra y el Hombre* 2 (1972), 33-39.

Mejía Valera, Manuel. "Poetas jóvenes de México." *Revista de la Universidad de México* 27: 4 (1972), 44-45.

Mendiola, Víctor Manuel and Manuel Ulacia.   "Prólogo" to *La sirena en el espejo. Antología de la nueva poesía mexicana* (Mexico: El Tucán de Virginia, Universidad Nacional Autónoma de México, 1990), pp. V-XVI.

Mondragón, Sergio. "Cinco poetas mexicanos." *Américas* 15: 11 (1963), 7-12.

Monjarás Ruiz, Víctor. "Testar las islas. Una revisión de la nueva poesía en México." *Casa del Tiempo* 49-50 (1985), 77-81.

Monsiváis, Carlos. "Prólogo" to *La poesía mexicana del siglo XX* [Anthology] (Mexico: Empresas Editoriales, 19660, pp. 9-154.

Pacheco, José Emilio. "Aproximación a la poesía mexicana del siglo XX." *Hispania* 48 (1965), 209-219.

Paz, Octavio. "Prólogo" to *Poesía en movimiento* [Anthology] (Mexico: Siglo XXI, 1966), pp. 3-34.

Quirarte, Vicente. "Reconstrucción en el caos: Territorios de la joven poesía mexicana; generación 1950-1960." *México en el Arte* 10 (1985), 25-32.

Santiago, Mario. "Seis jóvenes infrarrealistas mexicanos." *Plural* 6: 3 (1976), 31-37.

Serrano, Pedro. "Por una literatura joven." *Casa del Tiempo* 49-50 (1985), 74-76.

Silva Villalobos, Antonio. "Un aspecto de la poesía actual." *Metáfora* 1 (1955), 9-14.

Vallarino, Roberto. "Algunas ideas sueltas sobre la literatura mexicana de hoy." *Casa del Tiempo* 49-50 (1985), 66-70.

Vargas, Rafael. "El espejo sin la sombra." *Casa del Tiempo* 49-50 (1985), 4-10.

————. "Nuevas voces de la poesía mexicana: seis casos." *Revista Iberoamericana* 148-149 (1989), 1195-1207.

Velázquez, Jaime. "La nueva poesía mexicana: multiplicidad y divergencias." *El Gallo Ilustrado* de *El Día* 989 (31 May 1981), 2-21.

Wong, Oscar. "Poesía joven: augurios y perspectivas." *Plural* 123 (1981), 52-61.

————. "La década de los setenta." *La Palabra y el Hombre* 42 (1982), 87-91.

————. "La mujer en la poesía mexicana." *Plural* 131 (1982), 54-59.

PARAGUAY

Critical Studies

Carlisle, Charles Richard. "Lo contemporáneo de diez poetas paraguayos." *Estudios Paraguayos* 2 (1974), 141-154.

Marcos, Juan Manuel. "No canteis más, poetas: en torno al postmodernismo paraguayo." *Cuadernos Americanos* 248: 3 (1983), 201-220.

Pérez-Maricevich, Francisco.   *La poesía y la narrativa en el Paraguay.*   Asunción, Paraguay: Editorial del Centenario, 1969.

Rodríguez Alcalá, Hugo.   *Korn, Romero, Güiraldes, Unamuno, Ortega, literatura paraguaya y otros ensayos.* Mexico: Ediciones de Andrea, 1958.
   [Includes text on Elvio Romero.]

————. *Historia de la literatura paraguaya.* Asunción, Paraguay: Colegio de San José, 1971.
   [Includes text on Elvio Romero.]

————. "El vanguardismo en el Paraguay." *Revista Iberoamericana* 118-119 (1982), 241-255.

PERU

Bibliographies

Cabel, Jesús. *Bibliografía de la poesía peruana, 1965-1979*. Lima: Amaru, 1980.
————. *Bibliografía de la poesía peruana, 1980-1984*. Lima: Ediciones de la Biblioteca Universitaria, 1986.
Foster, David William. *Peruvian Literature: A Bibliography of Secondary Sources*. Westport, Connecticut: Greenwood Press, 1981.
    [Includes bibliographies on Carlos Germán Belli, Antonio Cisneros and Javier Heraud.]
González Vigil, Ricardo. *Poesía peruana. Antología general.* Vol. II. *De Vallejo a nuestros días*. Lima: Edubanco, 1984.
    [Includes bibliographies on Carlos Germán Belli, Antonio Cisneros, Jorge Eduardo Eielson, Javier Heraud, Javier Sologuren, Blanca Varela, Enrique Verástegui and Emilio Adolfo Westphalen.]

Critical Studies

Books

Cabel, Jesús. *Fiesta prohibida: apuntes para una interpretación de la nueva poesía peruana 1960-1980*. Lima: Ediciones Sagsa, 1986.
    [Includes texts on Antonio Cisneros, Javier Heraud and Enrique Verástegui.]
Cevallos Mesones, Leónidas (ed.). *Los nuevos.* Lima: Editorial Universitaria, 1967.
    [Includes text on Antonio Cisneros.]
Eielson, Jorge Eduardo; Sebastián Salazar Bondy and Javier Sologuren. *La poesía contemporánea del Perú*. Lima: Cultura Antártica, 1946.
Escobar, Alberto. *El imaginario nacional: Moro, Westphalen, Arguedas: Una formación literaria*. Lima: Instituto de Estudios Peruanos, 1989.
Higgins, James. *The Poet in Peru*. Liverpool: Francis Cairns, 1982.
    [Includes texts on Carlos Germán Belli and Antonio Cisneros.]
————. *A History of Peruvian Literature*. Liverpool: Francis Cairns, 1987.
    [Includes texts on Carlos Germán Belli, Antonio Cisneros, Jorge Eduardo Eielson, Javier Heraud, Javier Sologuren, Blanca Varela, Enrique Verástegui and Emilio Adolfo Westphalen.]
Paoli, Roberto. *Estudios sobre literatura peruana contemporánea*. Florence: Università degli Studi di Firenze, 1985.
    [Includes texts on Carlos Germán Belli, Jorge Eduardo Eielson, Javier Sologuren, Blanca Varela and Emilio Adolfo Westphalen.]
Tamayo Vargas, Augusto. *La poesía contemporánea en el Perú*. Lima: Universidad Nacional de Ingeniería, 1962.

Essays

Arias Larreta, Abraham. "Realidad lírica peruana." *Revista Iberoamericana* 7 (1941), 53-87.
Cardona, José Manuel. "La poesía peruana actual." *Acta Salamanticensia* (Salamanca) 10: 1 (1956), 243-247.
Cevallos Mesones, Leónidas. "Presentación" to *Los Nuevos* (Lima: Editorial Universitaria, 1967), pp. 7-12.
Chirinos, Eduardo. "Vallejo y la poesía peruana, 1950-1970." *Cuadernos Hispanoamericanos* 454-455 (1988), 167-180.
Escobar, Alberto. "Prólogo" to *Antología de la poesía peruana* (Lima: Peisa, 1973), pp. 7-15.
Fox-Lockert, Lucía. "La mujer como motivo de la poesía peruana," in *El rostro de la patria en la literatura peruana* (Buenos Aires: Continente, 1970), pp. 16-31.

Gutiérrez, Marco. "Breve panorama de la poesía peruana actual." *Insula* 202 (1963), 11.

Higgins, James. "Los poetas enajenados." *Insula* 332-333 (1974), 7, 10.

Lauer, Mirko. "La poesía vanguardista en el Perú." *Revista de Crítica Literaria Latinoamericana* 8: 15 (1982), 77-86.

Monguió, Luis. "Muestra de la nueva poesía peruana." *Hispamérica* 20 (1978), 153-157.

Núñez, Estuardo. "La recepción del surrealismo en el Perú," in *Surrealismo/ surrealismos: Latinoamérica y España* (Philadelphia: University of Pennsylvania, 1978), pp. 40-48.

————. "El sentimiento de la naturaleza en la moderna poesía del Perú." *Revista Iberoamericana* 13 (1943), 153-186.

Orrillo, Wiston. "Poesía peruana actual: dos generaciones." *Cuadernos Hispanoamericanos* 76 (1968), 620-662.

Ortega, Julio. "La poesía peruana actual." *Cuadernos Americanos* 156 (1968), 191-200.

————. "Notas sobre poesía peruana contemporánea." *Eco* 136 (1971), 387-400.

Oviedo, José Miguel. "La nueva y agresiva poesía peruana." *Insula* 332-333 (1974), 12-13.

————. "Prólogo" to *Estos 13* (Lima: Mosca Azul, 1973), pp. 9-25.

Rodríguez Ríos, Ricardo. "Os jovens poetas do Peru." *Escrita* (São Paulo) 26 (1978), 24.

Romualdo, Alejandro. "Poesía en el Perú contemporáneo," in *Panorama de la actual literatura latinoamericana* (Havana: Casa de las Américas, 1969), pp. 138-144.

Salazar Bondy, Sebastián. "La poesía nueva del Perú," in *La poesía contemporánea del Perú* (Lima: Cultura Antártica, 1946), pp. 5-13.

Tamayo Vargas, Augusto. "Cincuenta años de poesía peruana." *Revista Hispánica Moderna* (New York) 28 (1962), 304-314. Reproduced in *La poesía contemporánea en el Perú* (Lima: Universidad Nacional de Ingeniería, 1962), pp. 1-30.

Tipton, David. "Introduction" to *Peru, the New Poetry* [Anthology] (London: London Magazine, 1970), pp. 8-11.

Valcárcel, Gustavo. "Esquema de la poesía contemporánea del Perú." *El Libro y el Pueblo* 25 (1956), 15-31.

PUERTO RICO

Bibliographies

Foster, David William. *Puerto Rican Literature. A Bibliography of Secondary Sources*. Westport, Connecticut: Greenwood Press, 1982.

Critical Studies

Books

Franco Oppenheimer, Félix. *Imagen de Puerto Rico en su poesía*. San Juan: Universitaria, 1972.

González, José Emilio. *La poesía contemporánea de Puerto Rico, 1930-1960*. San Juan: Instituto de Cultura Puertorriqueña, 1972.

González, Rubén. *Crónica de tres décadas: poesía puertorriqueña actual, de los sesenta a los ochenta*. San Juan: Universidad de Puerto Rico, 1989.
[Includes text on Rosario Ferré.]

Pedrosa Izarra, Ciriaco. *Religión y religiones en los poetas: la lírica religiosa en la literatura puertorriqueña del siglo XX*. Madrid: Ediciones Fax, 1973.

Rivera de Alvarez, Josefina. *Literatura puertorriqueña. Su proceso en el tiempo*. Madrid: Ediciones Partenón, 1980.
[Includes text on Rosario Ferré.]

Rosa Nieves, Cesareo. *La poesía en Puerto Rico*. 3rd. expanded ed., San Juan: Edil, 1970.

Sotomayor Miletti, Aurea María. *De lengua, razón y cuerpo: nueve poetas contemporáneas puertorriqueñas. Antología y ensayo crítico.* San Juan: Instituto de Cultura Puertorriqueña, 1987.
[Includes text on Rosario Ferré.]

Umpierre Herrera, Luz María. *Nuevas aproximaciones críticas a la literatura puertorriqueña contemporánea.* Madrid: Cultural, 1983.
[Includes text on Rosario Ferré.]

Essays

Albert Robatto, Matilde. "Reflexiones en torno a la actual poesía femenina puertorriqueña." *Revista/ Review Interamericana* 12: 3 (1982), 462-473.

Babín, María Teresa. "Ocho poetas de Puerto Rico." *Artes y Letras* (Río Piedras) 20 (1958), 3-6.

Barradas, Efraín. "Palabras asediadas: situación actual de la poesía puertorriqueña." *Revista Nacional de Cultura* 235 (1978), 168-193.

Cortina Gómez, Rodolfo. "The Paradoxes of Contemporary Puerto Rican Poetry," in *Essays on Minority Folklore* (La Crosse, Winsconsin: University of Winsconsin-La Crosse, 1977), pp. 141-147.

Franco Oppenheimer, Félix. "¿Existe una poesía genuinamente puertorriqueña?," in *Crítica y antología de la poesía puertorriqueña* (San Juan: Instituto de Cultura Puertorriqueña, 1958), pp. 87-92.

Gil de Rubio, Víctor. "Prefacio. Preface" to *Poemas puertorriqueños. Puerto Rican Poems* [Anthology] (Barcelona: Rumbos, 1968), pp. 6-11.

González, José Emilio. "La poesía puertorriqueña de 1945 a 1963." *Asomante* (San Juan) 20: 3 (1964), 52-79.

————. "Poeta y sociedad en Puerto Rico." *Caravelle* 18 (1972), 43-58.

González, Rubén. "Vallejo y la nueva poesía puertorriqueña." *Cuadernos Hispanoamericanos* 454-455 (1988), 189-196.

Gutiérrez Laboy, Roberto. "Introducción" to *Puerto Rico: tema y motivo en la poesía hispánica (antología)* (New York: Senda Nueva de Ediciones, 1980), pp. 9-14.

Labarthe, Pedro Juan. "Poesía de Puerto Rico en América," in *Antología de poetas contemporáneos de Puerto Rico* (Mexico: Clásico, 1946), pp. 11-26. Also in *Antología del pensamiento puertorriqueño (1900-1970)* (San Juan: Universidad de Puerto Rico, 1975), pp. 921-937.

Manrique Cabrera, Francisco. "Del quehacer poético en Puerto Rico," in *Crítica y antología de la poesía puertorriqueña* (San Juan: Instituto de Cultura Puertorriqueña, 1968), pp. 1-8.

Marín, Carmen Lilianne. "Introducción" to Efraín Barradas and Rafael Rodríguez (eds.), *Herejes y mitificadores: muestra de poesía puertorriqueña en los Estados Unidos* (Río Piedras: Huracán, 1980), pp. 11-34.

Marzán, Julio. "Introduction" to *Inventing a Word; An Anthology of Twentieth Century Puerto Rican Poetry* (New York: Columbia University Press, 1980), pp. XI-XXVII.

Morales, José Luis. "Liberación de la poesía puertorriqueña," in *Crítica y antología de la poesía puertorriqueña* (San Juan: Instituto de Cultura Puertorriqueña, 1958), pp. 27-35.

Puebla, Manuel de la. "La poesía de 1980 en Puerto Rico." *Mairena* (San Juan) 6 (1981), 3-28.

Rosario Quiles, Luis Antonio. "La poesía nueva puertorriqueña (1950-1969)," in *Poesía nueva puertorriqueña* (Río Piedras: Bondo, 1971), pp. 9-41.

Valbuena Briones, Angel. "Prólogo" to *Nueva poesía de Puerto Rico* (Madrid: Ediciones Cultura Hispánica, 1952), pp. 11-106.

URUGUAY

Bibliographies

Diccionario de literatura uruguaya. Montevideo: Arca, 1987.
   [Includes bio-bibliographies on Roberto Appratto, Mario Benedetti, Amanda
   Berenguer, Juan Cunha, Roberto Echavarren, Enrique Fierro, Marosa di Giorgio,
   Eduardo Milán, Idea Vilariño and Ida Vitale.]
Moratorio, Arsinoe. "La mujer en la poesía del Uruguay: bibliografía, 1879-1969."
   Revista de la Biblioteca Nacional del Uruguay 4 (1970), 43-46.
Rela, Walter. *Literatura uruguaya: bibliografía selectiva*. Tempe: Arizona State
   University, 1986.
————. *Diccionario de escritores uruguayos*. Montevideo: Ediciones de la Plaza,
   1986.
   [Includes bio-bibliographies on Mario Benedetti, Amanda Berenguer, Juan Cunha,
   Enrique Fierro, Marosa di Giorgio, Idea Vilariño and Ida Vitale.]

Critical Studies

Books

Argañaraz, Nicteroy Nazareth. *Poesía visual uruguaya*. Montevideo: Mario Zanocchi,
   1986.
Barros, Daniel. *Poesía sudamericana actual*. Madrid: Miguel Castelote Editor, 1972.
Benedetti, Mario. *Literatura uruguaya siglo XX*. 2nd. ed., Montevideo: Alfa, 1969.
   [Includes texts on Idea Vilariño and Ida Vitale.]
Brena, Tomás G. *Exploración estética*. Vol. I. *Estudio de ocho poetas de Uruguay*.
   Montevideo: Impresora Récord, 1974.
   [Includes text on Amanda Berenguer.]
————. *Exploración estética*. Vol. II. *Estudio de doce poetas de Uruguay y uno de
   Argentina*. Montevideo: Impresora Récord, 1974.
   [Includes texts on Juan Cunha, Idea Vilariño and Ida Vitale.]
Medina Vidal, Jorge. *Visión de la poesía uruguaya del siglo XX*. Montevideo: Diaco,
   1969.
Rodríguez Monegal, Emir. *La literatura uruguaya del medio siglo*. Montevideo: Alfa,
   1966.

Essays

Achugar, Hugo. "Neo-vanguardia y poesía joven de Uruguay." *Eco* 193 (1977), 65-92.
Appratto, Roberto. "Prólogo" to *Antología crítica de la poesía uruguaya (1900-1985)*
   (Montevideo: Proyección, 1990). Previously published in *Revista de la Biblioteca
   Nacional del Uruguay* 26 (1989), 45-49.
Mantarás Loedel, Graciela. "Introducción" to *Contra el silencio. Poesía uruguaya 1973-
   1988* [Anthology] (Montevideo: Tupac Amaru, 1989), pp. 7-23.
Masiello, Francine. "Tradición y resistencia: la poesía uruguaya de los años setenta." *Eco*
   256 (1983), 340-355.
Moraña, Mabel. "Ideología y autocensura en la producción literaria: el caso de la lírica
   uruguaya en cinco años de dictadura, 1973-1978." *Revista de Crítica Literaria
   Latinoamericana* 6: 11 (1980), 65-83.
Puentes de Oyenard, Sylvia. "Amor y muerte en la poesía femenina uruguaya." *Humboldt*
   25: 82 (1984), 46-53.
Rey de Guido, Clara. "Poesía popular libertaria y estética anarquista en el Río de la Plata."
   Revista de Crítica Literaria Latinoamericana 15: 29 (1989), 179-206.
Verani, Hugo. "Muestra de la poesía uruguaya actual." *Hispamérica* 16 (1977), 61-95.

VENEZUELA

Bibliographies

Sambrano Urdañeta, Oscar. *Contribución a una bibliografía de la poesía venezolana en el siglo XX*. Caracas: Universidad Central de Venezuela, 1979.

Critical Studies

Books

Cardozo, Lubio. *La poesía en Mérida de Venezuela*. Maracaibo: Universidad de Zulia, 1971.

Claudio, Iván. 21 ensayos sobre poesía venezolana. Caracas: Gráfica Americana, 1964.
[Includes text on Juan Liscano.]

Díaz Seijas, Pedro. *Hacia una lectura crítica de la obra de Vicente Gerbasi y de otros poetas venezolanos*. Caracas: Academia Venezolana correspondiente de la Real Española, 1989.

Escalona Escalona, José Antonio. *Angulo*. *Notas sobre crítica y poesía*. Caracas: Ministerio de Educación, 1954.
[Includes text on Vicente Gerbasi.]

Liscano, Juan. *Panorama de la literatura venezolana actual*. Caracas: Publicaciones Españolas, 1973.
[Includes texts on Rafael Cadenas, Vicente Gerbasi, Juan Sánchez Peláez and Guillermo Sucre.]

Medina, José Ramón. *Ochenta años de literatura venezolana (1900-1980)*. Caracas: Monte Avila, 1980.
[Includes texts on Rafael Cadenas and Juan Sánchez Peláez.]

Montejo, Eugenio. *La ventana oblicua*. Caracas: Arte, 1974.
[Includes text on Juan Sánchez Peláez.]

Palacios, María Fernanda. *Sabor y saber de la lengua*. Caracas: Monte Avila, 1986.
[Includes text on Guillermo Sucre.]

Pérez Huggins, Argenis. *Nueva lectura crítica*. Mérida, Venezuela: Universidad de los Andes, 1979.
[Includes text on Juan Sánchez Peláez.]

Sambrano Urdañeta, Oscar. *Poesía contemporánea de Venezuela*. 2 vol. Caracas: Universidad Central de Venezuela, 1976.

Vargas, Vilma. *El devenir de la palabra poética*. *Venezuela, siglo XX*. Caracas: Universidad Central de Venezuela, 1980.
[Includes texts on Rafael Cadenas, Vicente Gerbasi, Juan Liscano, Juan Sánchez Peláez and Guillermo Sucre.]

Essays

Beltrán Guerrero, Luis. "Poetas actuales de Venezuela." *Revista Nacional de Cultura* 234 (1978), 71-81.

Chacón, Alfredo. "Anuncio de un libro sobre el proceso poético venezolano de los años sesenta." *Escritura* 11: 21 (1986), 13-23.

Liscano, Juan. "Cincuenta años de poesía en Venezuela." *Sur* 349 (1981), 115-125.

————. "Novísimos poetas de Venezuela." [Anthology] *Hispamérica* 32 (1982), 87-128.

————. "Venezuelan Poetry Today." *Latin American Literary Review* 24 (1984), 36-44.

Miranda, Julio. "Sobre poesía venezolana comprometida." *Cuadernos Hispanoamericanos* 269 (1972), 387-395.

Morales Toro, Leonidas. "La contemporaneidad en la poesía venezolana: esquema de su proceso." *Revista de Crítica Literaria Latinoamericana* 7: 13 (1981), 7-21.

Rodríguez Padrón, Justo Jorge. "Lectura de poesía venezolana." *Cuadernos Hispanoamericanos* 269 (1972), 378-386.
Rojas Guardia, Armando. "La nueva poesía venezolana: el grupo tráfico." *Eco* 271 (1984), 59-66.
Vargas, Vilma. "El devenir de la palabra poética en Venezuela." *Escritura* 4: 7 (1979), 69-75.

CHRONOLOGICAL LIST
OF POETS

Juan Cunha (Uruguay, 1910-1985)
José Lezama Lima (Cuba, 1910-1976)
Enrique Molina (Argentina, 1910)
Emilio Adolfo Westphalen (Peru, 1911)
Oscar Cerruto (Bolivia, 1912-1981)
Pablo Antonio Cuadra (Nicaragua, 1912)
Braulio Arenas (Chile, 1913-1988)
Eduardo Carranza (Colombia, 1913-1985)
Vicente Gerbasi (Venezuela, 1913)
Pedro Mir (Dominican Republic, 1913)
Efraín Huerta (Mexico, 1914-1982)
Nicanor Parra (Chile, 1914)
Joaquín Pasos (Nicaragua, 1914-1947)
Octavio Paz (Mexico, 1914)
Juan Liscano (Venezuela, 1915)
Gonzalo Rojas (Chile, 1917)
Alí Chumacero (Mexico, 1918)
Alberto Girri (Argentina, 1919)
Mario Benedetti (Uruguay, 1920)
Fernando Charry Lara (Colombia, 1920)
Eliseo Diego (Cuba, 1920)
Olga Orozco (Argentina, 1920)
Idea Vilariño (Uruguay, 1920)
Jaime Sáenz (Bolivia, 1921-1986)
Javier Sologuren (Peru, 1921)
Cintio Vitier (Cuba, 1921)
Amanda Berenguer (Uruguay, 1922)
Juan Sánchez Peláez (Venezuela, 1922)
Jorge Enrique Adoum (Ecuador, 1923)
Rubén Bonifaz Nuño (Mexico, 1923)
Alvaro Mutis (Colombia, 1923)
Ida Vitale (Uruguay, 1923)
Jorge Eduardo Eielson (Peru, 1924)
Jorge Gaitán Durán (Colombia, 1924-1962)
Carlos Martínez Rivas (Nicaragua, 1924)
Ernesto Cardenal (Nicaragua, 1925)
Rosario Castellanos (Mexico, 1925-1974)
Roberto Juarroz (Argentina, 1925)
Elvio Romero (Paraguay, 1926)
Jaime Sabines (Mexico, 1926)
Blanca Varela (Peru, 1926)
Carlos Germán Belli (Peru, 1927)
Francisco Madariaga (Argentina, 1927)
Tomás Segovia (Spain-Mexico, 1927)
Enrique Lihn (Chile, 1929-1988)
Eduardo Lizalde (Mexico, 1929)
Rafael Cadenas (Venezuela, 1930)
Roberto Fernández Retamar (Cuba, 1930)
Juan Gelman (Argentina, 1930)

Roberto Sosa (Honduras, 1930)
Marosa di Giorgio (Uruguay, 1932)
Marco Antonio Montes de Oca (Mexico, 1932)
Heberto Padilla (Cuba, 1932)
Guillermo Sucre (Venezuela, 1933)
Gerardo Deniz (Mexico, 1934)
Roque Dalton (El Salvador, 1935-1975)
Jorge Teillier (Chile, 1935)
José Carlos Becerra (Mexico, 1936-1970)
Alejandra Pizarnik (Argentina, 1936-1972)
Francisco Cervantes (Mexico, 1938)
Oscar Hahn (Chile, 1938)
Eugenio Montejo (Venezuela, 1938)
José Emilio Pacheco (Mexico, 1939)
Giovanni Quessep (Colombia, 1939)
Homero Aridjis (Mexico, 1940)
José Kozer (Cuba, 1940)
Pedro Shimose (Bolivia, 1940)
Enrique Fierro (Uruguay, 1941)
Antonio Cisneros (Peru, 1942)
Rosario Ferré (Puerto Rico, 1942)
Javier Heraud (Peru, 1942-1963)
Eduardo Mitre (Bolivia, 1943)
Roberto Echavarren (Uruguay, 1944)
Elsa Cross (Mexico, 1946)
Tamara Kamenszain (Argentina, 1947)
Gonzalo Millán (Chile, 1947)
Arturo Carrera (Argentina, 1948)
Juan Gustavo Cobo Borda (Colombia, 1948)
Néstor Perlongher (Argentina, 1948)
David Huerta (Mexico, 1949)
Enrique Verástegui (Peru, 1950)
Roberto Appratto (Uruguay, 1951)
Alberto Blanco (Mexico, 1951)
Coral Bracho (Mexico, 1951)
Raúl Zurita (Chile, 1951)
Eduardo Milán (Uruguay, 1952)

INDEX OF CRITICS